Un des plus beaux lagons du monde.
© LAURENT BOSCHERO

2 KM
Îlot Mtsamboro
Baie Handré
Îlot Choazil
Mtsahara
Handréma
Hamjago
M'tsangam
M'TSAMBORO ★★
Ban
M'TSANGADOUA ★
Réserve Forestière de Des Cretes Du Nord
ACOUA ★
DZOUMOGNÉ
BOUYOU
M'LIHA ★★
M'TSANGAMOUJI
Chembényoumba
Océan Indien
TSINGONI ★
MIRÉRÉ
COMBANI ★★
SOHOA ★★
GRANDE-TERRE
COCON
CHICONI
SADA ★★
OUAN
JIMAWÉNI
Canal du Mozambique
Moinatrindri
Baie de Bouéni
BOUÉNI ★★★
HANYOUNDROU
PRESQU'ÎLE DE BOUÉNI ★★
MAJIMEOUN
MZOUAZIA ★★
M'BOUANATSA ★
KANI-KÉLI ★★★
Choung
PLAGE DE N'GOUJA ★★★
Récif du Sud
M'bouir

Mayotte

L'ÎLE AUX PARFUMS

Mayotte reste le dernier bout de France à découvrir dans l'océan Indien. Elle possède une chance unique, celle de permettre un réel dépaysement en conservant tout le confort de la métropole. Aussi Mayotte la musulmane au subtil mélange de traditions africaines et malgaches surprend par son authenticité et son aspect virginal encore très éloignés des sentiers battus d'un tourisme de masse. Dotée de l'un des plus grands lagons fermés au monde, elle offre une aire où dauphins, baleines, poissons tropicaux et tortues marines aiment à voguer dans les eaux toujours chaudes. Makis et roussettes quant à eux se plaisent à passer de branche en branche et se disputent mangues et corossols dans les arbres épais qui poussent dans la brousse mahoraise. Non loin de là, les majestueux et imposants baobabs côtoient les cocotiers sur des plages dont le sable varie du noir à l'orangé en passant par moult nuances d'ocre. Dame Nature y est tout particulièrement généreuse. Les Mahorais, heureux d'avoir choisi de rester français, conservent avec non moins de fierté leurs traditions et coutumes. Seul département de tradition majoritairement musulmane en France, Mayotte séduit et étonne par sa tolérance. Les habitants ont le cœur sur la main et l'âme gaie, tout y est encore vrai et authentique. Mayotte la Française est une destination qui mérite d'être connue et de se faire découvrir et apprécier pour toutes ces spécificités qui la rendent unique ! Alors Caribou Maoré ! Bienvenue à Mayotte !

SOMMAIRE

Scène de vie quotidienne, Grande-Terre. © LAURENT BOSCHERO

Maki de Mayotte ou comba. © LAURENT BOSCHERO

6 INSPIRER

Si vous avez encore des doutes sur la destination de vos prochaines vacances, voici quelques pages qui devraient vous convaincre de choisir Mayotte.

31 DÉCOUVRIR

Encore trop peu connue dans l'Hexagone, Mayotte est une île fascinante tant par son histoire que par sa culture, sa nature exubérante et son lagon unique.

87 PETITE-TERRE

Entourée d'un lagon scintillant et infini, la piste de l'aéroport de Petite-Terre sera votre point de départ pour l'exploration de cette île volcanique.

107 GRANDE-TERRE

Vue du ciel, Grande-Terre a la forme d'un hippocampe coloré du vert de la dense forêt tropicale, de laquelle s'échappent quelques sommets emblématiques.

189 ORGANISER SON SÉJOUR

Que vous soyez plutôt organisé ou plutôt aventurier, voici quelques conseils qui pourront vous aider à planifier des vacances exceptionnelles à Mayotte.

KANGANI
TRÉVANI
ONGONI
KOUNGOU
MAJICAVO KOROPA
Réserve Forestière de Majimbini
KAWÉNI
Lac Dziani
PETITE-TERRE
DZAOUDZI
MAMOUDZOU
Vahibé
LABATTOIR
M'TSAPÉRÉ
MUTSUMBATSU
PAMANDZI
PASSAMAÏNTI
TSOUNTSOU 1
TSOUNTSOU 2
Îlot Bouzi
erve Forestière Songoro Mbili
Îles Hajangoua
TSARARANO
EMBENI
Iloni
Océan Indien
HAJANGOUA
serve Forestière Monts Bénara
HAMOURO
Passe Longogori (Passe en S)
PLAGE DE SAKOULI
Îlot Bandrélé
ROANI
MIRÉRÉNI
BANDRÉLÉ
AMADOUDOU
COL DE CHIRONGUI
BAMBO EST
CHIRONGUI
Îlot Bambo
M'TSAMOUDOU
DAPANI
Îlot de Sable blanc
Route principale
Réserve forestière
Ville
Récif

QUAND Y ALLER

JANVIER

24° / 30°

TRAIL IN THE CITY
(MAMOUDZOU)
Premier événement sportif de l'année, le Trail in the City est une course de 15 km au départ de Mamoudzou accompagnée d'une marche.

FÉVRIER

24° / 30°

MARS

23° / 31°

PRINTEMPS DES POÈTES DE MAYOTTE
Evénement littéraire international avec expositions de productions collectives poétiques et plastiques à l'OT de Mamoudzou.

JUILLET

19° / 28°

COURSE DE PNEUS
(MAMOUDZOU)
La célèbre course de pneus initiée il y a plus de 30 ans à Mamoudzou est l'une des manifestations les plus attendues de l'année.

FESTIVAL CULTUREL DE MAMOUDZOU (FESCUMA)
(MAMOUDZOU)
L'objectif de la ville est de créer du lien intergénérationnel et d'offrir un espace de création et de production aux jeunes talents.

AOÛT

19° / 27°

FESTIVAL INTERCULTUREL DE MAYOTTE (FIM)
Au programme des concerts du M'godro dans sa version Gabusa et électrique mais aussi du reggae et du rap. Artistes internationaux.

MISS SALOUVA MAYOTTE
Miss Salouva permet de valoriser le patrimoine culturel à travers la création de prêt-à-porter et la beauté des Bouénis.

SEPTEMBRE

19° / 28°

SALON DU TOURISME ET DES LOISIRS DE MAYOTTE
(MAMOUDZOU)
Initié en 2012, le salon reçoit autour de 80 exposants venus faire découvrir aux Mahorais et aux visiteurs les richesses de l'île.

Mayotte est une île animée toute l'année : aux fêtes religieuses s'ajoutent la saison des grands mariages ou *manzaraka* (en juillet et août) et les nombreux festivals culturels qui rythment l'agenda (festival des arts traditionnels, festival interculturel de Mayotte ou encore festival culturel de Mamoudzou). Depuis quelques années Mayotte propose aussi des événements sportifs autour du trail, de la randonnée et de la plongée. Impossible de s'ennuyer !

AVRIL

23° / 30°

FESTIVAL DES ARTS TRADITIONNELS DE MAYOTTE (FATMA)
(MAMOUDZOU)
Festivités comprenant des expositions d'objets artisanaux et d'instruments traditionnels, concerts, conférences, chants et danses.

FESTIVAL DU LAGON
Rencontres sur le thème du lagon : animations, conférences, projections, initiations et démonstrations, mais aussi dégustations.

$ $

MAI

22° / 29°

FEST'KARAM
(BANDRÉLÉ)
Gastronomie mahoraise, animations, stands, balades à poney, spectacles pour enfants, concerts au restaurant M'Haju à Musical Plage.

FESTIVAL DJABAL TOUR
(ACOUA)
Ce festival annuel du village d'Acoua s'étend sur plusieurs mois, de mai à fin août, avec de multiples animations dans la commune.

$ $

JUIN

20° / 28°

JOURNÉE MONDIALE DES OCÉANS
(BANDRÉLÉ)
Animations, randonnée subaquatique, atelier de découverte et de préservation des tortues, canoë-kayak et baptêmes de plongée.

JOURNEES PORTES OUVERTES DU RSMA
(COMBANI)
Tous les ans, le Régiment du Service Militaire Adapté de Mayotte ouvre ses portes au grand public avec des stands et animations.

$ $

OCTOBRE

22° / 29°

FESTIVAL MILATSIKA
(CHICONI)
« Notre culture » en shimaoré. Depuis 2007, c'est LE festival où la musique de l'océan Indien est à l'honneur pendant deux jours.

$ $

NOVEMBRE

22° / 31°

CULTURE BAR-BAR
(MAMOUDZOU)
L'équipe des Tontons Bringueurs a choisi de promouvoir les formes libres de cultures émergentes et alternatives sur trois jours.

FESTIVAL DU GESTE ET DES SAVOIR-FAIRE
(CHICONI)
Festival autour des savoir-faire et de l'artisanat : ateliers de forgerie, ferronnerie, vannerie, broderie, sculpture, poterie...

$ $

DÉCEMBRE

23° / 31°

$ $ $

LES BONNES RAISONS D'Y ALLER

© © AYMERIC BEIN - SHUTTERSTOCK.COM

UN LAGON ADDICTIF
Avec mille nuances de bleu, les sorties en mer se suivent mais ne se ressemblent pas.

© DR

UNE FAUNE TERRESTRE EXCEPTIONNELLE
Makis, caméléons, roussettes... Mayotte regorge d'animaux extraordinaires sur terre...

© SERGE MELESAN - ISTOCKPHOTO.COM

UNE FAUNE MARINE RICHE
... comme dans la mer : dugongs, raies mantas, dauphins, baleines et orques peuplent ses eaux.

© STEFANO EMBER - SHUTTERSTOCK.COM

UNE POPULATION ACCUEILLANTE

Le sourire, qui ne coûte rien à celui qui le donne, est le véritable sucre de cette île.

© EVGENII MITROSHIN - ISTOCKPHOTO.COM

UN PARFUM ENIVRANT

Introduites dans les années 1900, les plantes à parfums et autres épices parfument Mayotte.

© ADAM SMIGIELSKI - ISTOCKPHOTO.COM

UNE DÉCOUVERTE CULINAIRE

Fruits à pain, manioc, bananes plantain, mataba : Mayotte est un mélange de saveurs.

© BLUE-SEA.CZ - SHUTTERSTOCK.COM

DES ACTIVITÉS MULTIPLES

Plongée, kayak, paddle, planche à voile, jet-ski, ULM ou encore VTT, tout est possible.

LES BONNES RAISONS D'Y ALLER

DES RANDONNÉES SPECTACULAIRES

De nombreux sentiers permettent de découvrir la brousse mahoraise dense et luxuriante.

© INSULARIS - ISTOCKPHOTO.COM

© CHARLES-HENRY THOQUENNE - ISTOCKPHOTO.COM

LE CLIMAT TROPICAL

Impossible d'avoir froid à Mayotte, il fait chaud toute l'année sur terre comme dans l'eau.

© MTCURADO - ISTOCKPHOTO.COM

LE 101E DÉPARTEMENT

Connaître Mayotte et son histoire, c'est aussi découvrir un bout de France.

LES 12 MOTS-CLÉS

#BOUÉNI

Mayotte ne serait pas Mayotte sans ses bouénis, ou femmes en shimaore, vêtues de leurs salouvas hauts en couleur et maquillées de leurs masques de beauté. Avec leurs broches de jasmin, elles colorent la vie quotidienne de l'île. Toujours coquettes et apprêtées dès qu'elles doivent sortir, elles veulent en permanence faire mieux que les voisines.

#CÉTACÉS

« C'est assez », dit la baleine, « j'ai le dos fin et je le cache à l'eau ! » Tous les cétacés de cette petite phrase sont présents à Mayotte, certains de façon saisonnière, d'autres toute l'année. Il est très facile de leur rendre visite, les prestataires nautiques se chargent pour vous de les trouver et vous n'aurez qu'à les admirer.

© SERGE MELESAN - ISTOCKPHOTO.COM

#LAGON

Avec plus de 1 500 km², le lagon de Mayotte est l'un des plus grands et des plus riches du monde. Une barrière de corail d'environ 200 km de long protège l'île de la puissance de l'océan Indien. Elle est entrecoupée par des passes qui permettent aux bateaux d'y pénétrer. Le lagon abrite coraux multicolores, poissons exotiques et cétacés.

#MAGNÉGNÉ

S'il y a une expression bien typique de Mayotte à retenir, c'est celle-là. Elle signifie tout simplement que quelque chose n'est pas très bien fini ou n'est que très approximatif, voire brouillon… Par exemple, auparavant beaucoup de voitures étaient « magnégné » sur l'île, rapiécées et rafistolées de toutes parts. Ici le système D est roi.

#MAMAS BROCHETTIS

A la tombée de la nuit, juste après la prière à la mosquée, dans chaque village vous verrez les mamas brochettis s'installer le long des routes avec leurs braseros et leurs tables de jardin afin de proposer à qui veut, moyennant quelques centimes d'euros, des brochettes de viande servies avec fruits à pain, manioc, bananes vertes frites.

#MZUNGU

Le Mzungu, c'est vous ! Enfin, si vous êtes de type occidental à la peau blanche. Dérivé du swahili, ce terme qui signifie blanc n'est pas dit de manière péjorative. Aussi, ne soyez pas surpris que l'on vous appelle « Mzungu » dans la rue, ceci simplement afin de vous interpeller et vous différencier des gens qui sont nés sur l'île.

#M'ZINZANO

Le M'zinzano est un masque de beauté porté par les femmes, qui signifie « bois de santal ». Ce masque est obtenu avec du bois de santal frotté sur une pierre de corail et mélangé avec un peu d'eau. Cette poudre parfumée, devenue masque, est à la fois un produit de soin pour la peau, une protection contre le soleil et une parure de séduction.

© LAURENT BOSCHERO

#SALOUVA

Si Mayotte devait être représentée par un objet, ce serait bien ce fameux salouva… Habit traditionnel de toutes les femmes de l'île, il est composé de multiples pans de tissus cousus entre eux aux couleurs toujours chatoyantes et vives… On trouve tous types de tissus et d'étoffes pour le confectionner, bariolés avec des motifs géométriques.

LES 12 MOTS-CLÉS

#VOULÉ

C'est le nom local du barbecue pour lequel toutes les occasions sont bonnes. À Mayotte, le voulé est quasiment une institution ! Les week-ends et même les meetings politiques donnent lieu à de grands voulés, en général sur la plage, accompagnés évidemment de musique et de banane, manioc, brochettes de viande ou de poisson et ailes de poulet.

#M'GODRO

Le M'godro est la musique et la danse mahoraise par excellence. Son histoire commence avec un apport des migrants malgaches, mêlé ensuite des instruments et des influences venues d'outre-mer. Les rythmes déchaînés du M'godro sont joués aujourd'hui en version traditionnelle avec des instruments comme le gaboussy, le M'kayamba et le tam-tam.

#TORTUES MARINES

Protégées depuis 1978, on peut voir les tortues avec une facilité déconcertante et parfois en ne prenant que la barge… Sur les huit espèces de tortues marines existant actuellement dans le monde, cinq sont présentes dans le sud-ouest de l'océan Indien, dont deux fréquentent les eaux du lagon mahorais : la tortue verte et la tortue carette.

© SERGE MELESAN - ISTOCKPHOTO.COM

#MAKI

Le maki est le lémurien de Mayotte, on peut le voir dès qu'il y a de grands arbres, plutôt en début ou fin de journée car il évite les heures chaudes. Très agile et très intelligent, c'est un animal génial ! Il se déplace en petites bandes. On le reconnaît à son pelage brun, son grognement guttural, sa longue queue et il possède des mains.

© SERGE MELESAN - ISTOCKPHOTO.COM

VOUS ÊTES D'ICI, SI…

- Vous savez quelles mamas brochettis vendent les meilleures brochettes de zébu dans chaque ville.
- Vous pouvez utiliser le verbe « barger » dans une phrase.
- Vous arrivez à deviner l'heure grâce aux appels à la prière.
- Vous avez votre spot de PMT préféré mais aussi votre spot de pique-nique idéal.
- Vous avez déjà assemblé des fleurs de jasmin pour faire des broches.
- Vous avez été invité à un manzaraka, grand mariage somptueux.
- Vous n'êtes pas surpris de voir des mixeurs, TV, machines à café et micro-ondes défiler sur le tapis de l'aéroport.
- Vous avez déjà senti plus d'une trentaine de tremblements de terre et vous vous y êtes même habitué.
- Pour vous les chauves-souris sont aussi grosses que les chats, normal.
- Vous observez tous les jours le défilé des lémuriens sur les fils électriques et leur laissez même quelques fruits sur la terrasse.
- Vous avez remplacé le « bonjour » dans la rue par un « ça va ? » beaucoup plus direct et franc.
- Vous parlez au minimum deux langues, voire trois.

MON MAYOTTE

avec Anna Ousseni

Interview

Originaire de la ville de Sada, la belle brune Anna Ousseni sacrée Miss Mayotte en 2021, et qui a participé à l'élection de Miss France 2022, partage avec nous son amour pour son île, ses bons plans et ses bonnes adresses. Son engagement pour Mayotte se traduit également par ses projets professionnels liés au tourisme, souhaitons-lui bonne chance !

DISTANCES

TEMPS DE TRAJET

	MAMOUDZOU	KOUNGOU	DZOUMOGNÉ	ACOUA	TSINGONI
MAMOUDZOU		8 KM 15mn	24 KM 45mn	35 KM 1h	18 KM 30mn
KOUNGOU	8 KM 15mn		15 KM 30mn	34 KM 45mn	25 KM 30mn
DZOUMOGNÉ	24 KM 45mn	15 KM 30mn		20 KM 30mn	11 KM 15mn
ACOUA	35 KM 1h	34 KM 45mn	20 KM 30mn		18 KM 30mn
TSINGONI	18 KM 30mn	25 KM 30mn	11 KM 15mn	18 KM 30mn	
SADA	22 KM 30mn	31 KM 1h	26 KM 30mn	33 KM 1h	16 KM 30mn
COMBANI	15 KM 30mn	27 KM 30mn	13 KM 30mn	20 KM 30mn	3 KM 15mn
CHIRONGUI	32 KM 45mn	40 KM 1h	38 KM 1h	45 KM 1h	29 KM 45mn
BOUÉNI	41 KM 1h	49 KM 1h15	50 KM 1h15	57 KM 1h30	40 KM 1h
BANDRÉLÉ	23 KM 30mn	31 KM 1h	38 KM 1h	45 KM 1h	28 KM 45mn
PASSAMAINTY	4 KM 15mn	13 KM 30mn	24 KM 30mn	31 KM 45mn	14 KM 30mn
DEMBÉNI	12 KM 30mn	20 KM 45mn	27 KM 45mn	34 KM 1h	17 KM 30mn

Les distances à Mayotte ne sont jamais très longues, l'île ne dépassant pas 39 kilomètres en longueur et 22 kilomètres en largeur, pourtant les temps de route ne sont pas négligeables. Les responsables sont tout d'abord les bouchons aux périodes de pointe, mais aussi les nombreux virages qui rendent les accélérations impossibles, ainsi que le relief accidenté et les nombreux obstacles sur la route. Heureusement le paysage est toujours somptueux.

SADA	COMBANI	CHIRONGUI	BOUÉNI	BANDRÉLÉ	PASSA-MAINTY	DEMBÉNI
22 KM 30mn	15 KM 30mn	32 KM 45mn	41 KM 1h	23 KM 30mn	4 KM 15mn	12 KM 30mn
31 KM 1h	27 KM 30mn	40 KM 1h	49 KM 1h15	31 KM 1h	13 KM 30mn	20 KM 45mn
26 KM 30mn	13 KM 30mn	38 KM 1h	50 KM 1h15	38 KM 1h	24 KM 30mn	27 KM 45mn
33 KM 1h	20 KM 30mn	45 KM 1h	57 KM 1h30	45 KM 1h	31 KM 45mn	34 KM 1h
16 KM 30mn	3 KM 15mn	29 KM 45mn	40 KM 1h	28 KM 45mn	14 KM 30mn	17 KM 30mn
	13 KM 30mn	13 KM 30mn	25 KM 30mn	22 KM 30mn	19 KM 30mn	14 KM 30mn
13 KM 30mn		25 KM 45mn	37 KM 1h	25 KM 30mn	11 KM 30mn	14 KM 30mn
13 KM 30mn	25 KM 45mn		13 KM 30mn	10 KM 30mn	29 KM 45mn	20 KM 30mn
25 KM 30mn	37 KM 1h	13 KM 30mn		18 KM 30mn	37 KM 1h	29 KM 45mn
22 KM 30mn	25 KM 30mn	10 KM 30mn	18 KM 30mn		20 KM 30mn	12 KM 30mn
19 KM 30mn	11 KM 30mn	29 KM 45mn	37 KM 1h	20 KM 30mn		8 KM 15mn
14 KM 30mn	14 KM 30mn	20 KM 30mn	29 KM 45mn	12 KM 30mn	8 KM 15mn	

IDÉES DE SÉJOUR

La taille de Mayotte est relativement petite, on peut très bien ne prévoir qu'un seul point de chute pour tout le séjour, cependant c'est toujours enrichissant de découvrir différentes structures et populations... Avec son réseau routier et son relief adouci, il est tout à fait possible de rejoindre dans la demi-journée la pointe nord du sud de l'île. Néanmoins, comme il n'est jamais possible de rouler très vite, nous défions quiconque de passer la 5e vitesse, la conduite est assez vite fatigante. Pensez également, si vous réservez des activités sur Mamoudzou, aux bouchons qui bloquent la route dès la hauteur de Passamainty tous les matins, et qui vous obligeront à vous lever très tôt pour une sortie en mer qui commence à 8h. Aussi, il peut être bien pratique de prévoir de changer d'endroit si l'on dispose de plusieurs jours sur place, afin de profiter au maximum des régions visitées, pour limiter les déplacements.

RICHESSES DE MAYOTTE

Cet itinéraire permet de donner une idée des incontournables de Mayotte et de ce qui mérite d'être vu et découvert afin de rencontrer véritablement l'âme de Maoré... Alors, laissez-vous guider...

› Arrivée à Pamandzi sur Petite-Terre

Caribou Maoré, taxi ou voiture de location pour rejoindre la barge sur **Dzaoudzi** ★★ (p.101), puis **Mamoudzou** ★★ (p.115) sur **Grande-Terre** ★★★ (p.107). Récupération de votre voiture à **Mamoudzou** ★★ (p.115), installation vers **Mamoudzou** ★★ (p.115) ou ses alentours (**Passamainty** ★ (p.169), **Tzoundzou** ★ (p.171)ou **Trévani** ★ (p.147)). En général, après le temps de vol, on ne souhaite qu'une chose : se reposer ou profiter de la plage. C'est ainsi que vous rencontrerez en fin d'après-midi les roussettes qui vous surprendront par leur taille et qui généralement deviennent plus actives lorsqu'il fait moins chaud. À cette heure, les premiers makis viendront vous rendre visite et réclamer quelques bananes (il suffit qu'il y ait de grands arbres pour pouvoir voir des makis répandus partout dans l'île).

› Découverte du nord

Départ de Mayotte avec ses jolis *bangas* tout mignonnement décorés et habités par les adolescents qui tentent ainsi de séduire les jeunes filles. Profitez des points de vue magiques sur les îlots du nord et leurs eaux turquoise (essayez de profiter des marées basses, c'est à ce moment que vous verrez les plus belles nuances du lagon) et retour par le centre de l'île avec sa brousse, ses plantations d'ylang-ylang, ses alambics, ses forêts de canneliers).

› Safari dauphins ou baleines

Rien de tel quand c'est la saison, pour partir à la découverte des plus beaux îlots, avec leurs belles plages. Profitez-en pour découvrir en snorkeling (palmes, masque et tuba) leurs fonds marins peuplés de poissons multicolores, de coraux à foison ; en famille, la randonnée palmée s'avère

Survol de Petite-Terre.

être une activité encadrée parfaite pour tous les niveaux de pratique. Et vous aurez sûrement la chance de voir dauphins ou baleines.

› Départ vers le sud de Mayotte

Arrêt devant le plus gros baobab à Musical Plage. Visite de l'**écomusée du sel** (p.176) à **Bandrélé** ★★ (p.175) puis direction la plage N'gouja, pour y nager en compagnie des grosses tortues vertes qui passent leur journée à brouter l'herbier faisant face à la plage (à marée montante). Moment unique ! Farniente sur la plage bordée par les baobabs et retour par l'écomusée de l'Ylang et de la Vanille par la côte ouest.

› À la découverte des fonds marins

Pour découvrir la passe en « S » ou autres spots en fonction de votre club de plongée, puis après-midi sur **Mamoudzou** ★★ (p.115) pour des achats d'épices au marché couvert.

› Journée randonnée

Dans les forêts intérieures ou **ascension du mont Choungui** (p.178) (elle vaut le coup, mais, attention, c'est assez abrupt !).

› Retour à Petite-terre

Traversée avec la barge et arrivée sur **Petite-Terre** ★★ (p.87) pour découvrir le Rocher, la **plage de Moya** (p.93) et au revoir (*kwaheri* en shimaore) à tout le monde à l'aéroport de Pamandzi. Vous pouvez également arriver sur **Petite-Terre** ★★ (p.87) la veille pour y loger et passer un moment avec les locaux. **Petite-Terre** ★★ (p.87) a bien plus à offrir que l'aéroport.

MAYOTTE À 360°

Ce programme permet de choisir un seul point de chute sur Mayotte ou d'organiser les premières nuits plutôt vers **Mamoudzou** ★★ (p.115) et sa ceinture pour ensuite descendre dans le Sud vers **Bouéni** ★★★ (p.180) et passer ensuite, toujours à votre convenance, les dernières nuits sur **Petite-Terre** ★★ (p.87) ou **Mamoudzou** ★★ (p.115).

› Découverte du nord

Départ de Mayotte avec ses jolis *bangas* tout mignonnement décorés et habités par les adolescents qui tentent ainsi de séduire les jeunes filles. Profitez des points de vue magiques sur les îlots du nord et leurs eaux turquoise (essayez de profiter des marées basses, c'est à ce moment que vous verrez les plus belles nuances du lagon) et retour par le centre de l'île avec sa brousse, ses plantations d'ylang-ylang, ses alambics, ses forêts de canneliers).

› Safari dauphins ou baleines

Rien de tel quand c'est la saison, pour partir à la découverte des plus beaux îlots, avec leurs belles plages. Profitez-en pour découvrir en snorkeling (palmes, masque et tuba) leurs fonds marins peuplés de poissons multicolores, de coraux à foison ; en famille, la randonnée palmée s'avère être une activité encadrée parfaite pour tous les niveaux de pratique. Et vous aurez sûrement la chance de voir dauphins ou baleines.

› Départ vers le sud de Mayotte

Arrêt devant le plus gros baobab à Musical Plage. Visite de l'**écomusée du sel** (p.176) à **Bandrélé** ★★ (p.175) avec ses célèbres mamas shingos qui vous initieront à la récolte du sel de la mangrove grâce à un savoir-faire ancestral qui se transmet de génération en génération ; ★★ (p.175) puis direction la pointe Salizey pour une balade au pied de ses majestueux baobabs. Le sentier de randonnée mène jusqu'à une succession de plages aux très beaux tombants. Faites cette sortie accompagné, pourquoi pas avec les naturalistes de Mayotte ? Ils proposent également de bivouaquer sur place le soir.

› Journée randonnée

Mont Choungui dans le sud de l'île, attention aux derniers mètres !

› Exploration des fonds marins

Dans la passe en « S » ou sur les autres spots de plongée selon le club choisi et profitez de l'un des plus grands lagons fermés au monde.

› Découverte du sud

Longez toute la main du sud avec ses padzas, pans de terre complètement érodés sur toute la pointe sud, et pause sous les baobabs à **N'gouja** ★★★ (p.183) pour y nager en compagnie des grosses tortues vertes qui passent leur journée à brouter l'herbier faisant face à la plage (à marée montante). Moment unique !

› Observation des tortues

Possibilité de bivouac sur **Sazilé** (p.186) afin d'assister à la ponte des tortues sous la nuit étoilée (respectez les consignes pour ne pas les déranger).

› Découverte de la presqu'île de Bouéni

Retour de **Sazilé** (p.186) dans la journée, puis de l'écomusée de l'Ylang et de la Vanille avec son sentier botanique.

› Le centre de l'île

Avec sa forêt humide et luxuriante, sa brousse, puis petite balade vers **Combani** ★★ (p.163) pour découvrir les différentes essences de Maoré. Plantations d'ylang-ylang, canneliers ou bambous géants sont au rendez-vous. N'hésitez pas à vous arrêter devant les alambics. Vous pourrez ainsi acheter directement aux petits producteurs locaux leurs extraits d'ylang-ylang.

IDÉES DE SÉJOUR

› Promenade en kayak le long du lagon

Rendez-vous à **Sakouli** ★★★ (p.173) afin de voir les tortues sortir la tête de l'eau pour respirer ou longer le récif frangeant et admirer les beautés du monde sous-marin en paddle ou en palmes-masque-tuba. Possibilité également de louer des kayaks pour se rendre sur l'îlot Bandrélé en 30-45 minutes. Prévoir la journée car les traversées ne sont possibles qu'à marée haute.

› Survol de l'île en ULM

Afin d'immortaliser Maoré et son lagon avec son îlot de Sable-Blanc ou bien encore l'étonnant mont Choungui ! Il est également permis de préférer une nouvelle sortie nautique pour apprécier des trésors du lagon, on ne s'en lasse pas !

› Journée shopping

Demi-journée sur **Mamoudzou** ★★ (p.115), « magasinage » dans ses boutiques ou sur son marché couvert pour découvrir les mille et une épices, les fruits et légumes qui habillent les étals, à l'image des noix de muscade, clous de girofle, poivre, cannelle, bananes, fruits à pain, manioc, papayes, mangues, ananas. Puis découverte à pied de son lieu sacré avec la **pointe Mahabou** (p.121) où se trouve la tombe du dernier sultan de Mayotte, Andriantsouly. Rendez-vous à la barge pour rejoindre **Petite-Terre** ★★ (p.87), bonnes tables à midi et sieste à la plage. Première nuit sur **Petite-Terre** ★★ (p.87).

› Découverte de Dzaoudzi

Avec le quartier du « Rocher », où les premiers colons s'implantèrent, et visite des bâtiments coloniaux avec, entre autres, la « Résidence » dont les plans ont été dessinés par Gustave Eiffel. Puis ascension du sommet du **lac Dziani** (p.93) aux eaux de jade, qui se trouve dans le cratère d'un ancien volcan. L'heure est ensuite à la baignade sur la **plage de Moya** (p.93), située sur le récif-barrière extérieur du lagon. Autre nuit sur **Petite-Terre** ★★ (p.87).

› Dernier jour à Mayotte

Départ et *kwaheri* (au revoir) à Mayotte.

LES PRINCIPAUX SOMMETS DE MAYOTTE

Pour les amateurs de randonnée, il est préférable d'éviter un circuit durant la saison de l'été austral où les averses tropicales sont fréquentes et rendent le terrain boueux et meuble. Il fait également lourd et moite, ce qui peut rendre la randonnée difficile. Préférez la saison sèche pour découvrir Mayotte à pied et n'oubliez pas qu'il fait toujours chaud et ce, quelle que soit la saison. Aussi, prévoyez suffisamment d'eau, une casquette et de la crème solaire afin de vous protéger au maximum. De plus, il n'y a pas beaucoup de gîtes d'étape sur les GR, il faut donc toujours prévoir un hébergement d'où vous partirez en voiture ou taxi pour rejoindre le début du sentier. Prévoyez un moyen de locomotion pour le retour sur un autre point donné. Il y a encore trop peu de randonnées qui autorisent en effet un circuit en boucle. Par contre, le gîte de **Combani** ★★ (p.163), situé au centre de l'île, est un très bon point de départ pour les randonnées. Pour le camping plus sauvage, voir avec les gîtes directement, mais attention aux vols, la brousse est fréquentée. Un petit guide des GR de Mayotte est disponible à la « Maison des livres ». Voir aussi avec l'association « Les Naturalistes, Environnement et Patrimoine de Mayotte » qui organise plusieurs fois par semaine des randonnées et sorties.

› Arrivée à Mayotte

Barge pour **Mamoudzou** ★★ (p.115).

› Direction le nord

Départ en voiture ou taxi-brousse pour rejoindre le début du GR et découvrir **Dziani Bolé** (p.149) avec ses points de vue sur les îlots du nord.

› Vers la Convalescence

Découvrez les vestiges de la **maison du Gouverneur** (p.121), lieu de villégiature alors du plus haut représentant de l'État quand il souhaitait prendre « le frais ». Des manguiers centenaires bordent le sentier et, avec un peu de chance, vous verrez des roussettes suspendues aux arbres. Ne vous inquiétez pas, elles ne sont pas méchantes ou agressives. Végétariennes, elles sont juste aussi gourmandes en fruits que les makis.

› Découverte du centre des terres

Pour une balade au mont **Combani** ★★ (p.163) avec sa brousse et ses makis ou, pour les plus courageux, ascension du plus haut sommet de Mayotte : le mont Bénara (660 m d'altitude) !

› Ascension du mont Choungui

Pour profiter du point de vue imprenable sur toute « la main du Sud », puis descente vers **Dapani** ★★ (p.185) afin de découvrir la réserve naturelle de Sasilé le long du sentier bordé par les baobabs. Bivouac avec possibilité d'assister à la ponte des tortues si la baraka est au rendez-vous (respectez les consignes d'approche) !

› Lac Dziani

Départ pour **Petite-Terre** ★★ (p.87) pour faire le tour du lac à la couleur émeraude et rejoindre ainsi la double baie de Moya donnant sur la barrière de corail qui la sépare de l'océan Indien.

› Fin du séjour

Départ pour l'aéroport.

DE L'AÉROPORT AU CENTRE-VILLE

Pour rejoindre Mamoudzou depuis l'aéroport, il faut compter environ une heure, en étant large. Il vous faudra d'abord prendre un taxi jusqu'à la barge, une épreuve sans difficulté aucune car les taxis se pressent à la sortie de l'aéroport et la concurrence est rude pour attirer votre regard. Inutile de négocier, le prix est fixe et le même pour tout le monde : 1,60 € sans bagages (comme partout ailleurs) et 80 centimes par valise. Le trajet dure environ 15 minutes et le chauffeur vous déposera au pied de la barge. Il suffit ensuite de suivre le flot de personnes et attendre le prochain bateau (toutes les 30 minutes en journée) qui prendra une vingtaines de minutes à rejoindre le quai de Mamoudzou. A cela il faut ajouter environ 20 minutes pour charger et décharger le bateau. Si vous avez vous même loué une voiture, la réception se fait la plupart du temps du parking de l'aéroport. Vous aurez ensuite le choix entre les deux barges, l'amphidrome partant du Quai Ballou accueillant plus de voitures. Le trajet est gratuit dans le sens Petite-Terre vers Grande-Terre.

ARRIVÉE EN BATEAU

Les liaisons maritimes à Mayotte sont effectuées plusieurs fois par semaine, et passent par les autres îles des Comores, surtout Anjouan. Le *Maria Galanta*, le *Gombessa* et la *Citadelle* sont trois navires exploités par la Société générale de transport maritime (SGTM). A noter que cette liaison est aussi utilisée pour reconduire les clandestins dans leur pays d'origine...

TRANSPORTS EN COMMUN

Il n'existe pas de système de bus à Mayotte mais les taxis sont ce qui s'apparente le plus à des transports en commun car ils sont pour certains collectifs et ont des destinations fixes. De plus, il restent le moyen de déplacement le plus abordable, desservant toute l'île : taxis urbains en ville, taxis interurbains ou taxis-brousse dans les villages. Mais les horaires sont très aléatoires et rendent dépendants, car ils peuvent s'arrêter dans chaque quartier ou village avant de rejoindre votre destination finale... Pour les taxis-brousse, ils ne coûtent pas cher ; cela peut rendre service, mais uniquement de manière très ponctuelle ou occasionnelle. Attention, ils ne sont pas privatifs comme en métropole, à vous de vous rendre à l'endroit escompté et de chercher le bon taxi. Il vaut mieux ne pas partir avec l'impression que ce sera le moyen idéal pour découvrir Mayotte. Les transports en taxi-ville ne sont qu'à 1,60 € la course par personne, 2,40 € la nuit et les jours fériés. Les courses les plus longues sont Passi Kéli à 6,90 €, Acoua à 6,30 € et Dapani à 5,40 €, on est loin des tarifs métropolitains. Ils sont bien utiles sur Mamoudzou et Petite-Terre, ils passent souvent et connaissent toutes les directions. Ils sont présents à tous les départs et arrivées d'avion ou de barge.

© STÉPHAN SZEREMETA

Le bac entre Grande et Petite Terre.

VÉLO, TROTTINETTE & CO

Les vélos électriques ont fait leur apparition il y a peu et permettent d'éviter les bouchons. Les loueurs sont toutefois peu nombreux et les vélos rares sur les routes, prévoyez donc à l'avance si c'est le mode de transport que vous avez choisi. Il convient surtout d'être vigilant car les automobilistes n'ont pas encore les réflexes de conduite appropriés.

EN VOITURE

C'est la meilleure solution et la plus adaptée pour découvrir Mayotte à votre guise et à votre aise. De grandes enseignes de loueurs de voitures de renommée internationale sont présentes sur Mayotte, il existe aussi des sociétés de location essentiellement basées sur Petite-Terre et Mamoudzou, et plus précisément au niveau de sa zone industrielle de Kawéni. Certains loueurs peuvent vous attendre à la descente de l'avion ou au niveau de la barge de Mamoudzou (à voir et demander au loueur), ou vous livrer à votre hôtel. Cependant, on peut descendre de l'avion et trouver directement à l'aéroport un véhicule de location, de nouveaux bâtiments dédiés aux loueurs principaux de l'île sont installés en face du terminal. Pour les autres, il faut venir chercher le véhicule à l'agence de location. Elles peuvent avoir des horaires avec des pauses déjeuner. Attention donc à l'heure à laquelle il faut prendre et rendre la voiture. Si vous louez une voiture, assurez-vous d'avoir plus de 22 ans, plus de 2 ans de permis et une carte de crédit pour la caution. Nous conseillons de faire la réservation à l'avance car le parc automobile est limité sur l'île. Enfin, il est possible de transférer sa voiture entre Petite et Grande-Terre moyennant des frais pour la traversée avec la barge véhicule ou amphidrome. Ce ticket peut s'acheter au niveau de Mamoudzou, aux guichets de la barge piéton (à partir de 15 € pour un petit véhicule, 0,75 € pour les passagers et piétons). On ne paie qu'au départ de Mamoudzou, jamais dans le sens Petite-Terre–Mamoudzou.

Au niveau de la conduite sur Mayotte, il faut toujours penser que les zébus, cabris ou enfants peuvent traverser la route sans crier gare… Aussi il convient de respecter les limitations de vitesse et les distances de sécurité. Soyez particulièrement vigilant au moment où il y a le moins de visibilité, dans des virages par exemple, car c'est souvent là qu'il y a un risque de collision avec une voiture qui tente de doubler.

ACCESSIBILITÉ

D'un point de vue local, depuis octobre 2010 les personnes handicapées ont enfin un lieu qui centralise les démarches administratives à effectuer grâce à la Maison des personnes handicapées « MDPH » à Mamoudzou-Kawéni (accueil@mdph976.fr – 0269 62 96 20). L'ouverture de la Maison permet la mise en place d'une politique en faveur des personnes handicapées. Le handicap concerne 3 000 à 5 000 personnes à Mayotte, mais seulement 1 000 sont connues ; encore beaucoup ignorent leurs droits : reconnaissance de leur handicap dans le travail, orientations scolaires, allocations, carte d'invalidité, etc.

Pour les visiteurs, quelques structures d'hébergement sont équipées pour les personnes en fauteuil roulant. Cependant, en règle générale, l'île ne dispose pas de rampes et d'espaces inclinés suffisants.

LES ATTRAPE-TOURISTES

Les arnaques sont très peu répandues à Mayotte (voire presque inexistantes ?), mais il convient comme partout de toujours faire un état des lieux du véhicule que vous louez, surtout si vous ne prenez qu'une assurance partielle. Vérifiez toujours auprès de votre loueur si toutes les routes sont accessibles avec votre véhicule, et nous ne pouvons que recommander une assurance tout compris ou tout du moins l'option bris de glace au vu des tensions sociales qui peuvent ressurgir rapidement. Des règles de sécurité sont à appliquer pendant la conduite : toujours verrouiller les portes lorsque vous circulez, ne jamais laisser votre sac à main sur le siège passager, éviter de laisser son véhicule dans un endroit isolé.

HORAIRES

A Mayotte, comme sur les îles en général, on vit avec le soleil donc tôt ! La population étant en grande majorité musulmane, la vie professionnelle (et donc l'ouverture des magasins, administrations et bureaux) suit le rythmes des prières. Les gens s'affairent avant l'aube pour préparer le petit-déjeuner qui ne sera consommé qu'au retour de la première prière qui a lieu au lever du soleil (soit entre 4h et 6h du matin selon le mois). Généralement les employés quittent le travail vers 15h ou 16h, 17h au plus tard. Pensez donc à faire vos courses en journée et vous enquérir de votre repas du midi dès 11h pour ne pas vous retrouver devant des stands vides.

A RÉSERVER

Il n'y a que peu de touristes à Mayotte, pourtant il est essentiel de réserver son hébergement et ses activités bien à l'avance car les métropolitains installés sur l'archipel sont très friands de ces activités, notamment les sorties en mer qui affichent complet tous les week-ends. Les kayaks et paddles en location sont également peu nombreux, appelez toujours quelques jours avant si vous avez prévu une excursion. Enfin, la règle de base pour toute activité est de rappeler la veille pour vérifier qu'elle est maintenue et confirmer votre venue.

BUDGET / BONS PLANS

Comptez entre 60 et 80 € pour une journée en mer. Cela peut paraître un budget mais cela comprend souvent les viennoiseries et le café le matin, le repas et le punch le midi, et de nombreuses heures de navigation car les sorties commencent à 8h et finissent vers 16h-17h. Il serait dommage de se priver de telles activités, alors si votre budget est serré, prévoyez plutôt des coupes sur le budget nourriture et transports. Côté visites guidées ou ateliers découverte de la culture locale, on est autour de 20 € pour 1h ou 2h. Deux activités restent heureusement gratuites : randonner et nager sur les magnifiques récifs coralliens.

LES ÉVÉNEMENTS

Les fêtes religieuses sont à Mayotte des grands moments de partage et de convivialité, auxquelles sont facilement conviés les voyageurs, peu importe leur origine ou leur religion personnelle. Les mois de juillet et août sont aussi la période des grands mariages (manzaraka) qui permet d'observer des cérémonies traditionnelles. Les Mahorais installés en métropole et à la Réunion rentrent souvent pour l'occasion, ce qui mêle fêtes et retrouvailles. Les villages entiers se réunissent pour des journées (et soirées) de festivités. D'autres festivals culturels (FIM, FESCUMA...) mettent en valeur les savoir-faire et traditions locales et permettent de rencontrer et échanger avec les Mahorais.

VISITES GUIDÉES

Comme partout, les visites guidées permettent d'aller plus loin dans la découverte de l'île, que ce soit sa faune, sa flore, son histoire mais aussi le mode de vie local. Les Naturalistes sont les acteurs incontournables sur l'île pour tout ce qui est randonnée terrestre et marine. Pour toute visite liée à la flore de l'île et notamment à la culture de l'ylang-ylang, ne manquez pas un passage par Combani, le cœur de l'île. Enfin, plusieurs associations vous proposent de vous initier à la technique du masque de beauté ou à la cuisine mahoraise, moments de partage et de bonheur garantis.

Fleur d'ylang-ylang.

FUMEURS

La législation concernant la cigarette est la même qu'en France métropolitaine, cependant vous verrez peu de locaux fumer dans la sphère publique.

LES ATTRAPE-TOURISTES

Devant l'attrait des visiteurs pour les excursions sur les îlots de sable, plusieurs pêcheurs locaux ont voulu exploiter le filon et proposent désormais des sorties en mer sur leurs barques pour moitié moins cher que les prix officiels. C'est convivial, authentique et peu cher pour sûr, mais certains touristes ont eu la déconvenue de voir les pêcheurs oublier de revenir les chercher à l'heure prévue, or certains îlots disparaissent à marée haute. Pour éviter ce genre de surprise, ne montez qu'avec les pêcheurs qu'on vous a recommandés ou demandez-leur de rester avec vous.

C'EST TRÈS LOCAL

A tester sur place : un pique-nique du dimanche avec les locaux. Si pour nous métropolitains le pique-nique est une activité romanesque qui se pratique à quelques occasions lorsque l'été revient, dans les îles de l'océan Indien le pique-nique est un véritable art de vivre. Toute l'année, le samedi et le dimanche, les familles se réunissent en nombre sur les bords de mer pour partager de vrais plats cuisinés sur place avec soin. La musique est toujours présente et le repas s'étend jusqu'à la tombée de la nuit. Participer à un pique-nique, c'est l'occasion pour vous de profiter d'un moment privilégié avec les locaux et de tester la bonne cuisine mahoraise.

SE RÉGALER

HORAIRES

La plupart des restaurants n'ouvrent que le midi pour les travailleurs, surtout à Mamoudzou, renseignez-vous toujours par téléphone avant de vous déplacer si vous allez dans un endroit isolé. Les services du midi commencent tôt, aux alentours de 11h, que ce soit sur place ou à emporter, et il ne reste souvent plus grand chose de disponible après 12h30 hormis dans les restaurants touristiques moins fréquentés des locaux. Vous constaterez qu'à 14h plus personne ne sert, idem pour le soir, essayez de manger entre 18h et 20h sous peine de ne plus avoir de choix.

BUDGET / BONS PLANS

Les restaurants étant pour la plupart fréquentés des expatriés ou travailleurs de passage jouissant généralement d'un bon salaire, le rapport qualité-prix n'est pas toujours optimal. Comptez environ 15-20 € pour un plat. Les petits budgets se tourneront donc vers les vendeurs de rue, mamas brochettis ou marchés, sur lesquels on peut trouver des brochettes de viande et des féculents (manioc, fruit à pain, banane verte) pour quelques euros.
Attention, très peu de restaurants acceptent la carte bleue, pensez à avoir du liquide en quittant Mamoudzou.

EN SUPPLÉMENT

Le pourboire n'est pas commun à Mayotte, mais vous pouvez innover !

C'EST TRÈS LOCAL

Les locaux, principalement les hommes, aiment se retrouver autour des mamas brochettis à la tombée du jour sur le bord des routes. Malgré l'absence d'éclairage public, ces lieux de rencontre informels se retrouvent facilement à la lueur du petit brasero sur lequel crépitent les mbawas.

A ÉVITER

Les conditions sanitaires sur l'île ne sont pas toujours égales à celles de la métropole. Pour éviter les dérangements intestinaux, évitez de boire l'eau du robinet après de fortes pluies ou en période cyclonique (ou à tout moment si vous êtes sensible). Les informations de dernière minute sur d'éventuelles mises en garde sont sur le site Internet ou la page Facebook de la Préfecture.

ENFANTS

Mayotte pourrait être surnommée l'île aux enfants, ils sont partout et très indépendants. Vous verrez des enfants hauts comme trois pommes circuler seuls, faire du stop, aller acheter à manger, à la plage, sur les stades. La jeunesse est partout, et pour cause l'âge moyen sur l'archipel est de 23 ans. Vos enfants seront donc bien accueillis partout sur l'île, et peuvent même être un brise-glace pour entamer une conversation avec des inconnus.

FUMEURS

Très peu de gens fument à Mayotte, veillez donc à ne pas déranger vos voisins de table non fumeurs.

PRATIQUE

FAIRE UNE PAUSE

HORAIRES

Les boulangeries, pâtisseries et snacks ouvrent tôt, souvent vers 6h ou 7h le matin car il est courant de prendre son petit-déjeuner en terrasse avant d'entamer une journée de travail. Par conséquent, elles ferment tôt également, aux alentours de 16h ou 17h, rares sont les adresses qui sont aussi ouvertes le soir. Soyez prévoyant.

BUDGET / BONS PLANS

Les prix des viennoiseries et desserts sont les mêmes qu'en métropole mais les adresses sont moins nombreuses, surtout que la cuisine locale est plus salée que sucrée. Pensez au liquide lorsque vous êtes hors de Mamoudzou. De plus en plus d'entrepreneurs se lancent dans la création de cafés ou salon de thé aux influences anglo-saxonnes avec des cookies, cupcakes ou encore muffins. On aime.

A PARTIR DE QUEL ÂGE

La réglementation pour la vente d'alcool est la même qu'en métropole. A noter que Mayotte est de confession musulmane, l'alcool est donc moins présent qu'en France hexagonale, surtout sur la voie publique. Veillez à adopter un comportement respectueux.

C'EST TRÈS LOCAL

L'avantage d'une île est que (presque) où que vous soyez, le coucher de soleil sera magnifique. Si vous êtes à l'ouest, vous aurez le plaisir de voir le disque orangé disparaitre sous la surface de l'eau et, partout ailleurs, vous verrez le ciel et par écho la surface de la mer se teinter de mille couleurs. Chaque soir le spectacle se répète, toujours légèrement différent, et toujours aussi captivant. Les restaurateurs le savent et la plupart des snacks et restaurants de bord de mer proposent des formules cocktails-tapas au coucher du soleil pour profiter de la vue. Un must.

ENFANTS

Les enfants sont acceptés dans tous les établissements.

LES ATTRAPE-TOURISTES

Les prix des apéros et des boissons sont souvent plus élevés qu'en métropole, alors on a tendance à moins consommer, mais la vue et le décor rendent souvent la note beaucoup plus agréable.

(SE) FAIRE PLAISIR

HORAIRES

Les magasins ouvrent tôt et ferment tôt, à l'exception des galeries commerçantes qui tendent à calquer de plus en plus le modèle métropolitain.

BUDGET / BONS PLANS

Les produits venant de métropole sont pour la plupart taxés à leur arrivée à Mayotte, il faut donc prévoir un surcoût pour la marchandise importée, notamment tout ce qui est nourriture, informatique et mobiliers. Pour dépenser moins, rien de mieux que de dépenser local : faites vos courses alimentaires au marché, et chinez dans les boutiques d'artisans.

SOLDES

La saison des soldes est calquée sur celle de la métropole dans les grands magasins qui sont souvent des franchises de ceux que vous trouverez dans l'Hexagone.

C'EST TRÈS LOCAL

Privilégiez l'achat d'artisanat local *made in* Mayotte, bijoux, confitures, huiles essentielles... : les talents locaux sont multiples, faites leur honneur. Le lieu idéal pour avoir un bel aperçu de ce qui se fait le mieux est le marché de Mamoudzou le troisième samedi du mois ou celui de Coconi le premier samedi du mois.

LES ATTRAPE-TOURISTES

Toujours vérifier les règles de la douane avant de faire un achat, vous êtes sur une île, le contrôle est renforcé notamment en ce qui concerne l'import-export de fruits, de graines et de végétaux. Pour certains produits faits à base de produits naturels (bois, pierre, plantes), un certificat d'authenticité peut être demandé.

BOUGER & BULLER

BUDGET / BONS PLANS

Si les sorties en mer peuvent paraitre chères à première vue (compter entre 60 et 80 € pour la journée), elles ne le sont pas au regard du spectacle qui vous est offert et du nombre d'heures passées sur (ou dans) l'eau. Pour ce qui est de la pratique sportive, comptez entre 10 et 20 € pour une location de paddle ou de kayak à l'heure. Enfin, les budgets les plus restreints se tourneront vers les activités gratuites : la randonnée et l'exploration en palmes-masque-tuba.

C'EST TRÈS LOCAL

La plongée est le sport à tester au moins une fois à Mayotte, les fonds marins sont uniques et de multiples prestataires peuvent vous faire découvrir des spots différents. Les accompagnateurs sont très professionnels et le matériel de qualité, ils sauront rassurer les plus timides et challenger les plus aventureux. Une autre activité qui prend tout son sens à Mayotte est l'ULM. Le survol des deux îles et de la double barrière de corail est un spectacle qui n'a pas de prix et qui restera à jamais gravé dans vos souvenirs. Enfin, si vous avez la chance de participer à la célébrissime course de pneus de Mamoudzou, c'est sans conteste le rendez-vous de l'année le plus attendu des Mahorais, un sport qui est loin d'être aussi facile qu'il en a l'air.

VOS PAPIERS SVP

Prévoyez un certificat médical si vous souhaitez vous lancer dans un niveau de plongée ou dans des cours de parachute ou d'aviation. Pour les baptêmes, aucun papier ne vous sera demandé, mais si vous avez des conditions de santé particulières, pensez bien à en parler en amont avec votre accompagnateur.

A RÉSERVER

Réservez à l'avance vos sorties en mer ou dans les airs, vous n'êtes pas les seuls à avoir l'idée, surtout les week-ends où les métropolitains installés sur l'île seront en concurrence avec vous pour les places. Pour les randonnées avec Les Naturalistes, pensez à réserver dès le début du mois lorsque le planning des sorties est publié car les places partent très vite. Plus généralement, on ne passe rarement à l'improviste à Mayotte, surtout en semaine, toutes les activités sont à réserver. Au minimum, appelez la veille pour vous assurer que le prestataire sera bien ouvert.

LES ÉVÉNEMENTS

Les événements sont nombreux à Mayotte et comprennent souvent un volet musique et danse, ce qui vous permettra de découvrir les rythmes locaux. Ils sont pour la plupart gratuits et grand public, souvent organisés à l'initiative des communes ou du Département. Pour suivre l'actualité, rien de mieux que de consulter la page Facebook What's up Mayotte ou de prendre un exemplaire du petit guide à votre arrivée à l'aéroport. Pour les amateurs de sorties bateau, la période de juillet-août est celle de la migration des baleines, très attendue en mer. Pensez à bien réserver en avance.

LES ATTRAPE-TOURISTES

Beaucoup de locaux ont des barques de fortune et vous proposeront un tour pour une somme modique, vérifiez toujours la fiabilité de la personne et de l'embarcation avant de monter à bord. Il est conseillé de ne partir qu'avec des personnes qui vous ont été recommandées ou des prestataires officiels.

SORTIR

HORAIRES

Les bars ouvrent dès 17h30 et ferment généralement vers 22h, les boîtes prennent la suite. Ils sont peu nombreux sur l'île mais en nombre suffisant pour s'amuser et trouver une ambiance qui vous correspond. Si les bars sont souvent très largement fréquentés par les locaux comme les métropolitains installés à Mayotte, les boîtes de nuit sont plus discrètes et intimistes. Consigne qui vaut partout mais peut être encore plus à Mayotte : les filles, évitez d'aller et de sortir seules de boîte de nuit. Les routes et les parkings sont très peu éclairés et les rencontres nocturnes ne sont pas toujours les meilleures.

BUDGET / BONS PLANS

Profitez des *happy hours* pour avoir des réductions sur les boissons et profiter du coucher du soleil. La plupart des boîtes de nuit ou bars payants sont gratuits pour les filles jusqu'à une certaine heure ou une consommation est offerte avec l'achat du billet d'entrée. Compter entre 10 et 20 € pour les boîtes payantes.

A RÉSERVER

Hormis pour les dates symboliques (Saint Valentin, jour férié...), pas besoin de réserver à Mayotte. Les gens se répartissent entre les différents lieux, vous aurez toujours une table disponible quelque part.

TRANSPORTS NOCTURNES

Les barges continuent jusque tard dans la nuit mais seulement une fois par heure. Dernier départ de Mamoudzou à 0h30 la semaine et le dimanche, et à 3h30 vendredi, samedi et les veilles de jours fériés. Les taxis sont aussi rares à trouver la nuit venue, si vous pensez rentrer tard, arrangez-vous avec un taxi que vous connaissez et dont vous avez déjà le numéro.

A PARTIR DE QUEL ÂGE

La législation est la même qu'en métropole, notez que vous êtes dans un département musulman, la relation à l'alcool est différente.

C'EST TRÈS LOCAL

Les locaux sortent souvent le grand jeu pour aller danser : robes de soirée, talons et petite chemise. Si vous voulez passer inaperçu, évitez le short et les claquettes en boîte de nuit.

FUMEURS

La législation est la même qu'en métropole, respectez les non fumeurs dans les lieux publics.

SE LOGER

BUDGET / BONS PLANS

Les logements sont assez chers car le nombre de places est limité : comptez entre 50 et 200 € la nuit selon la gamme. Les locations par Booking et Airbnb se développent à Mamoudzou et offrent l'avantage de pouvoir cuisiner, l'idéal pour les longs séjours. Pour des adresses de charme avec bungalows indépendants ou piscine, il faut souvent sortir de la ville, comme partout. Tous les styles sont présents à Mayotte, du très confortable et luxueux à la chambre chez l'habitant pour les petits budgets. A vous de définir vos envies.

A RÉSERVER

Si vous séjournez à Mamoudzou ou dans ses environs proches, réservez bien à l'avance car les chambres sont prises d'assaut toute l'année du fait des nombreux déplacements professionnels liés à la présence de l'hôpital et des administrations en centre-ville. En dehors de Mamoudzou, vous pouvez être plus flexibles mais les adresses sont peu nombreuses, mieux vaut donc avoir réservé que d'arriver le nez au vent. De même, certaines adresses sont en dehors des villages, il sera alors important de penser à la restauration pour éviter de devoir rouler de nuit.

C'EST TRÈS LOCAL

La plupart des hébergements proposent la restauration mais mieux vaut vérifier à l'avance car il est difficile d'improviser à Mayotte où les supermarchés sont peu nombreux et parfois mal achalandés. Certains vous demanderont de réserver votre repas du soir au minimum la veille, pour avoir le temps de faire les courses en fonction.

POUR LES GOURMANDS

Certains hébergements proposent des petits déjeuners avec confitures locales et fruits tropicaux. Le must du must, c'est bien sûr lorsque les makis et les geckos viennent vous tenir compagnie pour essayer de grappiller quelques fruits. Impossible de résister, il faudra partager !

VIE QUOTIDIENNE

ALLO ?

Vous pourrez utiliser votre téléphone et votre abonnement métropolitains à Mayotte comme partout ailleurs en France. Seul le volume des données mobiles disponibles peut changer, vérifiez sur votre contrat avant de partir. Les numéros de téléphones fixes de Mayotte commencent par 02 69 et les portables par 06 39, pas besoin d'indicatif.

ACCESSIBILITÉ

Encore peu de structures sont adaptées aux voyageurs handicapés, pensez à toujours appeler avant de vous déplacer pour vérifier afin d'éviter les mauvaises surprises. Certains clubs de plongée proposent des initiations à la plongée pour les personnes à mobilité réduite.

SANTÉ

L'hôpital principal se trouve à Mamoudzou pour toute urgence, tandis que des dispensaires sont présents sur le reste de l'île. Un bon réseau de pharmacies vous permettra de vous approvisionner en médicaments, crème solaire ou produit antimoustique, à des prix supérieurs à ceux de métropole toutefois. N'oubliez pas votre carte vitale. Pour toute urgence ne relevant pas des compétences de l'hôpital de Mayotte, une évacuation vers la Réunion ou la métropole sera organisée.

URGENCES SUR PLACE

Les numéros d'urgence sont les mêmes qu'en métropole : le 15, le 18 et le 17. L'hôpital principal est situé en plein centre-ville de Mamoudzou, en cas de problème n'hésitez pas à demander votre chemin, tout le monde le connaît.

SÉCURITÉ

Pendant les périodes de tension, toujours vérifier les éventuels blocages avant de prendre la route. Pour cela, le site de la Préfecture reste le meilleur moyen d'information, ainsi que plusieurs pages Facebook non officielles qui suivent les actualités routières en temps réel. En cas de doute, appelez votre hôtel ou la personne chez qui vous vous rendez pour vérifier l'état de la circulation. Il est déconseillé de conduire seul la nuit, privilégiez le covoiturage ou de dormir sur place.

LGBTQ

Culturellement, l'homosexualité est une valeur taboue à Mayotte, le climat religieux n'aide pas. Terre de tolérance, Mayotte accorde cependant une place particulière aux homosexuels. Comme l'explique l'un des acteurs du projet de documentaire de société *Mahaba haramu* (« l'amour tabou ») réalisé par Rémi Rozié, cette tolérance est soumise à trois conditions : « pas de prosélytisme, pas de coercition, pas de scandale ». Un petit réseau existe… avec des soirées qui ont lieu de temps en temps. Dans l'enceinte des hôtels et des structures d'hébergement, libre à chacun d'exprimer ses penchants. Mais sur les plages publiques et dans les villages, mieux vaut ne pas afficher son orientation sexuelle. On recense beaucoup moins d'actes d'homophobie à Mayotte qu'à la Réunion par exemple. Le 27 septembre 2013, le premier mariage gay a été célébré à la mairie de Mamoudzou, par le maire en personne. Quelques infos sur le forum d'entraide pour les rencontres gay et lesbiennes : mayotte-gay. forumpro.fr ou gaymayotte.forumgratuit.org.

AMBASSADE ET CONSULATS

Mayotte étant un département français, les institutions sont les mêmes qu'en métropole. La Préfecture et le Département ont un rôle majeur dans l'organisation de la vie locale.

POSTE

Notre bonne vieille Poste nationale est présente à Mayotte dans les grandes villes et dans les villages (à Pamandzi, Mamoudzou, Kawéni, Koungou, Passamainty, Dzoumogné, M'tsangamouji, M'tsamboro, Combani, Coconi, Sada, Tsingoni, Dembeni, Bandrélé, Chirongui, Kani-Kéli…), on compte une bonne quinzaine de bureaux dans l'île. Comptez de 4 à 7 jours d'acheminement pour le courrier vers la métropole et idem dans le sens métropole-Mayotte, mais le délai peut varier en raison des complications éventuelles liées au transport aérien. Mêmes services, mêmes tarifs, avec une spécialité locale : les timbres. Pour envoyer un courrier à Mayotte, utilisez un timbre normal, par exemple à 0,73 € pour moins de 20 g, jusqu'à 100 g compter 1,46 € et 5,84 € pour 3 kg (service universel jusqu'à 3 kg). A cela, il faut ajouter le complément d'affranchissement aérien de 0,05 € pour Mayotte à chaque nouvelle tranche de 10 g.

Pour les colis compter de 20 à 30 jours d'acheminement. Les bureaux de poste sont généralement ouverts de 8h à 16h avec une fermeture à la pause de midi, et sont souvent accompagnés d'un distributeur de billets.

MÉDIAS LOCAUX

Un journal hebdomadaire, *Mayotte Hebdo*, du groupe Somapresse, diffuse l'information tous les vendredis. Fondée en mars 2000, la Société mahoraise de Presse est le plus ancien groupe de presse généraliste de l'île. Ses supports, également relayés quotidiennement sur Internet, sont aujourd'hui considérés par IPSOS comme « incontournables » à Mayotte. *Mayotte Hebdo* est l'hebdomadaire généraliste le plus connu sur l'île avec 15 000 lecteurs par semaine, il propose trois suppléments gratuits, *Mayotte Eco*, *Mayotte Sport* et *Tounda Mag*, ce dernier étant un agenda culturel. *France Mayotte Matin* du groupe Kwézi FM est l'unique quotidien papier disponible. Kwézi Télévision propose aux abonnés un journal au format Pdf et des informations actualisées au quotidien sur son site Internet. *Télé Banga*, pour les programmes télé, est un magazine hebdomadaire dans l'esprit de *Télé-Loisirs*, il reflète la vie culturelle et « people » mahoraise. Dernièrement un très beau support est apparu, le magazine *Glitter* offre du contenu qualifié sur Mayotte, sur la France métropolitaine, et ailleurs dans le monde : mode, beauté, sorties, évasion, lifestyle, c'est un support chic et trendy. Côté radio, Mayotte 1ère et Kwézi Fm sont les deux stations principales. Enfin, la télévision tient une place de plus en plus importante dans les ménages mahorais. La chaîne de télévision Mayotte 1ère (groupe FranceTv), retransmet quelques émissions des différentes chaînes françaises. Un journal local en français puis en shimaore est diffusé tous les soirs. Le JT de métropole est quant à lui diffusé en direct à 21h ou 22h (selon l'heure d'été ou d'hiver en métropole). Le paysage audiovisuel local s'est élargi un peu à Mayotte avec la création de deux nouvelles chaînes : Telemante, nouvelle chaîne locale, et la chaîne Kwezi Télé sur la TNT Mayotte (chaîne 9), sur Parabole Océan Indien (chaîne 45) que l'on peut suivre aux Comores, à la Réunion, à Madagascar, sur la Live Box Oi et la Neuf Box Oi.

DÉCOUVRIR

Dernier département français, Mayotte est peu connue dans l'Hexagone. On la devine lointaine, tropicale et cosmopolite mais peu de métropolitains soupçonnent l'exceptionnelle richesse de sa biodiversité, qu'elle soit terrestre ou marine, la longévité et la complexité de son histoire, au carrefour des influences européennes et africaines, et la richesse de ses coutumes qui ne se retrouvent nulle part ailleurs. Ce dossier vous donnera un aperçu des trésors qui vous attendent sur cet archipel composé de ses deux îles principales, Petite-Terre et Grande-Terre, et de sa flopée d'îlots paradisiaques qui apparaissent et disparaissent au gré des marées. Il vous donnera quelques clés de compréhension pour mieux comprendre ce département si différent et pourtant si proche de nous, sa population et les enjeux qui façonnent son quotidien. Il constitue un premier pas vers la vraie découverte, celle que vous allez commencer une fois sur place.

PLONGÉE SOUS-MARINE

Destination phare de la plongée, Mayotte a mille et une richesses à visiter. C'est même une base idéale pour se jeter à l'eau et découvrir la plongée en bouteilles si vous n'en avez jamais fait. L'eau n'est jamais en dessous de 25 °C : même l'hiver, on peut se baigner, elle monte jusqu'à 30 °C, et parfois la combinaison est même inutile. L'eau est claire, les vagues et clapotis y sont très limités grâce à la protection de la barrière récifale et à la faiblesse du vent. Les courants, hormis dans les passes, sont également très faibles et réunissent ainsi toutes les conditions pour débuter en toute sécurité. On peut faire de très belles plongées à l'intérieur du lagon, à moins de 15 m de profondeur. Les plus expérimentés pourront quant à eux visiter les passes et les tombants. Plusieurs prestataires très professionnels vous emmèneront à la découverte des sites d'exception qui entourent l'île, quel que soit votre point de départ.

Les passes, lieux de vie et d'effervescence

D'une profondeur de 60 à 80 m, les passes sont des portes d'entrée dans le lagon qui ponctuent la barrière de corail. Créées par d'anciennes rivières, elles laissent passer des courants puissants lors des périodes de grandes marées qui attirent la faune, faisant d'elles des lieux privilégiés pour la plongée. Les sorties bouteille commencent généralement dans la passe et finissent sur la pente externe de la barrière où la vie marine est toujours plus active. Outre la petite faune de poissons et coraux, on y trouve de plus gros poissons : barracudas, raies léopard, loches, requins, dauphins et tortues. La passe en « S » ou passe Longogori est la plus connue, mais aussi la plus fréquentée et la plus proche de la ville et donc des centres de plongée. Elle forme une vallée en S de plusieurs kilomètres sur le tombant et est mondialement connue. Il y aussi, au sud, les passes de Bandrélé et Sazilé, ainsi que leurs îlots, et au nord la passe de M'tsamboro ; les deux îlots du nord sur la partie est sont reliés par un fabuleux banc de sable, avec un véritable champ de coraux et une grande variété de petits poissons multicolores. A découvrir en palmes, masque et tuba. La passe Bateau est également un site de référence dans le sud-ouest du lagon, réputée pour son tombant sur 2 niveaux allant jusqu'à 80 m de profondeur. Riche en espèces pélagiques, on y retrouve des raies et souvent des requins marteaux.

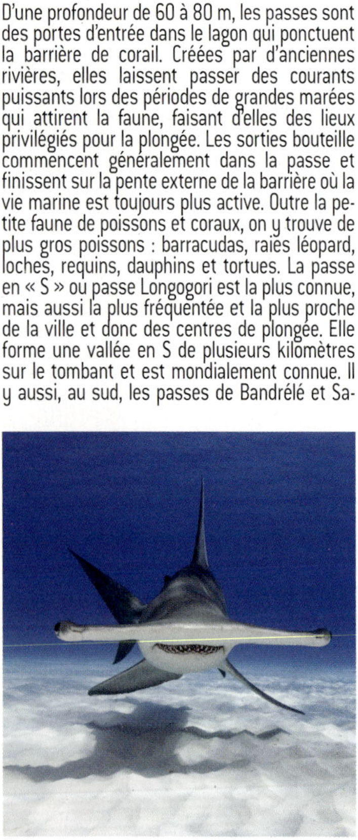

© WILDESTANIMAL - SHUTTERSTOCK.COM

Requin-marteau.

Des spots très fréquentés par les pélagiques

Les spots de plongée à Mayotte sont nombreux, on en recense près de 100, mais surtout variés. Chaque club de plongée a ses favoris, à vous de vous faire votre propre opinion. A noter que si vous choisissez un club de plongée à l'est, il y a peu de chances qu'il vous emmène sur un site à l'ouest et inversement. Idem pour le nord et le sud. Ainsi il convient de s'orienter vers le spot qui convient le mieux à vos attentes. Pour avoir le plus de chances de croiser des requins ou des raies, rendez-vous à Ty-Louny à l'ouest. Eau claire et profonde jusqu'à 70 m. Beaux coraux et surtout passage réputé des raies mantas et gros pélagiques. Légèrement plus au nord mais toujours sur la même côte, le banc du Boa près des îlots Choizil est un spot peu profond (jusqu'à 30 m) mais apprécié des raies. Beaux coraux et tombants. Au nord toute cette fois, le banc de la Surprise garantit de belles découvertes à 60 m de profondeur. Enfin, au sud, la « passe barracuda » au niveau de Bouéni est un repère pour les raies en tous genres. Pour voir de beaux coraux, direction le site « champs de coraux » sur la barrière à l'ouest, à la hauteur des îlots Choizil ou sur le tombant du versant est de l'îlot le plus proche de la côte. Pas besoin d'aller très profond, les premiers mètres sont les plus beaux. Attention cependant au courant sur ces deux spots.

Tortue dans le lagon de Mayotte.

© JULESK - SHUTTERSTOCK.COM

La fameuse passe en S vue du ciel.

Des curiosités naturelles et des traces humaines

Pour voir des curiosités naturelles, vous pourrez observer des failles au lieu-dit Les Failles (sans surprise !) en face de la plage de Trévani, au nord. Attention aux requins qui s'y cachent parfois pour siester. Hormis l'effet de surprise, ils ne sont heureusement pas agressifs. Sur l'extérieur nord de la passe de Bandrélé, le site de l'Arche est également une curiosité. Enfin, la pointe est du récif sud et le récif de Bandrélé en direction du récif Bambo abritent des cheminées verticales. Cette liste n'est bien sûr pas exhaustive, il existe de nombreux autres spots comme la passe Saziley (sud-est), la passe nord, le spot de Cocaïne (dune de sable blanc) à l'ouest ou encore le tombant des aviateurs sur Petite-Terre. Plusieurs sites attestent quant à eux de la présence de l'homme : les trois canons immergés au niveau de l'îlot d'Handrema (nord), trois ancres qui sont posées sur le sol au niveau de la passe de Bandrélé (ouest) et, enfin, à proximité de la piste d'atterrissage de Petite-Terre, on peut trouver une (et non trois !) épave de barge.

Des sites accessibles selon les niveaux

Plusieurs sites sont adaptés aux débutants, par leur faible profondeur ou leur faible courant. À évaluer toutefois selon la météo du jour. La Prévoyante (nord) est un site facile, accessible également en PMT (palmes-masque-tuba), tout comme Le Pietro, riche en animation et dont le tombant est à 20 mètres seulement. Les « passe bateau » présentent trois sites avec des tombants échelonnés jusqu'à 90 m, l'idéal pour répartir les plongeurs de différents niveaux. Le récif Chira Rani (sud) est facilement accessible avec de beaux coraux, jusqu'à 25 m. On y croise des tortues. Enfin, dans la passe de Sada, il est possible d'observer de nombreux poissons et gorgones tout en restant à 45 m. Les plongeurs plus aguerris pourront se diriger vers la passe en S. Riche en faune et en flore, la passe en S est divisée en treize spots indiqués par des bouées. Chacun offre une aventure différente et sera à choisir en fonction des courants, de la période de l'année et de ce que l'on souhaite observer. Cet espace est protégé depuis 1990 et la pêche y est interdite ainsi que le ramassage de tout coquillage ou poisson.

Quelques consignes de sécurité

Comme tout sport, la plongée est encadrée par des règles qu'il faut appliquer pour garantir sa sécurité et profiter au maximum de son temps sous l'eau. La première consigne est de respecter un délai de 12 heures avant ou après l'avion pour une plongée sans décompression et de 24 heures pour une plongée avec palier de décompression. Une fois votre plongée terminée, il y a toujours de l'azote résiduel dans votre organisme pendant plusieurs heures. Dans un avion de ligne, malgré la pressurisation, la pression à l'intérieur de la cabine ne sera pas la même que celle du niveau de la mer. Cette diminution de pression peut laisser apparaître des symptômes de maladie de décompression, soit durant le vol ou peu de temps après ce dernier. Il faut également ne pas faire d'apnée après une plongée. Après une plongée, votre sang est saturé de gaz. Vous soumettre à une nouvelle pression ou retenir votre souffle lors d'une apnée peut favoriser un accident de décompression. Après une plongée, on se repose ! Enfin, évitez les traitements contre le mal de mer. Ces médicaments entraînent tous un phénomène de somnolence. Enfin, protégez-vous du soleil et buvez beaucoup d'eau. C'est parti, maintenant profitez !

GÉOGRAPHIE

Idéalement située dans les eaux chaudes du canal du Mozambique à quelques kilomètres seulement de ses voisines comoriennes et malgaches, Mayotte n'est pas une île mais bien un archipel, constitué de deux îles principales, Petite-Terre et Grande-Terre, et de sa constellation d'îlots paradisiaques que l'on se plaît à visiter le week-end venu en bateau ou en pirogue. Formés par les laves de volcans sous-marins il y a plusieurs millions d'années, les îles et îlots de l'archipel se font et se défont au gré des éléments naturels. L'ardeur du basalte a été remplacée par des pentes douces et accueillantes où la végétation abonde et dont les extrémités plongent dans les eaux limpides d'un des plus beaux lagons du monde. Sa double barrière de corail en fait une curiosité pour les scientifiques et passionnés de plongée qui n'ont de cesse de l'explorer avec empressement car l'île se transforme perpétuellement. Raison de plus pour y retourner encore et encore…

Un archipel dans le puzzle de l'océan Indien

Située dans l'hémisphère sud, entre l'équateur et le tropique du capricorne, l'île de Mayotte fait partie de l'archipel des Comores qui est composé de trois autres îles : Grande Comore, Mohéli et Anjouan. Les trois îles forment désormais les Comores indépendantes, réunies en un Etat nommé Union des Comores. Mayotte a, quant à elle, décidé de rester française en 1975 et est aujourd'hui un département de la République française. Mayotte se trouve dans la partie ouest de l'océan Indien entre l'Afrique et Madagascar à l'entrée nord du canal du Mozambique au niveau du 45° méridien et entre les 12° et 13° parallèles sud. L'île Hippocampe se trouve à 8 000 km de Paris, 1 500 km de la Réunion, 400 km de la côte est de l'Afrique et à 300 km de la côte occidentale de Madagascar. D'une superficie de 374 km^2, Mayotte comprend deux îles principales et habitées, Petite-Terre et Grande-Terre, ainsi qu'une trentaine d'îlots épars.

Des îles sorties des flammes

Comme les autres îles des Comores, « l'Hippocampe mahorais » est d'origine volcanique. Il a été formé par l'éruption de volcans sous-marins venus percer la surface des eaux. Explications : le plancher océanique se déplace, au gré de quelques millimètres par an ; en dessous, le magma forme par endroit des points chauds qui percent le plancher sous-marin en pointillés. Le magma, masse de roches en fusion comme le basalte compact, noir et lourd, forme des montagnes sous-marines posées sur le fond des plaines abyssales, qui s'élèvent parfois plus haut que l'océan pour créer des îles. Après leur naissance violente, éruptive, les volcans s'éteignent, puis meurent. Sous le poids des âges, ils commencent à s'affaisser, s'enfoncer, la dérive océanique les emportant. L'érosion du vent et de la mer les écroule, les montagnes volcaniques s'érodent et se parent rapidement de végétation. Selon le niveau de maturité du volcanisme, l'île est passée par trois types d'activités volcaniques : de type hawaïen à laves basaltiques fluides, puis strombolien à cônes et projections de lapillis et, enfin, activité explosive avec lacs de cratère, dite ultra-vulcanienne ou phréato-magmatique. Ainsi, Mayotte possède quelques traces bien visibles de ces volcans désormais éteints comme le lac Dziani en Petite-Terre ou bien le mont Choungui au sud de Grande-Terre.

Mayotte la doyenne

Ce point chaud de la tectonique des plaques a formé d'abord Mayotte, la plus ancienne, il y a huit millions d'années, puis a continué à se déplacer et à créer les autres îles comoriennes. Mayotte, logiquement en tant que doyenne, est la plus érodée et la moins élevée des îles de l'archipel. Son relief est moins accentué que celui de ses sœurs comoriennes et a été soumis à un enfoncement important, son plateau s'étant progressivement effondré.

Le lac Dziani.

Baie de Handréma, pointe nord de Grande-Terre.

© AURELIEN_BRUSINI - ISTOCKPHOTO.COM

Îlots dans le lagon de Mayotte.

Mayotte s'élève donc des profondeurs océaniques de plus de 3 000 m pour culminer à 660 m. Elle possède un lagon, et quel lagon ! Avec plus de 1 100 km², c'est un des plus grands et des plus riches du monde qui est enserré au milieu d'une barrière de corail de 160 km de long presque continue, coupée par une dizaine de passes. Il peut atteindre 70 m de profondeur. Les 374 km² de terres émergées se répartissent entre Petite-Terre (11 km²) et Grande-Terre (363 km²), et quelques îlots parsemés alentour. Petite-Terre est à l'extrême est, très proche de la fin du lagon et donc de l'océan, tandis que Grande-Terre est en plein milieu du lagon. Au point le plus proche de ces deux îles, un bras de mer (ou plutôt de lagon) de 2 km de large.

Mayotte, un atoll en devenir

Mayotte présente des reliefs doux, des plaines assez vastes et des plages de sable ocre, ainsi que des îlots de sable blanc corallien. Comme toutes les îles volcaniques et tropicales, Mayotte vit une histoire qui n'excédera pas les 100 millions d'années en tout. Eh oui, traces dérisoires à l'échelle du temps, ces îles sont mortelles et ne survivront pas, à l'inverse des continents. Mayotte, qui est la plus ancienne, en est encore à un stade intermédiaire, proche du stade qu'atteint Maurice. Dans quelques millions d'années, ces récifs se couvriront de sable corallien, comme l'îlot de Sazilé, et feront tout le tour de l'île à l'image de Bora Bora en Polynésie. Pour l'instant, Mayotte présente plutôt la configuration, très rare, d'une île comme celle de Mangareva, en Polynésie, avec une petite terre émergée au milieu d'un immense lagon aux contours submergés. Plus tard encore, l'île centrale disparaîtra sous les eaux, ne laissant plus émerger qu'une couronne d'îlots de sable blanc : ce sera un atoll, comme on peut en voir aux Maldives, aux Seychelles, et dans tout le Pacifique…

L'archipel sous les secousses

L'année 2018 aura été une année marquante pour Mayotte : sur terre les protestations agitent la population, mais sous terre le sol s'agite aussi mystérieusement : 1 600 tremblements de terre ont été enregistrés en l'espace de dix mois. Un record absolu pour l'archipel jusqu'alors plutôt paisible. Si la plupart des secousses étaient de faible intensité, une trentaine d'entre elles ont atteint ou dépassé 5 sur l'échelle de Richter, fissurant certaines maisons et fragilisant des établissements scolaires, comme ce fut le cas au collège de Dembéni. En parallèle, un autre phénomène s'accélère brutalement : l'affaissement de l'archipel, principalement sur sa façade est. En un an Petite-Terre se serait enfoncée dans la mer de 8 à 12 cm ! Un phénomène naturel mais d'une rapidité déconcertante : habituellement l'île perd seulement 0,19 mm par année. Le coupable est heureusement vite démasqué : il s'agit d'un volcan sous-marin situé à 50 km à l'est de Mayotte, à 3 400 m sous la surface, qui s'est formé petit à petit avant d'entrer en éruption. La mission scientifique volcanique « Tellus Mayotte », coordonnée par le CNRS, a été lancée en février 2019 pour étudier le phénomène, révélant que l'apparition du volcan a également provoqué un déplacement significatif de l'archipel vers l'est. Les missions scientifiques se succèdent depuis, les outils de pointe permettant d'obtenir des images et données très précises sur ce volcan, connu désormais comme le 4ᵉ volcan actif de France. Fin 2019 les secousses ne se font plus sentir, on pourrait croire à un retour à la normale mais les scientifiques mettent en garde : le volcan est toujours actif ! De grandes questions restent en suspens, comme l'impact de cette éruption sur la vie marine. Affaire à suivre.

NATURE

Île tropicale, ses montagnes sont couvertes de verdure. Île aux parfums, ses senteurs embaument les vallées. Île cultivée, ses arbres croulent de fruits. Mayotte est recouverte d'un tapis vert étincelant qui épouse ses doux reliefs qui dévalent les côtes des sommets à la mangrove littorale. Elle offre une multitude de nuances de vert, qui ne peut être égalée en beauté que par la multitude de nuances de bleu de son lagon. Délimitées par une barrière de corail au large, parfois double, les eaux peu profondes qui ceinturent l'archipel sont riches de vie. Ses curiosités naturelles sont autant recherchées par les plongeurs du monde entier qu'admirées par les scientifiques qui ne cessent d'y faire des découvertes passionnantes. Connue des Hommes, ces eaux le sont aussi des cétacés migrateurs qui viennent chaque année profiter de leur chaleur et de leur tranquillité, il serait dommage de ne pas en faire de même.

Un parc marin exceptionnel

Créé officiellement le 21 janvier 2010, le Parc Marin de Mayotte est le premier parc naturel marin d'outre-mer. D'une surface de 1 100 km², il compte près de 200 km de récifs coralliens et 7 km² de mangrove et autant d'herbiers. Il abrite 2 300 espèces marines dont 760 espèces de poissons, 300 variétés de coraux, 22 espèces de mammifères marins, et 2 espèces de tortues marines (tortue verte et tortue imbriquée). Au-delà de la protection de l'environnement, il est également un outil utile en matière d'étude des écosystèmes marins tropicaux et de la mangrove de Mayotte. D'un point de vue touristique, c'est une vitrine qui devrait profiter à l'île. D'un point de vue géopolitique, il permet à la France de siéger aux Sommets de la Terre organisés tous les dix ans depuis 1972 et qui ont pour but de trouver les solutions pour protéger l'environnement marin à travers la conservation durable des ressources biologiques marines.

Des écosystèmes marins très variés

Au large des îles, au-dessus des profondeurs abyssales de l'océan (3 000 m), s'étend le milieu océanique. C'est le domaine des grands prédateurs et des mammifères marins. Marlins, espadons, voiliers, daurades, carangues, requins croissent et permettent aux pêcheurs de s'y donner à cœur joie. Il se distingue du lagon, milieu riche mais fragile formé par l'accumulation pendant des millions d'années du squelette d'un petit animal, le polype, jusqu'à constituer une barrière corail d'environ 160 km de long et qui ceinture tout Mayotte selon les endroits. L'eau du lagon est calme et à une température moyenne de 27 °C mais la vie y est exubérante. Cette ceinture corallienne est entrecoupée en certains endroits de passes permettant l'accès à l'intérieur du lagon pour les bateaux. Il se différencie des autres lagons par la présence au sud d'une double barrière de récifs de 18 km de long que l'on ne peut voir que dans deux autres endroits dans le monde (Nouvelle-Calédonie et les îles Fidji). Le long de ses côtes, Mayotte est bordée par le récif frangeant qui permet, de la plage ou de la mangrove, d'avoir un premier tombant où poissons multicolores et coraux rivalisent de couleurs.

Poissons-lions, barrière de corail de Mayotte.

La végétation luxuriante des forêts mahoraises.

© SERGE MELESAN / ISTOCKPHOTO.COM

Les makis sont des petits lémuriens très joueurs !

La mangrove salvatrice

A la frontière entre terre et mer, la mangrove recouvre quasiment les trois quarts du rivage mahorais. Elle constitue désormais un domaine protégé, car indispensable à l'écosystème de l'île : lors des fortes pluies, elle arrête et freine l'envasement et évite l'asphyxie du corail. Composée de sept espèces de palétuviers différents, elle fait office de filtre pour le lagon et joue aussi le rôle de nurserie. Plus de 70 % des poissons viennent mettre leurs alevins à l'abri des prédateurs dans la mangrove. La vie y est riche d'enseignements. Certains palétuviers réussissent à toujours s'oxygéner même à marée haute grâce à leurs racines aériennes ou pneumatophores tournées vers le ciel. Des crabes et quelques huîtres y sont présents. On y trouve aussi le fameux périophtalme, poisson atypique capable de respirer en dehors de l'eau et qui utilise ses nageoires pour avancer sur la terre ferme, car il ne peut pas rester plus de 10 minutes sous l'eau.

Le maki, animal emblématique de l'archipel

Le *Eulemur Fulvus Mayottensis* a très probablement été apporté de Madagascar, qui est un sanctuaire pour lémuriens, elle-même détachée du continent indien il y a 65 millions d'années. Très agile et très intelligent, c'est un animal génial ! On le reconnaît à ses yeux jaunes, son pelage brun et sa longue queue. Il vient parfois chiper des bananes dans les hôtels, et on l'entend crier dans les forêts. Il n'est pas méchant et se plaira à venir réclamer quelques bananes avec ses petites mains. Il suffit qu'il y ait de grands arbres pour que normalement les makis soient présents, notamment à Mamoudzou aux abords de l'hôpital. Dans la journée, ils passent la plupart de leur temps à dormir, à se reposer, ils évitent ainsi les heures chaudes du jour. Ils deviennent plus actifs quand il fait meilleur.

Des fruitiers au cœur de la forêt

Profitant d'un climat tropical chaud et humide, les arbres fruitiers poussent avec vigueur sur le sol mahorais. Parmi les espèces les plus courantes sur l'archipel, on trouve l'arbre à pain. Cet arbre à larges feuilles vertes donne de gros fruits ronds qui se mangent cuits, bouillis ou en frites, comme les pommes de terre. Autre incontournable du paysage : le bananier. Principale production sur Mayotte, la banane est quasi omniprésente (environ 10 000 hectares plantés). Le fruit y est consommé vert et cuisiné essentiellement comme légume. On dénombre plus de 34 variétés différentes sur Maoré. Autre emblème de l'île aux courbes généreuses et aux fruits sucrés : le baobab. D'après les botanistes, leurs rondeurs leur permettent de stocker le maximum d'eau à l'abri de l'évaporation et

Mangrove mahoraise.

d'être ainsi adaptés aux régions les plus sèches. Une curiosité : ses fleurs blanches sont fécondées par les chauves-souris roussettes qui les aspergent de pollen avec leurs ailes. On trouve également des manguiers, letchis, badamiers, jacquiers…

L'archipel des senteurs

Surnommée « l'île aux parfums », Mayotte a conquis le cœur des plus grands parfumeurs. Aujourd'hui les jardins botaniques du cœur de l'île permettent de découvrir les espèces qui ravissent nos narines, notamment le cannelier. L'écorce, récoltée toute l'année, et dont la meilleure est celle des branches, sera moulue pour donner la cannelle, très appréciée en confiserie. Le frangipanier (Plumeria) fait partie des plus beaux arbres tropicaux avec ses fleurs blanches, parfumées et médicinales. Le giroflier originaire des Moluques ne prospère qu'au voisinage de la mer. Son écorce et ses feuilles contiennent une huile très odorante. Les clous de girofle produisent une huile utilisée en parfumerie, mais surtout en pharmacie. La muscade possède des feuilles très odorantes, et son fruit renferme une noix. La muscade est aussi utilisée en charcuterie et en pharmacie (elle est anti-rhumatismale). L'ylang-ylang aux fleurs jaunes à six pétales couvre des forêts entières qui embaument toute une vallée. Son huile essentielle permet de mieux fixer le parfum sur lequel on peut ainsi accrocher d'autres odeurs et fabriquer des fragrances plus complexes. Enfin, la vanille est la deuxième source de revenus de l'île. De la famille des orchidacées, elle vient du Mexique où les Aztèques semblent avoir été les premiers à l'apprécier en parfumant leur chocolat.

TOP 10

FAUNE

Mayotte a la chance de bénéficier d'une faune exceptionnelle sur la terre comme sous la surface de l'eau. A mi-chemin entre le continent africain et Madagascar, les espèces qui la peuplent sont arrivées par vagues successives, par les airs, par la mer, par le vent ou encore par la main de l'homme.

LE DAUPHIN

Il en existe plusieurs espèces à Mayotte, il peut être gris, à bosse, grand, à long bec ou tacheté.

© SERGE MELESAN - ISTOCKPHOTO.COM

LE MAKI

Espiègle et malicieux, ce cousin éloigné du singe a la particularité d'enterrer ses morts !

© STÉPHAN SZEREMETA

LE TENREC

A cause de ses poils épais et piquants, il fait penser à un hérisson. Il est comestible.

© DENNISVDW - ISTOCKPHOTO.COM

LES TORTUES MARINES

Présentes dans toute la région, les tortues reviennent toujours sur la plage où elles sont nées.

© BLUEORANGE STUDIO - SHUTTERSTOCK.COM

LA BALEINE À BOSSE

Elle trouve le lagon de Mayotte chaud et protégé pour y mettre bas entre juillet et octobre.

© BAPTISTE LE BOUIL - ISTOCKPHOTO.COM

LE CAMÉLÉON

Il se pare des plus belles couleurs à la saison des amours et sait se faire discret dans la forêt.

© LUCA BERTALLI - ISTOCKPHOTO.COM

LE COELACANTHE

Il est le dernier survivant d'une lignée qui a connu son apogée il y a 240 millions d'années.

© SLOWMOTIONGLI - ISTOCKPHOTO.COM

LE MARGOUILLAT

Deux spécimens sont présents sur l'île : un coloré vert brillant, rouge et bleu et le gecko gris.

© REPTILES4ALL - ISTOCKPHOTO.COM

LA RAIE MANTA

Voyageant en groupe, elle peut atteindre jusqu'à sept mètres d'envergure et peser deux tonnes !

© HAVESEEN - SHUTTERSTOCK.COM

LE DUGONG

La « vache de mer » que l'on croyait disparue a été redécouverte dans le lagon en 2010.

© VKILIKOV - SHUTTERSTOCK.COM

CLIMAT

Mayotte étant située dans l'hémisphère sud, il convient de ne pas oublier que nos hivers sont vos étés et vice-versa : le Nouvel An se fête en claquettes à la plage et le mois d'août n'est pas synonyme de farniente. L'île, sous influence d'un climat tropical maritime, n'a pas quatre mais bien deux saisons bien marquées, qui correspondent à l'été et à l'hiver austral. Pour schématiser, l'été est la période la plus chaude mais pluvieuse, tandis que l'hiver est plus frais – une notion à prendre avec des pincettes, les températures peuvent frôler les 30 °C au soleil – et venteux. Il est donc possible de se rendre à Mayotte toute l'année, avec la garantie de ne pas sortir plus qu'un gilet et de pouvoir profiter de la mer quoi qu'il advienne. Conseil futé : consultez le calendrier des allées et venues des raies mantas, dauphins, baleines, et des pontes des tortues, c'est celui-ci qui conditionnera le choix de vos dates.

Une saison des pluies intense

Le climat de Mayotte est régi en été, soit d'octobre à mars, par le régime de la mousson venant du nord, c'est la saison des pluies, ou saison chaude et humide, avec des températures élevées (entre 29 et 34 °C) dans la journée et avec un taux d'humidité important (il peut frôler les 95 %). Cette saison d'été austral concentre la quasi-totalité des précipitations annuelles (environ 60 à 70 % de celles-ci), le taux d'humidité devient alors très important et les risques de belles averses tropicales sur les mois de février et jusqu'à la mi-mars sont très fréquents. Autant dire qu'il est bien inutile de tenter un brushing ! A noter que les précipitations sont plus abondantes dans le nord que dans le sud, il y a donc toujours moyen de continuer sa route pour passer entre les gouttes. C'est aussi la saison des cyclones ou de dépressions tropicales durant cette période, même si Mayotte est théoriquement protégée par Madagascar et son cap d'Ambre qui fait office de bouclier (« L'île-continent protège »). Cependant, en mars 2014, le cyclone Hellen a fait des dégâts en passant à moins de 200 kilomètres des côtes. Enfin, les mois pluvieux sont aussi les mois que choisissent les tortues marines pour venir pondre sur les plages, puis en fin de saison des pluies, les bébés cassent leur coquille pour partir vers le large. Un spectacle qui fait vite oublier la dernière averse.

Des fêtes de fin d'année en maillot de bain

Heureusement pour nous, la saison des pluies est aussi la saison des fruits tropicaux comme les mangues, ananas, baobab etc. De quoi siroter de bons jus frais en profitant du lagon dont les eaux dépassent allègrement les 28 °C. De plus les jours sont assez longs (lever du jour à 5h et tombée de la nuit vers 19h), l'idéal pour une découverte de l'île avec un programme bien chargé. Les fins connaisseurs de la destination apprécient donc de s'y rendre pour les fêtes de fin d'année, juste avant que le thermomètre ne s'envole.

Un hiver doux et venté

En hiver, soit d'avril à septembre, c'est la saison sèche et tempérée dominée par les vents alizés plus secs venant du sud-est. Les températures sont alors moins élevées, mais toujours très agréables entre 24 et 28 °C l'hiver (austral) et de 20 °C en minimale. Le taux d'humidité est moins fort et la pluie se fait rare. Les jours diminuent (lever du jour à 6h, tombée de la nuit à 18h). Mayotte, même si elle est de petite taille, possède des microclimats. Sur le relief, l'amplitude thermique au cours d'une journée est plus accentuée et les précipitations y sont plus abondantes. L'ensoleillement varie de 6 à 7 heures 30 par jour, contre 5 heures à Paris. La température du lagon reste toujours agréable. Ainsi, en hiver, elle tourne autour des 25 °C, pas de quoi refuser une baignade, surtout que les baleines sont de sortie en cette période. C'est la période à privilégier pour les personnes souffrant de la chaleur.

© AYLEREIN - STOCK.ADOBE.COM

ENVIRONNEMENT

Mayotte possède une exceptionnelle biodiversité. L'île abrite l'un des plus grands lagons du monde mais aussi des espèces végétales endémiques. Le parc naturel marin, créé en 2010, a pour vocation la préservation des écosystèmes. Le territoire est cependant soumis à de fortes pressions anthropiques. La gestion des déchets, la déforestation et l'approvisionnement en eau potable sont des questions centrales sur un territoire en forte croissance démographique, de surcroît vulnérable au changement climatique. Le réchauffement climatique, déjà palpable sur l'île, pourrait accroître les situations de stress hydrique du territoire, qui a déjà connu une sévère pénurie en eau en 2017. La montée des eaux constitue également une menace extrêmement forte, dans une île où la majorité de la population se concentre sur le littoral. Face à la situation, des actions de sensibilisation mais aussi de restauration des milieux naturels se développent.

Parcs nationaux et préservation de la biodiversité

Le **parc naturel marin de Mayotte,** créé en 2010, est une vaste aire protégée qui comprend des réserves intégrales. Il abrite des espèces menacées comme le dugong, la tortue imbriquée, ou le crabier blanc. Le parc a pour mission la protection de ces écosystèmes, par des actions de réglementation des activités humaines (dont la pêche), de soutien aux actions de restauration des milieux naturels, mais aussi d'appui aux filières soutenables, et à la recherche sur les écosystèmes marins. La sensibilisation constitue également un volet clé des actions du parc, qui se déploie vers l'ensemble des parties prenantes (habitants, professionnels, visiteurs).

Prévenir les pollutions

Le territoire souffre d'une importante pollution de ses zones humides (rivières, mangroves, lagons). L'observatoire du parc marin a mis en exergue un taux de déchets équivalent à 8 kg pour 100 mètres de plage, principalement du plastique. Les corps de tortues échouées ont révélé une mortalité liée à l'ingestion de déchets. Les défaillances en termes de gestion des déchets (pré-collecte, collecte et traitement) contribuent à cette situation. La collecte et le traitement des eaux résiduaires demeurent également insuffisants. Face à ce constat, des associations interviennent pour sensibiliser habitants et visiteurs de l'île par des actions de ramassage de déchets. C'est ainsi qu'une association a initié des « rando-clean » sur le territoire, qui permettent d'allier écocitoyenneté et activité physique.

Restaurer les milieux naturels

Les milieux naturels souffrent également du changement d'affection des sols. L'urbanisation et l'extension des terres agricoles, associées à certaines pratiques (brûlis), contribuent à la destruction des habitats naturels et à la perte de la biodiversité. La déforestation est problématique dans certaines parties du territoire, où les mangroves auraient régressé de 25 %. Ces écosystèmes constituent notamment un réservoir de biodiversité et une protection des côtes face aux aléas climatiques. Face au constat, des actions de replantation ont vu le jour dans les mangroves mais aussi dans les zones déforestées, les « padzas ».

La question cruciale de l'eau

Mayotte dispose de faibles ressources en eau. L'alimentation en eau potable dépend à 80 % de deux réservoirs collinaires. En 2017, l'île subit une sévère pénurie d'eau, contraignant à des rationnements. Pour éviter de nouvelles situations d'urgence, l'État a prévu le déploiement d'un certain nombre de mesures, allant de l'interconnexion des retenues d'eau à la sensibilisation de tous les acteurs, particuliers, industriels et agriculteurs. La croissance démographique du pays et le changement climatique pourraient rendre encore plus prégnante la question de l'eau dans l'avenir.

Face au changement climatique

Mayotte est particulièrement vulnérable au changement climatique. Cela pourrait engendrer de plus grandes fréquence et intensité des phénomènes extrêmes (sécheresses, inondations). Elle est particulièrement menacée par la montée du niveau des océans. A cela s'ajoute un phénomène de subsidence, lié à la formation d'un volcan sous-marin, qui a provoqué en 2019 un affaissement de l'île. La stagnation de certaines eaux pourrait aussi contribuer au développement de maladies vectorielles, en favorisant la présence de gîtes larvaires. Face à la situation, des actions fortes sont nécessaires. Le territoire s'est fixé des objectifs de production d'énergie renouvelable, mais le choix d'implantation d'une centrale solaire sur un site de nidification d'espèces menacées contrevient à la préservation de la biodiversité.

HISTOIRE

Mayotte, le dernier département d'outre-mer français, petit caillou du canal du Mozambique, vieux de 9 millions d'années et grand comme un canton métropolitain, est sans aucun doute le dernier territoire français à demeurer si méconnu de la mère patrie à laquelle il a choisi d'être rattaché en 1974, avant de devenir un département à part entière suite au référendum de 2009. C'est qu'avant d'être française, Mayotte faisait partie intégrante de l'archipel des Comores composé alors de quatre îles sœurs, Grande Comore, Anjouan, Mohéli, Mayotte, aux histoires communes, mais aux attitudes et personnalités différentes. On ne peut comprendre l'une sans connaître les autres. Voici quelques grandes dates de leur histoire, de la période animiste swahilie à l'islam, de l'installation des Portugais dans l'archipel des Comores à l'ère de domination malgache pour aboutir à la colonisation française et enfin au rattachement à la France.

UN MILLÉNAIRE AVANT J.-C

L'archipel, situé entre le continent africain et Madagascar, constituait un point de passage quasi obligé pour les navigateurs empruntant le canal du Mozambique. Ils y trouvaient repos, nourriture et eau douce, à une époque lointaine où les seuls moyens de propulsion n'étaient autres que le vent et l'huile de coude. Cette minuscule zone de l'océan Indien fut très tôt habitée par des tribus nomades, des civilisations grandissantes à la recherche de nouveaux territoires, de nouvelles richesses, à l'image du roi Salomon qui y aurait largué le premier les amarres de ses navires.

VIIIE SIÈCLE APRÈS J.-C

Les Austronésiens, originaires de l'archipel indonésien, prennent la mer partant de l'Asie du Sud-Est à l'océan Pacifique, mais aussi l'océan Indien, jusqu'à Madagascar et aux Comores. Ils y laissent leur modèle de pirogues, la culture sur brûlis, l'amour du riz, du lait coco et surtout de la banane. Leur métissage avec les Khoisans et Couchites (Afrique de l'Est) et les Bantous (région des Grands Lacs), déjà présents sur place, constitue la fondation du peuple comorien.

DU VIIE SIÈCLE AU XIE SIÈCLE APRÈS J.-C

Les Arabes, alors redoutables négociants, composés de la population swahilie, qui signifie « côtes » ou bien encore « rivages », débutent une longue et prospère période d'échanges commerciaux, culturels, donnant lieu à une autre époque de métissage.

DU XIE SIÈCLE AU XVIE SIÈCLE

Islamisation des Comores.

1500-1505

En l'an 1488, le navigateur portugais Bartolomeo Dias découvre le passage au sud de l'Afrique qui ouvre la voie vers l'océan Indien : le cap de « Bonne-Espérance ». Il aurait débarqué aux Comores entre 1500 et 1503. Mais les Portugais ne restent pas, puisqu'en 1505 ils partent déjà. Pas plus que les Français, Hollandais et Anglais, qui explorent la région et ne trouvent en ces îles que des lieux de relâche.

1506

© INSULARIS - ISTOCKPHOTO.COM

La mosquée de Tsingoni date du XVIᵉ siècle.

Les princes chiraziens chassés de Perse s'établissent d'abord sur la côte africaine puis, en 1506, une flotte sous l'autorité de Mohamed ben Haïssa débarque aux Comores. Les princes nouent des alliances avec des chefs locaux comoriens et se marient avec leurs filles pour constituer les premiers sultanats. L'aristocratie chirazienne veut avoir le pouvoir et sera aidée par l'arrivée d'autres princes venant de Zanzibar, du Yémen, d'Oman. L'islamisation fait ainsi son apparition aux Comores et, la richesse venant, les premières mosquées sortent de terre tout comme les maisons en dur. La première mosquée des Comores est bâtie en 1566 à Mayotte dans la commune de Tsingoni.

DU XVIᴱ AU XVIIIᴱ SIÈCLE

Ces années de développement, de changement et de prospérité commerciale ne manquent pas d'attirer d'autres peuplades à l'image des Malgaches de l'ethnie sakalave, conduits par leur chef Diwa Mame, qui s'installent dans la presqu'île de Bouéni à Mayotte. Les conflits entre les nouveaux arrivants (princes chiraziens et malgaches) et les populations anciennes seront longtemps vivaces.

1750

A partir de 1750, les Malgaches changent de ton, de méthode, et pillent, tuent, enlèvent les habitants de l'archipel pour en faire des esclaves destinés aux îles à sucre françaises, que sont alors la Réunion, Maurice et Rodrigues.

1820

En 1820, la France ne possède plus, dans l'océan Indien, que l'île de la Réunion, les Anglais ayant tout raflé dans cette partie du monde. Ses vues se portent alors sur les Comores, stratégiquement situées dans le canal du Mozambique et idéales pour conquérir Madagascar par la suite.

25 AOÛT 1841

Mayotte est vendue à la France par le Malgache Andriantsouli, alors en guerre contre le sultan d'Anjouan. Venus de la Réunion pour cultiver le sucre, les colons créoles s'adaptent d'abord assez mal à Mayotte, une terre pauvre, au climat insalubre, et ravagée par les invasions malgaches. L'esclavage est officiellement aboli en avril 1847 à Mayotte, on fait alors appel à des engagés volontaires des îles voisines et des côtes africaines. Le démarrage attendu arrive en 1850, avec l'ouverture de la première usine sucrière. A partir de là, les résidents français s'emparent progressivement du pouvoir politique, imposent la langue française et laissent les colons créoles déposséder entièrement les paysans comoriens de leurs terres.

1886 – 1897

La Grande Comore et Anjouan sont placées sous protectorat français. Mohéli, qui était sous la domination de Mayotte, est mise sous protectorat français en 1892. Les efforts français se tournent de nouveau vers Madagascar qui, malgré une guerre de résistance longue et sanglante, est finalement totalement colonisée en 1896. Les îles des Comores n'ont à partir de ce moment plus aucune importance stratégique et sont rattachées à Madagascar en 1908. Un chef de province est nommé, comme pour toutes les régions de Madagascar. Basé à Dzaoudzi, il commande toutes les Comores et dépend directement du gouverneur général qui se trouve à Tananarive.

1946 — Lassées d'être toujours sous la dépendance de Madagascar, un premier sentiment autonomiste s'éveille dans les Comores au sortir de la Seconde Guerre mondiale. Saïd Mohamed Cheick, qui réussit en 1945 à se faire élire député à l'Assemblée constituante pour représenter « Madagascar et Dépendances », demande d'abord une loi qui abolit le travail forcé, puis se bat ensuite pour que les Comores cessent de dépendre de Madagascar et deviennent un territoire d'outremer autonome, ce qu'il obtint également. Les Comores sont alors directement représentées au Parlement français et, pour la première fois, les décisions sont soumises à l'approbation de conseillers représentatifs des quatre îles.

28 SEPTEMBRE 1958 — Conformément à sa politique de décolonisation, la Constitution française offre à toutes les colonies et possessions d'outre-mer la possibilité de se prononcer par référendum sur l'indépendance ou sur trois statuts les maintenant au sein de la République française : Etat membre de la communauté française, territoire d'outre-mer ou département d'outre-mer. Les élus mahorais optent pour la troisième proposition, mais ils doivent s'incliner face à la majorité qui tranche pour le statut de TOM dans la perspective d'une indépendance à moyen ou long terme.

1974 — Organisation d'un référendum pour « les populations comoriennes » en vue de l'indépendance. Sur Grande Comore, 0,02 % de la population refuse l'indépendance, 0,02 % à Anjouan, 0,12 % à Mohéli, 67,82 % à Mayotte. Mais Mayotte est à l'époque 10 fois moins peuplée que la Grande Comore, le résultat global (et non île par île) qui se dégage du référendum est donc l'indépendance à 94,56 %.

1975 — Est votée une loi française prévoyant la possibilité de constitutions différentes pour chaque île. Les Comores sentant leur intégrité menacée déclarent leur indépendance unilatéralement. Moroni, qui n'entend pas perdre Mayotte, décrète alors un embargo contre l'île rebelle et tente une occupation de Petite-Terre, contrée par les militaires français et les femmes mahoraises. Dès lors, l'histoire des quatre îles de l'archipel se scinde. D'un côté, les Comores indépendantes qui s'enfonceront dans la misère et évolueront de coups d'Etat en assassinats politiques. De l'autre, Mayotte évoluant de lois en lois vers une intégration à la Métropole toujours plus poussée.

1976 — Deux votes organisés à Mayotte pour confirmer son choix d'être rattachée à la République puis son statut. L'île est érigée en collectivité territoriale à statut particulier, mais 80 % réclament vouloir devenir DOM. Durant 25 ans, Mayotte va se développer et attendre un nouveau statut jusqu'en 2001, la France repoussant l'échéance à plusieurs reprises. Dans la république des Comores, vingt-cinq années de coups d'Etat et de mercenariat ruinent les trois îles.

1995 — Edouard Balladur instaure un visa aux Comoriens pour Mayotte. La libre circulation inter-îles n'existe plus, c'est le début de l'immigration clandestine de masse.

1997 - 1999 — Anjouan et Mohéli font sécession et déclarent leur indépendance vis-à-vis de l'Union. Anjouan réclame aussi d'être réintégrée à la France, qui refuse. La guerre civile fait rage, l'armée régulière comorienne est repoussée. Deux ans plus tard, les pourparlers avec l'OUA pour un règlement pacifique aboutissent à une nouvelle constitution dans laquelle la Grande Comore et Mohéli sont intégrés. Anjouan refuse et reste rebelle au pouvoir.

2000

L'OUA décrète un embargo intégral pour punir Anjouan. Des milliers de morts, la guerre, le choléra, des *boat people*. L'année suivante les pourparlers aboutissent à la création de l'Union des Comores, un Etat fédéral où les trois Etats seront autonomes : Anjouan, Grande Comore et Mohéli. L'embargo sur Anjouan est levé officiellement en janvier. Parallèlement, Mayotte reçoit le statut de collectivité départementale après une nouvelle consultation à laquelle 73 % des électeurs mahorais répondent « oui ».

MARS 2009

Lors du référendum du 29 mars 2009, les Mahorais ont très majoritairement répondu « oui » à la question : « Approuvez-vous la transformation de Mayotte en collectivité unique, appelée département, régie par l'article 73 de la Constitution, exerçant les compétences dévolues aux départements et régions ? ». Avec le renouvellement de l'assemblée locale au printemps 2011, Mayotte est officiellement le cinquième DOM et la première région mono-départementale ultramarine. Le statut de DOM met fin au système cadial en place à Mayotte depuis l'arrivée des Chiraziens au XVIe siècle. Le droit écrit, laïc et républicain se substitue au juge musulman. Attendus depuis longtemps par les Mahorais, les avantages sociaux de la Métropole commencent à s'appliquer, mais, dans le même temps, la fiscalité aussi.

AVRIL 2011

Entrée en vigueur du nouveau statut, Mayotte devient le 101e département français régi par l'article 73 de la Constitution.

27 SEPTEMBRE 2011

Premier jour de la grève illimitée contre la vie chère à Mayotte qui aboutit l'année suivante à l'instauration à un niveau de 25 % du montant de la Métropole et des DOM pour les prestations sociales.

LE 1ER JANVIER 2014

Mayotte devient la neuvième région ultra-périphérique totalement (RUP), avec les quatre autres DOM français (Martinique, Guadeloupe, Guyane et Réunion) et Saint-Martin. Mayotte bénéficie désormais des fonds européens pour le développement régional, la pêche, l'agriculture, l'éducation et la formation, ce qui devrait lui permettre de rattraper son retard de développement, mais l'obtention n'est pas aisée face à la rigueur administrative et aux textes. Pour faciliter les choses, le 15 décembre 2015, la Cour de Justice du Luxembourg (CEJ) reconnaît à Mayotte le droit de déroger aux règlements européens sur un certain nombre de sujets… jusqu'en 2031.

AVRIL 2016

Mouvement de grève générale pour réclamer l'égalité réelle avec la Métropole. Il débute le 30 mars. Dans la nuit du 11 au 12 avril, des violences urbaines éclatent.

FÉVRIER-MARS 2018

Six semaines de grève contre l'insécurité paralysent le département suite à plusieurs épisodes de violence dans les établissements scolaires. Les Mahorais expriment leur sentiment d'être abandonnés par l'Etat, submergés par l'immigration clandestine (40 % de la population mahoraise est étrangère) et réclament plus de budget pour la culture, le sport, les routes, les habitations, l'assainissement de l'eau ou encore les établissements scolaires.

LE 1ER AOÛT 2018

L'Assemblée nationale adopte la loi dite « pour une immigration maîtrisée, un droit d'asile effectif et une intégration réussie », qui comprend une mesure sur la limitation du droit du sol à Mayotte. Le texte stipule : « Seuls les enfants dont au moins un des deux parents séjournait de manière régulière sur l'île depuis plus de trois mois avant la naissance pourront dorénavant demander la nationalité française ». A peine 5 jours plus tard, un recours contre cette nouvelle loi est déposé devant le Conseil Constitutionnel. En septembre, le Conseil Constitutionnel se prononce toutefois en faveur de la loi, qui est promulguée le 10 septembre 2018.

2020

La secrétaire d'Etat Christelle Dubos annonce que Mayotte bénéficiera d'une aide de 1,9 million d'euros dans le cadre du Plan Pauvreté 2020, complétée par une enveloppe de 1,5 million d'euros, pour soutenir les habitants de l'île qui vivent pour plus de 70 % en dessous du seuil de pauvreté. Une partie des fonds sera consacrée à la formation et à l'accès à l'emploi.

MARS 2020

Le premier cas de coronavirus est détecté le 14 mars 2020. L'île applique ensuite les mêmes règles de confinement qu'en Métropole, craignant l'impact de l'épidémie sur ce territoire dont le système médical manque cruellement de moyens. En parallèle une épidémie de dengue fait rage et cause plusieurs décès. Le confinement sera alors prolongé et les liaisons aériennes interrompues pendant plusieurs mois, permettant de contenir les contaminations.

2021

Suite à une nouvelle vague épidémique, Mayotte reconfine en février 2021. La crise sanitaire ravive les tensions sociales : l'économie informelle est mise à mal par les confinements, renforçant l'appauvrissement d'une population déjà très précaire. A la veille du bac, de nouvelles agressions sur des bus scolaires entraînent des grèves.

LES ENJEUX ACTUELS

Entre retards flagrants vis-à-vis des normes européennes et avancées fulgurantes dans les énergies vertes, Mayotte est un territoire ambivalent, confrontés à des enjeux environnementaux très différents de ceux de la Métropole. Comme les autres outremers français, Mayotte se trouve confrontée au poids d'une population grandissante dans un espace insulaire limité en superficie et en ressources. La densité exponentielle soulève notamment des interrogations sur l'impact de l'Homme sur son environnement et, dans le cas de Mayotte, sur la meilleure façon de préserver ce patrimoine naturel exceptionnel. La prise de conscience écologique est récente sur l'île et les collectivités font preuve de créativité et d'innovation. Quasiment dans chaque village il y a au moins une association de protection de l'environnement et de grandes opérations de nettoyage sont mises en place avant la saison des pluies. Mayotte semble vouloir s'engager sur la bonne voie.

Population et pollution

Le problème majeur est la population croissante, avec une densité globale proche de celle de la région parisienne, pour une première comparaison, et deux fois plus élevée qu'à la Réunion. Elle ne connaît pas encore les pollutions industrielles et les déchets toxiques que peuvent générer les grandes villes, comme à la Réunion ou en Métropole, même si l'accès et la circulation de Mamoudzou connaît les embouteillages aux heures de pointe. Les problèmes y sont bien plus terre à terre, avec en premier lieu les déchets et la pollution des eaux, puis les menaces sur la faune. A Mayotte, seuls 15 % des habitants sont raccordés à un système collectif, un tiers ne disposant d'aucun système d'assainissement. Depuis que l'île est devenue région ultrapériphérique (RUP), la Directive eaux résiduaires urbaines (DERU) impose désormais une mise en conformité de l'assainissement au regard du droit européen avec la réalisation d'importants travaux d'infrastructure. Depuis novembre 2015, Mayotte semble avoir trouvé une solution pour pallier le déficit de station grâce à la méthode d'épuration par les plantes et les graviers (filtres naturels).

Une faune et une flore d'exception à protéger

La directive cadre européenne sur l'eau (DCE) de 2000 fixe des objectifs de masse d'eau en bon état à l'ensemble des bassins français. L'enjeu de cette protection est aussi la sauvegarde d'une faune marine d'une diversité extrême, avec les baleines, dauphins et tortues marines qui croissent dans ces eaux lagunaires. Cela passe par une régulation et un suivi des activités nautiques de tourisme et de loisir. À noter, en 2019, l'arrivée à Mayotte de l'association CÉTAMADA (Madagascar) qui œuvre pour la connaissance et la conservation des mammifères marins de l'océan Indien. Celle-ci a élaboré un code de bonne conduite pour les protéger contre tout abus au niveau touristique et prône une sorte « d'écotourisme baleinier ». Côté flore, on dénombre une quinzaine de plantes remarquables et protégées telles que la vanille sauvage de Humblot, l'hibiscus des Comores et le baobab africain. Pour une grande partie de la population, l'écologie devient de moins en moins un concept abstrait, on tente ainsi de sensibiliser surtout les enfants dès leur plus jeune âge et de leur faire prendre conscience des beautés de l'île pour mieux les initier à la protection de leur environnement.

Une avancée vers l'énergie verte

L'année 2019 est marquée par l'arrivée des premières voitures électriques sur l'île. Un projet de Electricité de Mayotte (EDM) qui s'inscrit dans la continuité des actions menées pour une transition énergétique de l'île d'ici 2030. A noter que, parmi les cinq objectifs de la « trajectoire 5.0 » annoncée en début d'année par Annick Girardin, ministre de l'Outre-mer, l'environnement occupe la place principale : zéro déchet, zéro carbone, zéro intrant chimique, zéro exclusion et zéro vulnérabilité. Une véritable charte environnementale et sociale pour faire de ces territoires des zones expérimentales et des figures de proue du développement durable.

ARCHITECTURE

Fragment de République française au cœur de l'océan Indien, Mayotte est un trésor méconnu dont le patrimoine architectural unique est l'une des grandes richesses. L'identité de l'île est plurielle, et son histoire multiséculaire, comme le montrent ses nombreux sites archéologiques. Mosquées et tombeaux nous racontent la splendeur des élites arabo-musulmanes, tandis qu'usines sucrières et palais du gouverneur rappellent la période coloniale de l'île. Mais Mayotte, c'est aussi et surtout un étonnant habitat traditionnel qui inspira la Société Immobilière de Mayotte (SIM) et ses réalisations en briques de terre compressée, matériau phare d'une île précurseuse du développement durable. Mayotte abrite aussi d'intéressants édifices publics traduisant un dialogue réussi entre traditions locales et innovation. Un dialogue que les architectes d'aujourd'hui comptent bien poursuivre encore longtemps !

Sur les traces de l'Histoire

Datées du VIIIe siècle, les traces de peuplement retrouvées à Koungou sont les plus anciennes de l'île. A cette période, les villages consistaient en des campements dispersés sur la côte, érigés sur des promontoires dominant lagons et mangroves et réalisés en matières végétales. Lieu de peuplement et d'échanges, la côte abrite également d'étonnantes nécropoles. Celles d'Antsiraka Boira, de M'Tsanga Miangani et surtout de Bagamoyo, dont les parties les plus anciennes remontent au Xe siècle, témoignent d'une grande sophistication des rites funéraires et d'une organisation très codifiée de l'espace. Le vaste site de Dembéni abrite, lui, les vestiges d'une des premières constructions pérennes de l'île : un mur de soubassement en pierre corallienne. Dès le XIe siècle, les premières chefferies arabo-musulmanes apparaissent sur l'île et s'accompagnent de la création de villages aux enceintes fortifiées, tels Majicavo ou Acoua, dont le modèle urbain s'organise autour de la mosquée. Les villages végétaux font désormais place aux constructions de pierre.

Durant la période du sultanat, Mayotte connaît une période de faste. Son architecture se fait ainsi le reflet de la richesse du célèbre clan perse des princes shiraziens qui ont investi l'île, tout en y mêlant des influences arabes, swahilies et malgaches, témoignant ainsi de la place de Mayotte comme point de rencontre des grandes cultures de l'océan Indien. La **mosquée de Tsingoni** (p.157), en activité depuis le XVIe siècle, en est le plus beau témoin. A l'origine, la mosquée était faite de blocs de coraux et grès de plage liés par un enduit de sable et de chaux corallienne, avec une charpente de bois de palétuvier et une couverture de chaume. Son plan, composé d'une grande salle de prière séparée de deux bas-côtés par d'imposants piliers, est une grande nouveauté. Le mihrab, niche indiquant La Mecque, est la partie la plus spectaculaire de la mosquée avec ses bardeaux géométriques en relief rehaussés de couleurs, ses cannelures et ses délicates arcatures. Une richesse décorative que l'on retrouve dans les deux tombeaux d'inspiration shirazienne à l'extérieur de la mosquée, et qui impressionnent par leurs murs incrustés de faïence et leurs dômes pyramidaux couverts de corail. Les ruines de la mosquée de Polé et de son puits alimentant le bassin des ablutions, les vestiges de murs maçonnés et colonnes basaltiques du palais du sultan de M'tsamboro, ou bien encore le tombeau du Sultan Andriantsouli à Mamoudzou sont autant de témoins de cette période faste. Fortifiée au XVIIIe siècle, Dzaoudzi abrite, elle, l'essentiel du patrimoine colonial de l'île, dont l'ancienne résidence des gouverneurs de 1846 est le plus célèbre témoin. Cette dernière est un modèle d'ingéniosité et de fonctionnalité.

Tombe près de la mosquée de Tsingoni.

DÉCOUVRIR

© INSULARIS - ISTOCKPHOTO.COM

Les cases mahoraises sont construites en matériaux naturels.

La résidence se compose en effet de 8 maisons en kit de plan carré, avec un étage, une galerie périphérique ou varangue assurant ombre et aération, un toit à 4 pentes dont les débords protègent de la pluie et dont le lanternon faîtier assure la ventilation des combles, et constituées d'une ossature en bois de sapin avec remplissage en maçonnerie de brique assurant une excellente isolation. Seule la maison principale de la résidence, transformée en 1890, possède une ossature métallique dessinée selon les principes de Gustave Eiffel. Erigée sur une plateforme dans l'axe parfait de l'hôpital, cette maison est tout à la fois le témoin d'une planification urbaine inspirée des codes européens classiques, et d'une volonté d'adapter l'architecture au climat de l'île.

Peu connu car en grande partie disparu, le patrimoine industriel lié à l'exploitation du sucre est aussi un important témoin de cette période coloniale. Le village de Dzoumogné en est encore très imprégné avec son petit port de plaisance où subsiste un ancien entrepôt de stockage, la route construite suivant le tracé de l'ancienne petite voie ferrée reliant l'usine à la jetée et bien sûr son collège installé sur l'ancien site de l'usine et dont émerge toujours son imposante cheminée. Non loin de Dembéni, la cheminée de l'ancienne usine d'Hajangoua est encore visible, de même que les vestiges d'un entrepôt et d'un quai d'embarquement au cœur de la mangrove témoignant de la complexité des infrastructures alors mises en place.

Habitat traditionnel

La plupart des villages de l'île sont érigés le long de la côte, sur des promontoires au cœur d'une nature omniprésente. Leur organisation est l'expression d'une hiérarchie définie au sein de la communauté, ainsi que l'expression du pouvoir spirituel. Les habitants demandent en effet conseil au *mwalimou* (voyant) et au *fundi* (chef spirituel) afin de déterminer la meilleure localisation, de même que les dates et heures propices à la construction de leur habitation. La case mahoraise est le plus souvent orientée au nord avec l'ouverture principale tournée vers l'est. L'élément de base de cet habitat traditionnel est le *shanza*, la parcelle de terre battue sur laquelle la case est construite. Cette dernière est délimitée par un *mraba*, une enceinte réalisée en tressage de raphia ou de feuilles de cocotier. La case, appelée *nyumba*, est construite sur une ossature de raphia ou de bambou, avec un remplissage en torchis composé de terre et de fibres végétales. Elle se compose de deux pièces ou *fuko*. La chambre réservée aux hommes, *fuko la watru baba*, fait face à la rue ; tandis que la chambre réservée aux femmes, *fuko la watru mama*, communique avec la cour intérieure via une varangue (véranda). Cette cour abrite le grenier de stockage (*kanya*) et le poulailler, structures de terre et de végétaux sur pilotis, de même que la cuisine et l'espace de toilette et d'ablutions.

Si toutes les cases mahoraises utilisent les matériaux présents en abondance sur l'île (terre, bambou, raphia, cocotier), certaines se distinguent par des traits bien particuliers. La case *trotro* est ainsi réalisée en torchis de terre sur un treillis de bois ou de bambou, tandis que les murs de la case *kripi* sont remplis de cailloux liés avec un mortier de ciment sur un treillis de bois ou de bambou. La case *buru* est, elle, entièrement réalisée en tiges de raphia, alors que la case *mtsévé* se caractérise par une couverture en feuilles de cocotiers tressés appelée *uhandza*. Si l'usage de ces matériaux naturels traduit un souci constant de l'environnement, il suppose également un entretien régulier de la case, qui doit être en partie refaite tous les 5 ans, voilà pourquoi la tôle remplace de plus en plus souvent les toits de chaume. Dans tous les cas, la maison mahoraise est la propriété de la femme qui y accueille son époux. Mais auparavant, ce dernier aura fait montre de son émancipation en construisant de ses propres mains son *banga*, petite case temporaire d'une pièce avec une ossature de bois et des murs en torchis qui se parent de couleurs vives et de nombreux éléments décoratifs destinés à attirer l'attention de la gente féminine. Rien n'est laissé au hasard ! Parmi les plus beaux exemples de cet habitat traditionnel, ne manquez pas : les maisons de cocotier d'Acouoa, celles en terre d'Hamouro, et les *bangas* colorés de Mtsangamouji. Dépaysement garanti !

La SIM et le boom de la construction

Pour remédier au problème des logements précaires et insalubres qui se multiplient du fait d'une pression démographique constante, la Société Immobilière de Mayotte (SIM), créée en 1977, lance un projet inédit de maisons en accession subventionnées par l'Etat et sans endettement pour des familles modestes qui participeront à la construction. C'est la naissance de la case SIM. Au départ, cette dernière reprend la structure de la case traditionnelle mais en utilisant cette fois des matériaux en dur. Puis, progressivement, de nouveaux formats font leur apparition. Le modèle Cavani possède ainsi 2 pièces communicantes et 2 varangues, tandis que le modèle Bandrélé possède 3 pièces. Avec ou sans *shanza*, mitoyennes ou isolées, les cases SIM sont multiples. Une fois livrée, la maison est encore à finir. Formé par les Compagnons du Devoir, le propriétaire se charge notamment de l'électricité, des peintures intérieures et du pavement. Pour les peintures extérieures, les habitants peuvent choisir les couleurs sur une palette créée par la SIM en partenariat avec l'artiste-peintre Philippe Girard. Colorées et uniques, les cases SIM sont un des éléments phares du paysage mahorais. Ces cases sont réalisées dans un matériau innovant et précurseur en matière de développement durable : la latérite, terre du sol mahorais, transformée en brique de terre compressée. L'objectif est de limiter au maximum les matériaux importés (le béton est ainsi limité aux fondations et aux éléments de renforcement contre les séismes et cyclones), et de privilégier les ressources locales (maçonnerie de brique sur charpente de bois). Pour répondre à ce boom de la construction, des dizaines de briqueteries sont construites sur l'île. Puis, progressivement, la SIM va diversifier son offre, créant des lotissements parfaitement intégrés à la nature environnante.

Pour réaliser ces lotissements, d'importants travaux d'assainissement sont réalisés, tandis que l'île se dote de nouvelles infrastructures urbaines destinées à améliorer les conditions de vie des habitants (rues pavées, puits, fontaines, lavoirs...) Mayotte se modernise ! Cette omniprésence de la SIM se traduit dans la toponymie des villes et villages qui possèdent tous des quartiers « cent villas » ou des « rues de la SIM ». L'importance de ce patrimoine a été récemment soulignée par l'inscription aux Monuments Historiques des cases SIM du quartier Sharangue de Mamoudzou. Menacées de destruction, elles sont aujourd'hui inscrites dans un projet patrimonial visant à transmettre le savoir-faire mahorais et à souligner les qualités architecturales de cet habitat pensé en harmonie avec la nature. Trévani, Cavani et Bandrélé en possèdent également de beaux exemples. A partir des années 2000, ces modes de construction traditionnels ont progressivement fait place aux matériaux d'importation, le parpaing de béton en tête, dans des maisons beaucoup plus grandes et possédant désormais un ou deux étages, surplombées d'un toit-terrasse. Polychromie des façades, balustrades aux décors moulés ou ajourés, piliers stylisés... : les possibilités décoratives du béton sont multiples. Mais malgré les avantages de ce nouvel habitat, nombreux sont les habitants à en voir aujourd'hui les limites et à désirer combiner ce confort avec les éléments phares de l'architecture traditionnelle : aération, lumière, relation intérieur/extérieur et matériaux naturels.

Renouveau contemporain

Devenue collectivité territoriale en 1976, Mayotte voit se multiplier les édifices publics, qu'ils soient administratifs, hospitaliers ou scolaires. Symboles de l'administration française, les premières mairies sont construites à Bandraboua et Chirongui. C'est en 1989 seulement que les 17 communes de l'île auront une mairie pérenne. Parmi les plus étonnantes, ne manquez pas la belle mairie en pierre de taille de Sada ou la mairie à colombages d'inspiration alsacienne à Koungou ! L'une des grandes figures de l'architecture de cette époque est Léon-Attila Cheyssial, fondateur de l'Atelier Mahorais d'Architecture.

© MTCURADO - ISTOCKPHOTO.COM

Conseil départemental de Mayotte.

Défenseur d'une ethno-socio-architecture, il s'impose des règles strictes : emploi de ressources locales en matière de matériaux (bois, pierre basaltique, brique de terre), main-d'œuvre et savoir-faire ; adaptation au terrain sans recours au terrassement ni à la grue ; adaptation du bâti au climat local et usage d'une polychromie naturelle pour une meilleure insertion dans l'environnement. Objectif : associer enjeux républicains et traditions mahoraises. Léon-Attila Cheyssial a réalisé la plupart des grands édifices de l'époque, parmi lesquels : la Préfecture de Mayotte avec sa façade à la géométrie de pierre, brique et bois ; l'hémicycle du Conseil Général de plan circulaire et entièrement monté en pierre ; le Collège de Tsimkoura, 1er de France à être alimenté par une centrale photovoltaïque, et dont la structure circulaire rappelle les courbes de la Baie des Tortues ; ou bien encore l'ancien hôpital de Mamoudzou dont la pierre de Mayotte et le bois local d'origine sont encore visibles dans la nouvelle structure. En parallèle de ces édifices publics, Mayotte voit également naître de nouvelles mosquées qui ne cessent de se moderniser. Alors que les premières étaient très modestes, reprenant souvent la structure d'une case traditionnelle, les mosquées plus récentes témoignent d'un souci de grandeur permis par les potentialités du béton et qui se traduit notamment par la construction de minarets, jusque-là absents de l'île. Ces derniers font alors figure de véritables phares spirituels dont la blancheur attire tous les regards. Une grandeur qui n'empêche pas une sobriété des plans et des lignes. Parmi les très belles mosquées de Mayotte, ne manquez pas celles de Sada, Pamandzi ou bien encore Kawéni.

Aujourd'hui, beaucoup d'habitations relèvent encore de l'autoconstruction. Voilà pourquoi Mayotte s'est dotée, début 2021, d'un Conseil de l'architecture, de l'urbanisme et de l'environnement dont l'objectif est d'accompagner les habitants pour mieux vivre et habiter. Consciente de ses atouts, l'île met également de plus en plus son savoir-faire en lumière. L'habitat traditionnel et la brique de terre ont ainsi été les vedettes des Journées Nationales de l'Architecture d'octobre 2021, auxquelles Mayotte participait pour la première fois ! Le MUMA (p.103) a de nombreux projets en tête pour mettre en valeur ce patrimoine, et notamment la création d'un grand complexe muséographique dans l'ancienne résidence des gouverneurs de Dzaoudzi. En parallèle, l'île voit se multiplier d'étonnants projets contemporains, à l'image de ceux portés par l'agence Tand'M Architecture, qui est en train de terminer l'Office de Tourisme de Petite-Terre. Ce dernier vous étonnera par son bardage réalisé en écailles de plastique recyclé, sa structure en boîtes liées par une charpente de bois et sa toiture en toile tendue. L'agence a d'autres projets très attendus comme l'Hôtel Stenel à Mamoudzou, la médiathèque de Dzaoudzi ou bien encore le projet Mob'Helios avec sa couverture photovoltaïque permettant la charge des véhicules. Un souci constant de l'environnement que l'on retrouve dans le grand projet d'éco-quartier à Dembéni par l'agence Tekhnê Architectes et Urbanistes. Alors que la ville doit proposer entre 3 200 et 4 600 logements d'ici 2030, l'agence a fait le choix d'un projet où la nature est omniprésente. Mayotte, une île ancrée dans la tradition mais qui regarde vers l'avenir !

BEAUX-ARTS

La culture mahoraise est d'une belle complexité. Un peu africaine, un peu malgache, Mayotte a peu favorisé les arts visuels au cours de son histoire. Mais la jeune génération inverse brillamment la tendance. L'île en forme d'hippocampe n'est pas avare en sources d'inspiration : les sculpteurs sur bois trouvent de riches essences dans les forêts, les photographes se plaisent à capturer la luminosité du lagon et la chaleur des habitants. N'oublions pas l'espace public, qui est en train de se transformer en véritable musée *street art*. Parmi les premiers peintres mahorais, on rencontre des personnalités qui ont fait le choix de s'installer à Mayotte. Ils représentent chacun à leur façon l'identité de Mayotte. La jeunesse multiplie les initiatives pour montrer son talent. Une première étape ? Direction le MUMA pour mieux cerner les traditions locales. Après cela, poussez la porte des ateliers et des galeries improvisées !

Emergence de la peinture

Les arts plastiques mahorais en sont à leur éclosion. L'art figuratif en particulier connaît un développement relativement récent. En raison de l'islamisation de l'île, dont les premières traces remontent au IXe siècle, l'art figuratif n'a pas été encouragé avant le XXe siècle. Notons que des fragments de poteries du XIIe siècle ont été retrouvées à Acoua, sur le site funéraire d'Antsiraka Boira. Les motifs qui les décorent attestent de pratiques étrangères à l'islam. Les fouilles archéologiques se poursuivent pour élucider ce mystère.

De nos jours, les talents se multiplient. Il est possible de les découvrir dans des ateliers-musées ou dans des lieux plus inattendus. L'artiste Maféda a présenté son exposition « le Lagon dans les arbres », une série de peintures à l'acrylique sur bâche, à La Maison des Livres (p.137) de Mamoudzou, après les avoir accrochées dans les jardins des gouverneurs de Dzaoudzi. Selon elle, la bâche est faite pour le climat de Mayotte. Soula, artiste de Petite-Terre, expose dans son atelier à Labattoir ; la danseuse et peintre Fatima Abassie se veut itinérante. Découvrez les salles du Comité du Tourisme, l'atelier de Bernard Dartois en face de l'hôtel Maharajah ou encore la bibliothèque de Cavani. De nombreux restaurants se prêtent au jeu, et défendent les créations des Mahorais aussi bien que des artistes de passage. La galerie d'art L'Arabesque (p.169) à M'Tsapéré de Gil Renaud organise depuis une dizaine d'années le salon des peintres et des sculpteurs de Mayotte. C'est la galerie à visiter pour qui souhaite dénicher un art local de qualité. D'ailleurs, le galeriste est aussi artiste-peintre-illustrateur.

Marcel Séjour

Une exposition de l'artiste le plus connu des Comores a été organisée en septembre 2021 par le Conseil Départemental de Mayotte. Plus généralement, le peintre aime partager sa passion avec les habitants. Il expose aussi bien au centre commercial de Jumbo qu'à la mairie de Mamoudzou.

Marcel Séjour est né en 1948 à Angers. C'est au cours d'un voyage en Australie, en 1980, qu'il se familiarise avec la peinture et le dessin. De retour en France, il s'inscrit au concours d'enseignant d'anglais et obtient un poste à Mayotte. Il n'en a plus bougé. Son attachement à l'île se ressent dans chacune de ses compositions. Son thème de prédilection ? Les scènes de la vie quotidienne mahoraise. Marcel peint sur commande et pratique tous les formats. Ses grandes toiles en noir et blanc, ponctuées de judicieuses touches colorées, sont saisissantes de réalisme. Sur d'autres, on sent vibrer les tonalités ensoleillées de l'océan Indien. Marcel Séjour peint uniquement des motifs figuratifs : portraits, animaux, scènes de rue et natures mortes, de préférence au fusain et à la peinture à l'huile. N'hésitez pas à prendre contact avec lui, il reçoit dans son atelier-galerie niché dans une ruelle de Cavani.

Papajan et la vague street art

La diversité est encouragée par les politiques culturelles. A Mayotte comme partout, l'art urbain connaît un essor qui n'échappera pas au voyageur. Les appels à projets rencontrent un franc succès et il ne fait aucun doute que des graffeurs talentueux vont se révéler dans l'espace public. Ces dernières années, l'association Hip Hop Evolution a embelli les escaliers des quartiers de Mamoudzou. Ce projet collaboratif a bénéficié du soutien du Centre national des arts plastiques ainsi que des associations Stéréophonk et Street Art sans frontières. Avant cela, en 2014, l'une des plus emblématiques : la fresque de Jace à la prison de Majicavo. Originaire de la Réunion, Jace se démarque par ses gouzous, ses petits personnages sans visage souvent mis en scène dans des situations tendrement humoristiques.

La MJC de Kanibe.

Figure de proue de l'art des rues mahorais, Papajan s'exprime sur les murs de Cavani et d'ailleurs depuis deux décennies. Né d'un père hollandais et d'une mère zimbabwéenne, Papajan a sept ans quand sa famille s'installe à Mayotte. Très jeune, il aime s'entourer de plasticiens, de poètes et de musiciens. Le graffeur rasta a même créé en 2001 l'association « Utamaduni » pour faciliter l'accès à l'art au plus grand nombre. Sur le terrain de boules proche du stade de Cavani, l'artiste a peint un maki jouant à la pétanque. Pourquoi un maki ? A cette question, il répond que « tout le monde peut se reconnaître dans cet animal, que vous soyez noir, m'zungu ou autre ». Malgré la difficulté de s'approvisionner en bombes de peinture, Papajan n'a pas fini d'égayer les rues. Et de faire école…

Sculpture

Le travail sur bois est ici à la croisée de l'artisanat et de l'art. Les matériaux naturels, habilement sculptés, sont également porteurs de sens. Dans le petit village d'Iloni, au bout d'une ruelle étroite, se cache l'atelier de Conflit, « paradoxalement traditionnel et atypique ». Ce brillant Mahorais, Bacari Mouhamadi de son vrai nom, façonne différentes espèces d'arbres comme les manguiers, bambous cocotiers, badamiers et jacquiers. Sous le nom de Conflit, ce jeune artiste se fait un devoir de transmettre les traditions. Pour réaliser ses figures d'inspiration totémique, il taille et assemble ses matériaux naturels à l'aide d'instruments anciens. Amoureux de son île natale, Conflit insiste sur la nécessité de relayer les valeurs de Mayotte. Comme il aime le souligner, l'île aux parfums est encore une jeune culture. Il ouvre volontiers la porte de son atelier d'Iloni.

Inspiration maritime

Pour mieux comprendre l'histoire de Mayotte, le **MUMA - Musée de Mayotte** (p.103) de Petite-Terre offre un excellent tour d'horizon de ses facettes. Par manque de vestiges, la collection évoque abondamment la mer, et un peu moins les échanges culturels. Mais quel artiste ne serait pas inspiré par le lagon ? Les photographes ne s'y trompent pas. L'étendue turquoise et les fonds marins représentent pour eux des sujets inépuisables. Le photographe Thierry Cron a exposé à l'Orangerie du Sénat de Paris des images extraites de son ouvrage *Mayotte, l'âme d'une île* (2020, Éditions des Autres.) Une immersion totale, à travers des panoramas, des scènes de vie et des personnages locaux. Vie d'artisant est un jeune collectif qui réunit des photographes et des peintres mahorais. Il s'est constitué dans le but de faire connaître les trésors de Mayotte en montrant leurs réalisations. A suivre de près !

MUSIQUES ET SCÈNES

De Mayotte on connait ses paysages et ses parfums, les cocotiers et l'ylang-ylang, mais on est souvent beaucoup moins au fait de sa musique. C'est dommage, car cette dernière est un témoin disert du passé, racontant les influences bantoues et swahilies du voisin africain mais aussi celles des mondes perse et arabe, et dépeignant une île ouverte sur l'extérieur et sujette à de nombreuses convoitises. Mais la musique à Mayotte n'est pas qu'une professeure d'histoire, elle est un élément essentiel du quotidien, rythmant la vie de tous les jours. Partout sur l'île, et à peu près n'importe quand, on peut entendre résonner le *gaboussy*, petite guitare locale, ou voir des Mahorais danser sur du *m'godro*, produit on ne peut plus typique de Mayotte. Une invitation au voyage en musique.

Les musiques et danses traditionnelles

Avec ses influences bantoues, persanes, arabes, mais aussi celles apportées par les immigrants indiens ou les colons occidentaux, la musique et les danses mahoraises racontent l'histoire de l'archipel mieux que quoi que ce soit d'autre. Des témoignages précieux du passé que Mayotte conserve intacts grâce au talent de ses musiciens et à la passion de son public.

Si vous cherchez la musique et la danse mahoraise par excellence, n'allez pas plus loin, il s'agit du *m'godro*. Pratiquée aujourd'hui par toutes les franges de la population, sans limite d'âge, son histoire est profondément enracinée dans l'archipel et découle sans doute de l'ère malgache. Avec le temps s'y sont mêlés des instruments et des influences venues d'outre-mer. Désormais les rythmes fiévreux du *m'godro* sont joués avec des instruments purement mahorais comme le *gaboussa* ou le *m'kayamba* et convient aussi du tam-tam. Les grands noms du genre sont Mikidache qui, bien que très éclectique en a composé de très bons, Baco Ali, leader du groupe Tama Music et faisant partie des artistes incontournables du paysage musical mahorais, Bob Kira grand défenseur de *m'godro* aux côtés de son grand frère Lathéral (qui lui le mélange au reggae), la chanteuse Lima Wild qui en a quelques-uns dans son répertoire ou encore Jean-Raymond Cudza, célèbre pour avoir modernisé le *m'godro* avec de la guitare électrique et du synthé. Aujourd'hui, la jeune garde offre un nouveau souffle au genre sous l'impulsion d'artistes comme M'Toro Chamou.

S'il est très populaire et donc particulièrement visible, le *m'godro* est loin, très loin d'être la seule tradition musicale et chorégraphique que l'île cultive. Emblématiques de Mayotte, on trouve les *m'biwis*, des petits bâtons de bambou (des claves) frappés l'un contre l'autre, joués exclusivement par les femmes en groupe, tout en dansant et chantant. Les *m'biwis* accompagnent de nombreuses cérémonies. Également réservé uniquement aux femmes, le *debaa* mélange danse, musique et chants traditionnels. À portée religieuse ou non, cette pratique voit un chœur reprendre la mélodie d'une soliste tout en effectuant une chorégraphie et s'accompagnant de timbales.

Exclusivement masculins cette fois-ci, le *shigoma* est une pratique de l'île (visible aussi aux Comores) où les danseurs en cercle obéissent aux tambours rythmant la danse tandis que le *murengué* (ou moringue) est une danse de combat particulièrement brutale, réservée aux hommes où les combattants s'affrontent en duel avec poings et pieds au rythme de percussions. Parmi les danses mixtes, une des plus remarquables est le *biyaya*. S'exécutant en cercle où l'on se suit les uns les autres, les participants réalisent des pas en avant et en arrière, cadencés par un ensemble de percussions.

Bien entendu, l'archipel compte quelques instruments qui lui sont propres comme le *gaboussa* (ou gaboussi) et le *dzindzé*. Le premier est une petite guitare typiquement mahoraise, dont un excellent ambassadeur est Langa, personnage atypique et talentueux, indissociable de l'instrument. Le second, le *dzindzé*, est également un instrument à cordes, plus original, parfois bâti autour d'une longue caisse de résonance. Colo Hassani en est un joueur réputé.

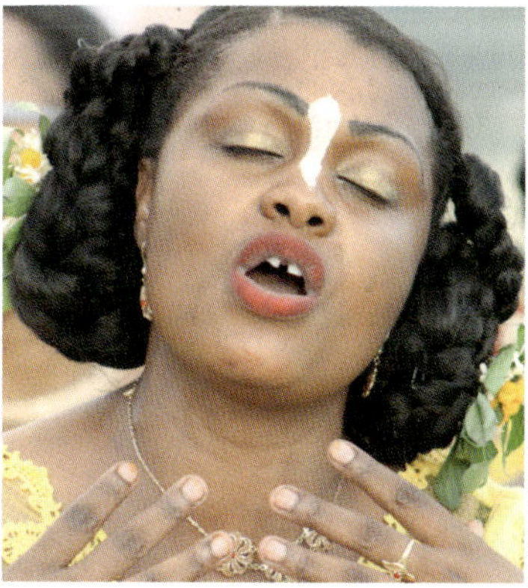

© LAURENT BOSCHERO

Chant traditionnel.

DÉCOUVRIR

© STÉPHAN SZEREMETA

Danses et chants par un groupe de femmes.

Un des outils que Mayotte s'est donné pour préserver et valoriser sa culture et ses traditions - tout en la faisant dialoguer avec d'autres - est le Festival interculturel de Mayotte (FIM). Installé à Mamoudzou et soutenu par le conseil général, le rendez-vous convie de grands noms de diverses disciplines, aussi bien originaires de Mayotte que du bassin de l'océan Indien devenant ainsi l'un des événements importants de la région. Au programme : chants, musiques, danses sans oublier l'artisanat et la gastronomie. Une bonne occasion d'entendre du *m'godro*. Autre grand rendez-vous du domaine, le festival des arts traditionnels de Mayotte (le « FatMa ») est couplé avec la commémoration de l'abolition de l'esclavage, et se déroule donc chaque année fin avril. L'occasion d'assister à des expositions des concerts, des conférences, des spectacles de danses. Une promotion de la culture et des traditions mahoraises et une plongée dans l'âme mahoraise.

Les musiques actuelles

D'une île à l'autre, Mayotte partage une passion avec la Jamaïque : le reggae. Depuis des décennies, le genre est omniprésent, entretenu par quelques figures locales. À commencer par Bob Dahilou. D'aucuns s'accorderont à dire qu'il a importé le reggae ici et il est même si populaire qu'une rue porte son nom. Autre pilier très important de la musique locale, Baco a, durant plus de vingt ans de carrière, joué beaucoup de reggae où se mêlent également afro-jazz et *m'godjo*. Reggae toujours, citons également Wubani Spirit qui fait partie des artistes locaux chevronnés tournant le plus souvent ainsi que Babadi. Révélation comorienne en 1997, ce dernier s'est imposé avec le temps en défenseur d'un *m'godro* moderne, alliant textes engagés et influences reggae.

Encore un pilier – ou pas loin - Del Zid est lui une figure plus exploratrice dans le paysage musical mahorais. En perpétuelle recherche, il emmène avec lui les sonorités de Mayotte vers le jazz, le groove, l'afro-blues ou la pop, toujours installé dans une démarche d'hommage à la diversité culturelle de son île. Un peu dans le même esprit, impossible de passer un moment à Mayotte sans entendre un morceau de Chakires. Chanteur multi-instrumentistes, il compose depuis les années 1980 des mélodies douces, où se mélangent les styles. Un parfait exemple est son deuxième album *Baswa*, lieu de rencontre de rythmes bantous, swahilis et arabes, ponctués d'harmonies européennes.

N'oublions pas de mentionner non plus Mikidache, nom très important de l'île dont la musique marrie traditions locales et rythmes de l'océan Indien, Diho, mahorais basé à Marseille, et inventeur de l'afro-chigoma, ou encore M'toro Chamou, artiste engagé, mentionné précédemment et acteur important du renouveau de la musique mahoraise.

Mayotte est peut-être modeste par la taille mais elle voit les choses en grand en termes de concerts. Il n'y a qu'à regarder la programmation de son Festival Milatsika pour s'en convaincre. Signifions « *notre culture* » en shimaoré, il est depuis 2007, le grand rendez-vous de l'océan Indien où est conviée la crème des artistes de Mayotte, Madagascar ou la Réunion - sans oublier la France métropolitaine. À l'année, quelques lieux contribuent largement à l'ébullition de l'île comme le **M'biwi** (p.144), adresse vivante et institutionnelle de Mayotte, le **Barakili** (p.133), resto-bar connu pour ses soirées festives à souhait et ses concerts réguliers, et enfin le **Faré** (p.106), restaurant et institution locale.

LITTÉRATURE

La spécificité de Mayotte s'inscrit dans son histoire puisque qu'elle décida de devenir département français tandis que le reste de l'archipel comorien optait pour l'indépendance. Pour autant, cette particularité devient paradoxe si l'on s'intéresse à la langue. En effet – et sans occulter la question de la qualité de l'enseignement que négligea très longtemps la métropole – le français, seule langue officielle, n'est pas parlé ni écrit par tous les Mahorais. Ainsi, bien que désormais enseigné à l'école, le français coexiste avec différents idiomes – le shimaoré (d'origine bantoue, et donc africaine), le kibushi (d'origine malgache) et l'arabe – et encore environ un quart de la population ne l'utilise quasiment pas. Évidemment, cela a eu une incidence sur la littérature mahoraise dont l'apparition est, de fait, assez récente. Néanmoins, quelques auteurs commencent déjà à se faire un nom, et d'autres n'hésitent pas à prendre Mayotte comme décor.

Langues et histoire

Pour bien comprendre le rapport de Mayotte à la littérature française, il est essentiel de revenir sur son histoire, aussi complexe soit-elle. Géographiquement, Mayotte est un archipel situé dans l'océan Indien constitué, entre autres, de deux îles principales : Grande-Terre et Petite-Terre. Cet ensemble compose, avec Grande Comore, Mohéli et Anjouan, un archipel plus large, celui des Comores. Culturellement, ces territoires constituent un véritable carrefour des civilisations, tout autant du fait des vagues de peuplement successives que parce qu'ils servaient de point d'escale, parfois pérenne, pour les marchands qui transitaient entre l'Afrique et Madagascar. Ces vastes influences continuent de perdurer et de se faire entendre dans les différents idiomes toujours en vigueur, mais elles sont aussi à l'origine d'une culture particulière, riche et unique, qui se ressent dans les thèmes abordés dans la littérature. Pour autant se pose également la question (épineuse) de l'identité, car en refusant l'indépendance que choisiront les autres îles comoriennes, en étant en lien avec des pays fortement marqués par le processus de décolonisation, mais en étant, dans le même temps, dépendante d'une métropole éloignée qui ne s'embarrassa pas toujours de lui laisser sa juste place, Mayotte s'est retrouvée à la croisée des chemins. Cette réalité complexe, ne serait-ce que d'un point de vue linguistique, religieux ou sociétal, est parsemée de doutes, d'interrogations, parfois d'ironie ou d'une certaine violence. Elle constitue un matériau dense que ne cessent de déconstruire les auteurs, et les autrices, dont les voix sont de plus en plus nombreuses.

Le premier document en français n'a rien de littéraire puisqu'il s'agit du traité, ratifié en 1843, par lequel le Sultan Andriantsoly vendit Mayotte à la France en échange d'une rente viagère. Bien entendu, avant cela, l'archipel possédait une forte tradition orale, des contes anciens, pur héritage des liens avec Madagascar et avec l'Afrique, mais aussi un corpus de textes écrits, usant généralement de l'alphabet arabe, au nombre desquels on peut par exemple citer des textes de Cadi Omar ben Aboubacar (*Chronique arabe de Maore*, 1865), du Prince Saïd Omar el Masella (*L'Histoire de la possession de Mayotte*, 1875) ou du Cheikh Mkadara ben Mohamed (*Chronique de Mtsamboro*, 1931).

© MORPHART CREATION - SHUTTERSTOCK.COM

Andriantsoly, sultan de Mayotte.

Au XXᵉ siècle se posa la question d'un rattachement définitif à l'hexagone par le biais de plusieurs référendums – au grand dam de l'Union des Comores qui réclamait la souveraineté après s'être elle-même détachée de l'autorité française. Il fut entériné en 2011 quand l'archipel devint officiellement département d'outre-mer, ce qui ne résolut guère les nombreuses problématiques que devait affronter le territoire : crise économique, pénuries, mouvements sociaux, immigration clandestine, etc.

L'illettrisme est un autre souci d'envergure : longtemps cantonnée aux madrassas (écoles coraniques), la scolarisation s'adapte au rythme lent de la création de structures, le premier collège français ne date ainsi que de 1980… C'est sur ce terreau, qui de prime abord n'a rien de fertile, que s'imposèrent pourtant au moins trois écrivains : Nassur Attoumani, né à Moroni (Comores) en 1954 mais installé à Mayotte, Abdou Salam Baco et Alain-Kamal Martial, tous deux originaires de Mzouazia qui les vit naître respectivement en 1965 et 1976.

Un trio de tête…

Nassur Attoumani est assurément le plus célèbre des auteurs mahorais, son œuvre a d'ailleurs fait l'objet de thèses, notamment de la part de Christophe Cosker qui publie aux Presses Universitaires Indianocéaniques : *Nassur Attoumani en images, pour une poétique de l'image ironique*, 2020 ; *Lecteurs de Nassur Attoumani : enjeux d'une réception francophone dans l'océan Indien*, 2021. Il faut avouer que l'écrivain semble jouir de tous les talents et qu'il accumule les casquettes : musicien, dramaturge, romancier, il écrit en outre pour la jeunesse et n'hésite pas à se montrer satyrique quand il adapte le *Tartuffe* de Molière sous la forme d'une bande dessinée au titre évocateur, *Le Turban et la Capote*. En 1989, il fonde une compagnie théâtrale, M'kakamba (Arc-en-ciel), et met en scène la même année sa première pièce,*La Fille du polygame*, car si l'homme sait faire preuve d'humour, ses sujets n'ont pourtant souvent rien de léger. C'est ainsi que dans *Mon mari est plus qu'un fou : c'est un homme* (Naïve, 2006, Grand Prix littéraire de l'océan Indien), et dans *Tonton ! rends-moi ma virginité…* (Orphie, 2015), il n'hésite pas à dénoncer les violences conjugales et l'inceste. Nassur Attoumani convoque également l'histoire de son archipel. Ainsi, dans l'essai *Mayotte : identité bafouée* (L'Harmattan, 2013), il se fait ethnologue en livrant des contes traditionnels et anthropologue en essayant d'expliciter la mutation socioculturelle que vit son peuple, tandis que dans le roman *Nerf de bœuf* (L'Harmattan, 2001) il aborde la question de l'esclavage. De la même manière, dans l'un de ses textes les plus connus, *Le Calvaire des baobabs*, il revient aux années 1940 et à la rencontre décisive entre un enfant mahorais et un homme blanc. Enfin, il a signé en 2015 son premier recueil de poésie, *Requiem pour un nègre*, aux éditions Ngo de Libreville, exhortant à nouveau son lecteur à ne pas oublier le passé.

Non moins politique, tout aussi mélomane, et bien que plus jeune que Attoumani, Abdou Salam Baco peut se targuer d'avoir été celui qui a signé le premier roman francophone mahorais avec *Brûlante est ma terre* (L'Harmattan, 1991), un texte aux forts accents autobiographiques. C'est encore une fois la difficile confrontation entre autochtones et métropolitains dont il est fait état, et bien que le livre se termine sur une prophétie erronée – Mayotte deviendra bien un département français – il n'a guère perdu de son intérêt. Deux ans plus tard, l'auteur signera *Dans un cri silencieux* chez le même éditeur, puis il reprendra son vrai nom (Abdou Mambo Baco) pour poursuivre une œuvre qui ne cesse d'interroger la colonisation et de se montrer engagée, notamment avec *Si longue que soit la nuit*... (éditions Menaibuc, 2013) qui vient clore sa trilogie.

La relève semble enfin assurée grâce à Alain-Kamal Martial qui fait le lien entre Mayotte, où il a grandi, et la métropole où il a passé un DEA de Littérature avant d'intégrer le LERTA (Laboratoire d'études et de recherches théâtrales d'Avignon). Sa réputation dépasse largement les frontières françaises puisque ses pièces ont été jouées dans une vingtaine de pays, l'une des plus représentatives est peut-être *17 millions d'enterrements pour une dépouille nationale*, traduite en portugais par l'écrivain Mia Couto et jouée au Teatro Avenida de Maputo au Mozambique. À défaut de les voir sur scène, certaines de ses œuvres sont également disponibles à l'écrit, telle *Zakia Madi : la chatouilleuse* (L'Harmattan, 2004) qui, comme son nom l'indique, prend pour héroïne l'une des femmes qui se sont battues à la fin des années 1960 pour que Mayotte rejoigne la France, ou *Papa m'a suicideR* (Avant-scène théâtre, 2006) qui campe la disparition d'une jeune fille abusée par son père. En 2007, *Les Veuves* a bénéficié d'une tournée internationale.

... et une nouvelle génération dynamique

À ce trio, il faudrait évidemment ajouter le nom de Nassuf Djailani. Né à Mayotte en 1981, il a poursuivi sa scolarité en France où il réside, ce qui ne l'empêche en rien de s'inquiéter du sort de son archipel. Ces préoccupations et ses valeurs métisses lui ont inspiré un recueil de poèmes, *Naître ici*, publié en 2019 par les très belles éditions Bruno Doucet et lauréat du Prix Fetkann Maryse Condé en 2020. Ces textes ne représentent que la partie émergée de l'iceberg, Nassuf Djailani est en effet l'auteur d'une dizaine de titres parus chez L'Harmattan (*Se résoudre à filer vers le Sud*, 2012), au Passage(s) (*Bob*, 2016) et surtout chez Komedit (*Roucoulement*, 2013, *Comorian Vertigo*, 2017, etc.). Son ensemble de nouvelles au titre somptueux, *L'Irrésistible nécessité de mordre dans une mangue* (2020), offre la chance rare de découvrir Mayotte par ses yeux.

Ce bel élan pris par la littérature mahoraise semble confirmé par la création d'une Agence régionale pour le livre et la lecture en 2015 qui avait initié une résidence à destination des auteurs jeunesse, mais aussi par le lancement en 2017 d'un Salon du Livre et, en 2019, par la naissance d'un Club des écrivains et des amis du livre (CEAL) présidé par Soulaimana Noussoura. Par ailleurs, des ouvrages de références commencent à paraître, à l'exemple de *Les Littératures francophones de l'archipel des Comores* (Classiques Garnier) qui laisse la part belle à Mayotte et compte au nombre de ses contributeurs Linda Rasoamanana, Buata B. Malela ou encore Rémi A. Tchokothe, et plusieurs sites Internet suivent l'actualité littéraire de près, à l'image de www.revueprojectiles.com ou du blog www.muzdalifahouse.com. Pour conclure, tout en espérant que la crise sanitaire ne freine pas les bonnes volontés et que les efforts entrepris pour amener la nouvelle génération à l'écriture aboutissent, il est en tout cas appréciable de constater que des femmes prennent à leur tour la plume, comme le prouve le concours « Écrire au féminin » coorganisé en 2020 par la DLLP (Direction du livre et de la lecture publique) et par la Délégation régionale des droits des femmes. Si étrangement la lauréate (Yasmina Aouny, avec *La Cause*) a candidaté sous pseudonyme masculin (Abdoul Fouadi), cela ne peut faire oublier que depuis le début des années 2000, les femmes ont repris le combat des dénonciations des violences dont elles sont victimes, tout d'abord entamé par les hommes. Ainsi, généralement sous couvert de fictions, elles n'hésitent plus à livrer leur histoire, lui accordant une portée universelle et se faisant les porte-parole de la cause féministe. Citons par exemple Laoura Ahmed qui a signé un conte (*Le Contenu de la fiole*, éditions Société des écrivains, 2006) mais aussi une thèse sur le droit coutumier dans le mariage (*La Construction d'un système juridique*), Zahara Silahi, Rihana Hamidouna, Séline Soula, Rozette Yssouf, etc.

TOP 10

LECTURE

Archipel dans l'archipel, mais aussi carrefour des civilisations et des cultures, Mayotte a longuement été confronté au difficile apprentissage de la langue française. Pour autant, bien qu'émergente, sa littérature commence à repousser les frontières et à se laisser découvrir au-delà des mers. Plongée dans un univers encore trop méconnu.

BANDE DESSINÉE

Odyssée mahoraise. Sur un ton humoristique, l'épopée de Charline, enseignante en plein burn-out, qui pensait recharger ses batteries à Mayotte. Choix judicieux ? À voir.
Phil Ouzov, *éditions Des bulles dans l'océan.*

HISTOIRE

© ÉDITIONS L'HARMATTAN

Retour à Dzaoudzi. Originaire de Pondichéry et médecin militaire, l'auteur raconte le combat des Mahorais, entre 1958 et 1993, pour obtenir la départementalisation de leur île.
Malik Brouri, *éditions L'Harmattan.*

LITTÉRATURE JEUNESSE

© ÉDITIONS L'HARMATTAN

Rongerus, petit rat de Mayotte. La vie d'un petit rat n'a rien de simple : il faut échapper aux griffes de Gros-Bidon, éviter les pièges, et veiller sur Ayia, une jolie petite fille. Dès 8 ans.
Ali Amir, *éditions L'Harmattan.*

NOUVELLE VOIX

Anguille sous roche. Maintes fois récompensé, ce roman-fleuve au style unique a attiré l'attention sur la question épineuse de l'immigration à Mayotte.
Ali Zamir, *éditions Le Tripode.*

ESSAI

© ÉDITIONS SÉPIA

L'École à Mayotte : approches plurielles. Nulle part plus qu'à Mayotte la question de l'éducation n'a été aussi centrale et fondamentale. Ces contributions dressent un portrait du début du XXIe siècle.
Collectif sous la direction de Maryvonne Priolet, *éditions Sépia.*

ROMAN GRAPHIQUE

© ÉDITIONS SARBACANE

Tropique de la violence. Inspiré du roman éponyme de Natacha Appanah, l'histoire difficile de Moïse, rejeté par sa mère et en bisbille avec les mauvais garçons de l'île.
Gaël Henry et Bastien Quignon, *éditions Sarbacane.*

THÈSE

Lecteurs de Nassur Attoumani. Quelle a été la réception faite à l'œuvre ironique et sociétale de l'un des plus grands écrivains mahorais ? L'auteur se pose la question.
Christophe Cosker, *Presses Universitaires Indianocéaniques.*

LITTÉRATURE ADO

Tout doit disparaître. À 14 ans, Hugo quitte la métropole pour s'installer à Mayotte avec ses parents. Les expériences qu'il y vivra le marqueront à jamais.
Mikaël Ollivier, *éditions Gallimard-Jeunesse.*

RECUEIL DE NOUVELLES

L'Irrésistible nécessité de mordre dans une mangue. Un recueil de fragments et de micro-fictions, par l'un des auteurs phares de la littérature contemporaine mahoraise.
Nassuf Djailani, *éditions Komedit.*

CUISINE

Les Meilleures recettes de Mayotte. Produits locaux et inspirations africaines, la cuisine mahoraise a l'art d'accommoder le poisson, les légumes et les fruits.
Roland Benard (photographies), *éditions Orphie.*

A L'ÉCRAN

Après la fermeture de son cinéma historique l'Alpa Joe, en rénovation depuis 2018 jusqu'à nouvel ordre, l'île de Mayotte ne possède actuellement qu'une seule véritable salle de cinéma située à Chirongui. Également menacée de fermeture depuis 2022, son avenir est malheureusement incertain. Cependant, de nombreuses initiatives associatives donnent toutefois accès aux Mahorais à des projections en plein air. Des « ciné-débats » sont régulièrement organisés dans une perspective d'éducation à l'image afin de mobiliser les jeunes. En février 2022, plusieurs projections de l'adaptation cinématographique du livre Tropique de la violence ont été diffusées en avant première à Mayotte, avant sa sortie nationale, une première dans l'histoire du film français. Il s'agit du premier long métrage entièrement tourné à Mayotte, avec des acteurs mahorais débutants pour la plupart.

Des salles menacées

Initialement baptisé pôle culturel Abaine Madi Dzoudzou – du nom d'un instituteur connu de l'île –, l'actuel cinéma mahorais a été inauguré en janvier 2020. Il est situé en plein coeur du chef-lieu de la commune de Chirongui. Les spectateurs peuvent profiter d'une programmation composée de 4 à 5 films différents chaque semaine pour une centaine de séances annuelles, ainsi que quelques sorties nationales. Quant à l'ancien cinéma historique de Mamoudzou, le bien nommé Alpa Joe, il n'est malheureusement plus en activité depuis 2017 pour cause de travaux. La réhabilitation est toujours en cours.

Des initiatives associatives pour promouvoir le cinéma

Véritable moteur culturel, l'association Cine musafiri se donne pour mission de promouvoir le cinéma à Mayotte, mais aussi à travers l'océan Indien. Active depuis 10 ans déjà, l'association organise des projections en plein air à Bandrélé notamment, en invitant des réalisateurs à parler de leurs films. On a pu y accueillir dernièrement le Réunionnais Laurent Pantaleon ou encore le Martiniquais Wally Fall. À noter, Mayotte Film Office, en partenariat avec Cine Musafiri, a lancé en 2020 un appel à candidature pour la toute première résidence d'écriture de fiction de Mayotte. Cette opportunité est à destination des jeunes cinéastes et scénaristes locaux qui ont le désir de mener à bien un projet de court-métrage. La Mayotte Film Office publie également via son compte Facebook l'actualité cinématographique panafricaine et afro-diasporique.

Le goût du débat

En plus des rencontres initiées par Cine Musafiri, des séances de ciné-conférences sont régulièrement organisées à l'initiative de certains établissements scolaires comme le lycée Nord de Mamoudzou. Ces évènements sont ouverts aux étudiants bien entendus, mais également aux spectateurs extérieurs. Pour les élèves de la section Cinéma-Audiovisuel du lycée, c'est évidemment une très belle occasion d'exercer son regard. Les acteurs locaux sont ainsi soucieux de transmettre aux jeunes et aux moins jeunes le goût du cinéma par le biais de la discussion et du débat. Ainsi, le CEMEA, mouvement national engagé pour l'éducation, organise régulièrement des « ciné-débats » à Tsararano, sur des thèmes comme « La parentalité ».

Films tournés à Mayotte

Côté productions mahoraises, on compte peu de films diffusés à l'international. Cependant, le film *De l'amour sous la haine* a fait sensation en 2018. Né de la collaboration de deux réalisateurs : Patrick Jean Exenat, d'origine haïtienne, et Daouidar Saidali, né à Mayotte, le film a notamment été sélectionné au New York African Diaspora International film festival. L'histoire raconte un amour entre une femme blanche et un homme noir et ses complications. Le téléfilm *Paradis amers*, réalisé par Christian Faure, diffusé sur France 2, a été adapté du livre *Tout doit disparaître* de Mikaël Ollivier. Il relate le destin d'un adolescent de la métropole qui, contraint de suivre ses parents à Mayotte, découvre une toute nouvelle culture. Mayotte, sa culture métissée, ses paysages paradisiaques et ses contradictions économiques ont su inspirer des documentaristes de la métropole. *Mayotte hip hop (r)évolution* (2016) est un beau film de Nadja Harek qui aborde l'île à travers le prisme de la danse comme un moyen d'habiter le territoire. Plus récemment, *S'aimer à Mayotte* de Laure Chatrefou s'intéresse avec douceur aux formes d'amour qui existent sur l'île, où la polygamie, bien qu'illégale, se pratique encore.

POPULATION

La population mahoraise se démarque des autres départements français par sa jeunesse : plus de la moitié de la population a moins de 18 ans, et seulement 4 % a plus de soixante ans. Cela s'observe facilement dans les rues, à Mamoudzou comme dans les villages, où les enfants semblent omniprésents, tantôt en train de jouer, tantôt accompagnant leurs parents dans les champs. Il n'est pas rare de voir des petits faire du stop sur le bord de la route pour rejoindre l'école primaire. Une tendance due à une natalité vigoureuse renforcée par une immigration forte et jeune. En effet la population de Mayotte est une population mélangée. En 2017, selon l'INSEE, 48 % de la population sur l'archipel est étrangère, en grande partie comorienne, mais aussi malgache et d'Afrique de l'Est. Si ce melting-pot est difficile à observer pour les yeux non aguerris, il s'entend dans la multiplicité des langues parlées sur l'île, variant d'un village à l'autre.

La plus grande maternité de France

On le répète encore et encore tant l'idée fait sourire, Mayotte, petit archipel de l'océan Indien, est la plus grande maternité de France avec un chiffre record de 9 800 bébés nés de mères résidant sur le territoire en 2017 d'après l'INSEE. Un chiffre vertigineux, qui pourtant ne recouvre qu'une petite partie de la réalité, car il ne tient pas compte des bébés nés de mères en provenance des îles voisines, qui sont pourtant nombreuses. Plusieurs facteurs expliquent ces multiples naissances, tout d'abord la population locale est jeune, voire très jeune, avec un âge moyen de 23 ans, très éloigné des 41 ans de la Métropole. Ensuite, les femmes font des enfants plus tôt, majoritairement en début de vingtaine, contrairement à la moyenne nationale qui se situe dans la trentaine. Enfin, la moyenne d'enfants par femme est elle aussi nettement supérieure au reste du territoire national, avec environ 5 enfants par femme à Mayotte en 2019 contre 1,87 en France.

Famille mahoraise.

Une population multipliée par sept depuis les années 1950

Conséquence directe de cette forte natalité combinée avec un recul de la mortalité, la population s'accroît massivement sur l'archipel. Les premiers chiffres officiels concernant la population mahoraise remontent à 1958, où l'on comptait 23 364 personnes. Au recensement de juillet 2007, Mayotte comptait 186 452 habitants, avec un accroissement de +3,1 % par an, taux record de France. Le dernier sondage date de 2017 et révèle un chiffre de 256 518 habitants, soit +3,8 % par an depuis 2012. Tout le monde s'accorde cependant à dire que la barre des 300 000 pourrait bien être franchie depuis longtemps, du fait de la présence d'une large population non officielle. Autre impact direct de ces naissances sur un territoire limité de toutes parts par les eaux, c'est l'accroissement de la densité de population. Avec une densité record de 690 habitants au km², Mayotte vient se placer juste derrière l'Ile-de-France (1 010,3 hab/km²). C'est pourtant Petite-Terre, la plus petite des deux îles habitées, qui possède le plus d'habitants : on dénombre autour de 2 700 habitants au km² à Dzaoudzi-Labattoir. Viennent ensuite Mamoudzou, Tsoundzou 2, Cavani ou plus généralement la commune Koungou qui ont connu un très fort accroissement ces dernières années.

Une population sous pression migratoire

Affublée du prometteur surnom d'Eldorado des Comores, Mayotte est le théâtre de drames de plus en plus fréquents liés à l'immigration massive qui pèse sur l'île. En 2018, on estime à 74 % le taux d'irrégularité chez les moins de 25 ans et à 42 % la part de la population d'origine comorienne. Le nouveau statut de Mayotte, devenue département français en 2011, son système de santé et l'éducation gratuite pour les enfants encouragent les immigrés à s'y installer. La grande majorité sont des Comoriens

© STEFANO EMBER - SHUTTERSTOCK

Descente de la barge à Mayotte.

issus des trois autres îles de l'archipel, les liens économiques et familiaux entre les habitants des différentes îles de l'archipel facilitant le rapprochement. Le SMIC séduit puisqu'à Mayotte, il est dix fois supérieur à celui des Comores. Un afflux massif qui crée des tensions sur place. La police aux frontières (PAF), la gendarmerie, les douanes et la marine nationale interceptent régulièrement des kwassa kwassas (embarcations clandestines à moteur) et interpellent les passeurs (80 % des détenus de la prison de Majicavo sont des pilotes de kwassas condamnés à des peines fermes). Ces chiffres sont en augmentation constante, en 2009 plus de 9 000 personnes avaient été reconduites à la frontière contre 12 487 OQTF (obligation de quitter le territoire français) délivrées en 2018. En 2018, 215 kwassas ont été interceptés dont 20 % d'enfants à bord, et 2 % de femmes enceintes. Sans parler des centaines de morts noyés dans l'océan Indien lors des trajets chaotiques. La France entend toutefois durcir sa politique dans les années à venir, avec notamment l'arrivée de nouveaux navires de contrôle, tout en travaillant à l'amélioration des conditions de vie aux Comores pour réduire les départs. A noter toutefois qu'une immigration nouvelle a pris de l'ampleur depuis 2018 : celle des demandeurs d'asile de l'Afrique des Grands Lacs. La plupart de ces migrants passent par les Comores pour arriver jusqu'à Mayotte, utilisant les réseaux existants. Cette immigration présente toutefois un caractère inédit qui ouvre de nouveaux débats et défis pour la France.

Une population en mouvement

Si la migration la plus notoire est bien sûr celle en direction de Mayotte, il n'en demeure pas moins que la diaspora mahoraise est elle aussi importante. On estime à environ 25 000 le nombre de départs vers la Métropole ou la Réunion entre 2012 et 2017 (chiffres de l'INSEE), majoritairement des jeunes de moins de 30 ans qui se déplacent pour leurs études ou pour trouver du travail. Ainsi la catégorie des 15-24 ans est celle qui connaît plus de départs que d'arrivées, et essentiellement des hommes.

Une population multilingue

Les Mahorais peuvent avoir comme langue maternelle soit un parler comorien, soit un parler malgache avec le shibushi. Les villages ont généralement chacun leur langue, mais on trouve des combinaisons de langue dans un tiers des villages et un dialecte bantou ou malgache ailleurs. Ceux qui parlent malgache parlent en général très bien le comorien ou shimaoré qui est dérivé du swahili (Afrique de l'Est). Avec l'expansion de l'islam, l'arabe est présent non pas comme langue de communication (sauf pour les Syriens présents), mais pour les études coraniques avec la lecture des textes sacrés. Le français n'est pas la langue maternelle des insulaires, c'est la langue des « M'zungus » (blancs) qui pour la plupart ne parlent aucun des dialectes de l'île. Une complexité linguistique qui creuse souvent les écarts à l'école où l'enseignement se fait uniquement en français, qui n'est pourtant pas la langue de beaucoup d'élèves, et dans le monde du travail. Fin 2018 et début 2019 se sont tenues des tables rondes sur le shimaoré et le shibushi (ou kibushi). En débat, les questions de la langue dans l'identité mahoraise et de la graphie à adopter pour transcrire des sons qui n'existent pas dans la langue française. Mayotte a enclenché un processus fort de transmission et de protection son patrimoine culturel immatériel qui feront sans nul doute évoluer les choses.

SOCIÉTÉ

Cette présentation du mode de vie des habitants se réfère principalement à la société mahoraise traditionnelle, mais il est important de souligner que Mayotte voit, dans sa société, l'irruption de valeurs occidentales qui se mélangent aux habitudes locales de diverses manières. A titre d'exemple, on observe à Mayotte que les maisons de retraite n'existent pas et les vieux, considérés comme des sages, transmettent leur savoir aux plus jeunes. Des jeunes bien courageux d'ailleurs, qui font deux écoles en une et qui à 10 ans parlent l'arabe, le shimaoré, le français et apprennent encore une langue comme l'anglais ou l'allemand. Au XXIe siècle et malgré cette brusque intrusion occidentale, Mayotte est parvenue à conserver avec beaucoup de cœur ses racines, ses traditions et ses croyances. Ainsi, on devine aisément que Madagascar, l'Afrique australe et les autres îles comoriennes ne se trouvent qu'à quelques centaines de kilomètres de Mayotte.

Une harmonie entre tradition et modernité

La beauté de Mayotte réside dans la cohabitation harmonieuse entre habitudes empruntées à l'occidentalisme récent et le maintien des traditions séculaires. Il n'y a donc rien d'étonnant à voir des Mahoraises s'habiller de manière occidentale et le lendemain porter avec beaucoup de fierté le salouva (tissu aux couleurs chatoyantes) et le m'dzindzano (leur masque de beauté), le tout sans aucun paradoxe. Les Mahorais dans leur grande majorité font le ramadan, font leur shopping pré-mariage à Dubaï, partent en pèlerinage pour La Mecque et fêtent de plus en plus Noël avec le père Noël et tous ses jolis cadeaux. On parle le shimaoré en famille, entre amis et dans les taxis, mais on parle automatiquement en français avec les M'zungus. On continue à aller voir le fundi (celui qui sait) pour soigner son enfant par des prières ou des herbes, puis on finit par le médecin généraliste m'zungu ayant suivi son cursus en Métropole. On trouve encore beaucoup de gens sur le bord des routes à l'image des agriculteurs avec leurs tchombos, des petits sabres de travail, sortant d'un champ de manioc. Les enfants jouent avec de vieux pneus, font la course ou s'amusent avec l'eau de pluie une fois délaissés le téléphone portable ou la télévision. Les zébus, cabris et biquettes paissent le long des routes... Pas de superficiel sur Mayotte, tout est vrai et authentique.

Une vie collective qui dépasse l'individualité

Profondément enraciné dans la mentalité africaine et malgache des habitants, l'esprit de clan ou de confrérie est le premier marqueur de la structure sociale des habitants. L'entraide, ou la musada, y est toujours très présente. Les Mahorais sont toujours attachés à leur famille, à leur clan et à leur village avant de développer toute identité au niveau d'une nation, d'une île. Jusqu'à une date récente, la famille était fondée sur le lignage et incluait non seulement les parents biologiques et leurs progénitures, mais surtout les grands-parents, les oncles, les tantes, les neveux, les cousins, les petits-enfants. Au même titre que la société rurale d'où elle est issue, la hiérarchie rigide faisait du doyen le chef de la famille. Cependant les changements intervenus ces vingt dernières années, l'explosion démographique ainsi que la forte monétarisation de l'économie et la mise en place du droit commun ont fait imploser le modèle traditionnel. Ainsi, les jeunes Mahorais qui ont eu la chance d'être scolarisés tentent de gommer les rigidités et de créer un nouveau modèle combinant les traditions locales avec le mode de vie à l'occidentale.

Une éducation en mouvement

Mayotte constitue un vice-rectorat dépendant de l'académie de la Réunion. Le premier lycée de Mayotte ne date que de 1976. Il a été construit juste après le référendum. On compte aujourd'hui onze lycées, dont trois professionnels et un lycée agricole (Coconi), ainsi que dix-huit collèges et plusieurs écoles maternelles, et on bétonne aujourd'hui à tour de bras pour rattraper le retard éducatif et pour pouvoir accueillir toute cette jeunesse. De plus en plus de jeunes Mahorais continuent l'école après le collège, ce qui n'était pas le cas il y a encore peu de temps. L'enseignement du secondaire est quant à lui dispensé par des professeurs fonctionnaires venant donc pour la grande majorité de Métropole, mais depuis quelques années on note une défection de profs titulaires, le recrutement au niveau local s'accentue. A Dembéni, le Centre universitaire de Mayotte est ouvert depuis 2011 et l'on y propose quelques formations ouvertes en partenariat avec différentes universités

© STÉPHAN SZEREMETA

Les groupes de femmes prennent une part active dans la vie sociale.

de Métropole et jusqu'au niveau master pour certaines d'entre elles. A noter qu'en parallèle à cette école républicaine et laïque, les jeunes Mahorais se rendent tous les matins dès l'aube à l'école coranique apprendre le Coran et les cinq piliers de l'islam.

Place de la femme

A Mayotte, la famille est dite matrilinéaire, c'est-à-dire que la transmission des biens se fait de la mère à la fille, particulièrement en ce qui concerne la maison. Dans la famille traditionnelle, la femme a la responsabilité de la gestion du budget familial et de l'éducation des enfants. Elle est responsable de la santé et du comportement de chaque membre de la famille. De la même façon, la maison construite par son père et par ses frères lui appartient. C'est pourquoi l'homme, tout en étant chef de famille, y occupe une place très réduite. Il est notamment obligé de céder la maison en cas de conflit ou de divorce. Désormais, au lieu de s'occuper seulement de la maison et des enfants, les femmes ont en général un travail afin qu'elles puissent participer au revenu familial. Les femmes mahoraises constituent une véritable force, unies et solidaires, déterminées et solides comme un roc. Elles ont joué par exemple un rôle très important dans le choix de Mayotte de rester française. C'était l'époque du « commando des chatouilleuses », en 1976. Depuis, elles investissent tous les domaines de la vie économique et publique. Même lors des grèves ou manifestations, il est fréquent de voir les femmes au premier rang et même si, dans la politique, on les voit peu, tout le monde sait qu'elles ne sont pas bien loin pour veiller et surveiller.

Des mariages légendaires

Les mois de juillet et août sont connus à Mayotte, non pas comme l'été mais comme la saison des grands mariages. Les familles reviennent de Métropole ou de la Réunion pour assister à ces cérémonies qui se déroulent sur plusieurs jours. Ici c'est la famille de la fille qui doit s'occuper de construire et de meubler la maison de la future mariée, tandis que l'homme prépare la « valise » contenant des vêtements, du tissu, des bijoux… qu'il offrira à sa femme, ainsi qu'une importante somme d'argent qu'il apportera comme dot. Celle-ci est basée sur l'importance sociale de la famille du marié et d'un minimum de 1 500 euros, mais peut aller beaucoup plus loin selon les moyens des familles comme 2 fois ou 5 fois plus, voire 50 fois plus. Juste après les fiançailles, c'est le Grand Mariage qui commence. Il est particulièrement faste et ostentatoire et confère à celui qui l'accomplit le statut de notable. La femme ne doit pas sortir de chez elle pendant une semaine entière (parfois un mois). Les invités rendent des visites tous les jours de cette semaine (payantes pour les invités du mari !). La mariée est maquillée et bichonnée sur son lit. Le masque doit être différent tous les jours, les bijoux portés, les vêtements changés régulièrement afin d'être admirés par les gens du village ou des familles. Vient ensuite la procession du mari et des hommes du village vers la maison de son épouse, vêtu de ses beaux habits dorés, avant le mariage religieux qui se fait auprès du cadi.

Banga dans le village de Mtsangamouji.

La tradition du banga

Sur les abords des villages, les maisons en béton ou en crépi laissent place à des cabanes de tôle et de terre juchées sur les pentes. Souvent assimilées à de l'habitat illégal, elles sont, pour certaines, des bangas construits par les adolescents du village. En effet, la tradition veut que le jeune garçon devenu adolescent affirme son indépendance et son passage à l'âge adulte par le départ du nid familial. Il construit alors sa propre maisonnette, souvent avec le soutien des jeunes du village, de ses frères et cousins et de son père, essentiellement en matériaux naturels, pour y vivre seul. La structure est en bois, recouverte soit de mortier à base de terre (mélangée avec les pieds !) soit de feuilles de coco tressées, et surmontée d'un toit en chaume de coco. Souvent très petits, les bangas sont un lieu d'intimité pour recevoir amis et premières relations amoureuses, tandis que les repas se font toujours dans la maison familiale avec le reste de la famille. L'adolescent y restera jusqu'à son mariage où il rejoindra alors la maison familiale de son épouse. Le phénomène du banga a connu son apogée dans les années 1980 où les jeunes redoublaient d'inventivité pour avoir le banga le plus beau et le plus personnalisé, certains avaient même l'électricité. Avec le temps, la tôle a remplacé la terre et aujourd'hui la tradition se perd et de moins en moins de jeunes acceptent de quitter le cocon si tôt, les problématiques sécuritaires n'aidant pas. Plusieurs associations travaillent cependant à maintenir le savoir-faire et à moderniser les constructions en rajoutant par exemple des vitres et des étages.

Le masque de beauté

Symbole indétrônable de l'île aux parfums, le visiteur ne peut rester insensible à ce masque que portent les femmes, souvent en complément des jolis salouvas colorés. Appelé « m'sindzano » en shimaoré, le mot désigne en réalité le bois de santal utilisé pour sa confection. Il est également porté aux Comores, dans l'Ouest malgache (Sakalaves) et chez les Makas du Mozambique. Cette pratique très ancienne a plusieurs fonctions : il protège la peau du soleil, il crée une couche protectrice contre les moustiques, il lisse la peau en supprimant les impuretés de surface et lorsqu'on le retire, il donne à la femme un parfum naturel. Pour fabriquer son m'sindzano, il faut une table à masque fabriquée dans du corail massif. Cette table peut peser jusqu'à 3 ou 4 kg ! Mais, malgré sa fragilité, elle demeure l'outil de base de la fabrication de la préparation qui sera appliquée sur le visage. C'est le grain fin du corail qui permet d'obtenir une poudre de santal fluide. En frottant le bois de santal sur la table de corail et en ajoutant petit à petit de l'eau, on obtient une pâte facilement applicable sur le visage. On peut ensuite utiliser des feuilles ou des fleurs pilées en poudre pour donner de la couleur au masque, variant entre rouge, jaune et blanc. De nombreuses décorations peuvent être réalisées par les maquilleuses à l'aide d'une tige de coco : motifs astronomiques (soleil, lune, étoile), floraux, géométriques… qui parent les joues et le front. Il y a des types de masques pour toutes les occasions : le masque quotidien, le masque de soin et le masque de fête. A vous de tester !

RELIGIONS

Arrivée au XIe siècle sur l'archipel des Comores, la religion principale à Mayotte est l'islam, pour 95 % de la population. Elle est présente dans tous les instants de la vie : école, mariage, justice, cérémonie, alimentation, et côtoie les instances républicaines avec parfois des adaptations locales, même si elles tendent à se réduire depuis la départementalisation. L'appel du muezzin pour les différentes prières de la journée, de l'aube jusqu'après le coucher du soleil, fait partie des moments forts de la vie sur l'île, tout comme la période du ramadan où l'effervescence de la nuit succède à la surprenante quiétude de la journée. Le christianisme est également présent, chez une petite minorité de la population, notamment métropolitaine et malgache. Enfin, les Malgaches ont amené avec eux leurs croyances et superstitions, notamment celle du djinn, les esprits malveillants qui tourmentent les habitants.

Islam et vie quotidienne

La vie spirituelle des Mahorais est codifiée par des obligations quotidiennes, des pratiques liturgiques, et le respect des « cinq piliers » que sont la profession de foi (ou chahada), récitée chaque jour à l'heure de la prière ; la prière rituelle, cinq fois par jour. Le vendredi, la prière de l'heure médiane est dirigée par un imam (ce qui signifie « guide »), qui prêche à l'assemblée réunie. L'heure de la prière est annoncée par le muezzin, que l'on peut entendre dans chacun des villages de l'île. Le troisième pilier est l'aumône légale, appelée zakat. Cette charité est un moyen de venir en aide à la population indigente, elle se pratique tous les jours, mais trouve son expression la plus grande pendant le ramadan, au moment de la rupture du jeûne, où il convient d'offrir à manger aux nécessiteux. Généralement, l'aumône représente 5 % des revenus et sert plus à la construction des mosquées qu'aux pauvres. Le quatrième pilier est le ramadan. Du lever du soleil à son coucher, les croyants doivent s'abstenir de toute absorption de nourriture, de boisson, de tabac et doivent aussi être chastes. Les malades, les femmes enceintes et les voyageurs en sont dispensés. Le jeûne musulman, s'il est aride durant la journée, donne lieu à de grandes festivités la nuit, car le ramadan est avant tout un mois de joie ; en effet, on célèbre la révélation qui est descendue de Dieu et qui a donné la voie aux hommes. Une fête vient conclure le mois de jeûne, c'est l'Aïd al Fitr. Par égard envers ceux qui jeûnent, évitez de fumer, de boire ou de manger en public ! Enfin dernier pilier : le pèlerinage à La Mecque, qui doit être accompli une fois dans la vie de tout musulman qui en a les moyens.

Personnages importants de l'islam dans l'archipel

Parmi les intitulés à connaître avant de vous rendre sur l'île se trouve le fundi. Professeur de Coran, il exerce à l'école coranique ou dans les madrassas. Il est très respecté et écouté. Autre personnage important, le cadi. Juge et dépositaire du droit coranique, il règle les litiges de propriété et de droit civil. La « cour suprême » de la justice musulmane était dirigée par le grand cadi à Mayotte ; le cadi et le grand cadi étaient salariés du gouvernement français et nommés par le préfet, mais l'évolution institutionnelle de Mayotte a mis fin à leurs missions traditionnelles de régulation de la société, ce qui pose la question de leur rôle dans la société mahoraise actuelle puisque la nouvelle loi n'approuve plus la justice cadiale. Aujourd'hui les cadis font davantage figure de médiateurs. Plus connus, l'imam, celui qui conduit la prière, et le muezzin qui l'assiste et appelle à la prière du haut du minaret.

© STEFANO EMBER - SHUTTERSTOCK

Mosquée de Mtsapéré.

DÉCOUVRIR

© CHARLES-HENRY THOQUENNE - SHUTTERSTOCK.COM

Village de Sada.

L'école coranique à Mayotte

L'école coranique à Mayotte est présente dans tous les villages et c'est là que le fundi donne ses leçons et où les Mahorais apprennent à découvrir le Coran et à apprendre par cœur certains de ses versets. Elle se déroule tous les jours sauf le vendredi, qui est le jour saint pour les musulmans, de 5h30 à 6h30 du matin environ (avant de filer à l'école publique pour 7h), puis l'après-midi de 15h à 16h. De plus, il faut noter qu'il n'y a pas de vacances. Le fundi (le maître) garde les enfants environ 21 heures par semaine. Auparavant les madrassas accueillaient les enfants plus âgés qui venaient de quitter l'école coranique. Le fundi était naguère récompensé en nature et occasionnellement en espèces. Cependant, on constate que les écoles coraniques sont amenées à disparaître, car dans chaque village il y a désormais des madrassas plus modernes avec des classes plus confortables que les écoles coraniques au confort très rudimentaire. Elles sont payantes et l'enseignement du Coran y est dispensé par des professeurs ayant fait des études et qui proposent des horaires plus adaptés pour les enfants. Certains Mahorais peuvent même partir à l'étranger, dans les pays arabes, pour poursuivre leurs études religieuses.

Une minorité chrétienne

A Mayotte, le christianisme est pratiqué par une minorité de la population, composée essentiellement des métropolitains, mais aussi d'une partie de la communauté malgache, des créoles d'origine réunionnaise et aussi des Mahorais convertis depuis 3 ou 4 générations. Il existe à Mayotte, en Petite-Terre, l'église Saint-Michel, dont les fondations datent de 1849, et qui jouxte l'hôpital. La seconde, Notre-Dame de Fatima, se trouve à Mamoudzou. A Kawéni, enfin, existe une église évangélique internationale qui demande son rattachement à l'église protestante de France. La Mission catholique a commencé en 1841 à Mayotte, dès le début de la présence française, d'abord dépendante de la Préfecture apostolique de Madagascar. Elle s'installe à Mamoudzou en 1857 avec 50 élèves.

Une naissance très codifiée

La venue au monde d'un bébé n'est pas une chose anodine à Mayotte : à la naissance, le père ou un autre membre de la famille imite le muezzin (appel à la prière) en tenant l'oreille droite du nouveau-né. Cette action de grâce est la première participation de l'enfant à l'acte religieux. Le nouveau-né ne devra pas être sorti de la maison familiale avant que le fundi astrologue ne donne son accord ; ceci afin d'éviter des rencontres avec les esprits malfaisants. Seule la famille a le droit de visite pendant cette période. Un miroir est placé dans le berceau afin d'éloigner les diables qui tenteraient d'approcher le bébé : la vue de sa propre image effraie le diable ! La femme, quant à elle, ne doit pas sortir pendant 40 jours et les rapports sexuels lui sont interdits. Elle ne pourra sortir et se « remarier » avec son mari que le quarante et unième jour après l'accouchement et ce, seulement après avoir pris un bain rituel pour se purifier.

La peur des djinns

Lors de votre séjour sur place, vous entendrez sûrement parler des djinns (à prononcer « dzinns ») ou esprits. Issus des traditions sakalava (Madagascar), la croyance en ces esprits est forte sur l'archipel. Parfois malfaisants, ils peuvent prendre possession des personnes et leur font commettre des actes répréhensibles ou inexpliqués. Ainsi, lorsqu'une personne est habitée, on cherche par tous les moyens à chasser le djinn qui l'habite par des rituels ou des offrandes, et le rediriger vers un autre corps, souvent celui d'un poulet, ou si l'on est malveillant vers une autre victime. A noter que les djinns peuvent aussi être appelés pour des requêtes positives comme la pluie, une bonne fortune, ou une bonne récolte. Ainsi, certains lieux (plages, cascades) sont régulièrement utilisés pour des cérémonies, poulets et bougies en témoignent, superstitieux s'abstenir !

QUE RAPPORTER ?

Au carrefour des influences swahilies, arabes, malgaches et européennes, Mayotte s'est inspirée et emparée des savoir-faire transmis pour les réinventer et les faire perdurer. La transmission est un enjeu important sur l'île et bien des anciens s'inquiètent de voir les jeunes s'éloigner des pratiques manuelles. Ainsi, de nombreux artisans, souvent regroupés sous forme d'associations, exposent et commercialisent dans les villages. Il est possible d'obtenir ce que l'on désire en matière d'artisanat ou de créations artistiques qu'il s'agisse de la maquette d'un boutre, d'un bijou ou d'une peinture. Toutefois, il faut savoir avec précision ce que l'on recherche et le commander suffisamment à l'avance. Quelques stands sur les marchés incontournables de Mamoudzou et de Coconi exposent également de l'artisanat local. A vous de dénicher la perle rare au détour de vos escapades et de vos rencontres.

Mayotte bijoutière

Ces dernières années, Mayotte s'est fait une réputation dans le travail de l'or et de l'argent filigrané qui n'est pas usurpée. Un véritable travail d'orfèvre, fin et minutieux, pour réaliser bijoux et parures, par des artisans aux doigts de fées. Les bijoux occupent une place importante dans la société mahoraise, car ils constituent une part essentielle de la dot lors des grands mariages. Le plus souvent, la famille du marié offre à la future mariée une parure d'or. L'or et l'argent sont travaillés un peu partout dans l'île, mais plus particulièrement dans le village de Sada. Les motifs les plus présents sont bien sûr les icônes de l'île : la fleur d'ylang-ylang, la forme d'hippocampe de l'île éponyme, le gecko, la tortue ou encore le baobab, mais vous pourrez passer commande bien en avance pour avoir un bijou personnalisé. Vous trouverez également de nombreux bijoutiers dans la rue du Commerce à Mamoudzou.

L'art de la sculpture

Le bois sculpté est une technique importée de l'île voisine, Anjouan. De petits objets tels que des coffrets, des boutres, des pirogues ou encore ustensiles de cuisine, aux sculptures imposantes telles que des meubles ou encore des portes, les artisans affichent une palette de savoir-faire. Il est possible de passer commande pour avoir l'objet de votre choix, en ayant convenu du délai et du prix à l'avance bien sûr. Pour observer des constructeurs de pirogues à balancier traditionnelles, direction Poroani (commune de Chirongui) où trois fundis continuent de faire vivre ce savoir-faire local. Le bambou est également sculpté, pour des objets plus légers. L'entreprise artisanale de fabrication d'objets *Touch du Bois* qui est spécialisée dans les stylos se trouve à Tsingoni.

Tressage, broderie et vannerie

La broderie a été introduite par des religieuses à Madagascar avant d'arriver à Mayotte, le terme *Récélé* est la contraction créole du mot Richelieu, correspondant au point Richelieu. Les femmes mahoraises réalisent de belles nappes, serviettes, rideaux pour décorer les intérieurs. Très habiles de leurs doigts et surtout très inventifs, les Mahorais excellent également dans l'art du tressage. Là où nous utilisons du plastique, de la brique, du bois, ou encore du tissu, à Mayotte on utilise des feuilles de cocotier. Savamment tressées, elles résistent au vent, à la pluie et à des poids lourds. N'hésitez pas à tester le sac en feuilles de coco pour aller faire le marché, solidité garantie. De nombreuses associations proposent des initiations au tressage coco, une activité agréable à tout âge. Enfin, en fibres de palmier, en liane, en bambou ou en raphia, la vannerie mahoraise se décline sous forme de paniers, mais aussi de chapeaux ou de natte (élément indispensable pour farnienter à la plage). Le chapeau de Sada, idéal et efficace pour se protéger du soleil, est l'accessoire typique de Mayotte.

Mayotte dans son assiette

Amateur de poutou, d'achards et d'épices, on trouve son bonheur sur le marché couvert de Mamoudzou où les Bouénis étalent leurs bouteilles en plastique remplies du breuvage sacré. Attention à bien les conditionner pour le voyage cependant. Côté épices, une myriade de couleurs et de senteurs illumine les stands, on trouve de la muscade, des clous de girofle, et le poivre y est particulièrement goûtu. Les amateurs de pâtisserie pourront également ramener de la vanille. Celle de Mayotte est un produit haut de gamme, dont le label « vanille biologique » garantit la qualité supérieure. Le vanillier, une orchidée à tige grimpante, pousse dans des conditions climatiques humides et tropicales particulières. De ses gousses est extraite la vanilline, recherchée en parfumerie et en pâtisserie. Enfin Mayotte propose aussi de très bonnes confitures aux saveurs exotiques (ananas, mangue, letchi) et originales (jacques, ylang ylang, baobab, patate douce...). De quoi prolonger un peu son voyage gustatif.

QUE RAPPORTER ?

Salouvas sur un marché de Mayotte.

Des huiles essentielles

Facile à transporter et disponible sur les marchés ou directement sur les sites de production, l'huile essentielle est un souvenir original à ramener de Mayotte. La plus célèbre est celle d'yland-ylang. D'après les naturopathes, elle est antiseptique, cicatrisante, revitalisante, équilibrante cutanée, calmante et décontractante, baisse la tension et facilite le sommeil. Mayotte est parsemée de champs et d'alambics, assez artisanaux, pour distiller l'essence. Mayotte est parmi l'une des plus grandes exportatrices d'ylang-ylang au monde. Guerlain y possédait même une plantation.

De la lecture pour en savoir plus

Mayotte regorge d'auteurs, conteurs et dessinateurs de talent qui racontent l'île avec leurs mots, à l'image de Nassur Attoumani (*Les Anachronismes de Mayotte*, Ed. NDZ, 2012, *Le Turban et la capote*, Grand Océan Editions, 1997) ou Manou Manssour (*L'Auberge mahoraise*, Jets d'encre, 2009, *Odes à l'homme perverti*, Edilivre, 2009). Ils s'intéressent à l'histoire de l'archipel, à ses traditions, à ses tensions politiques et migratrices, à la beauté de l'île, mais nous comptent aussi leurs aventures hors du territoire. Des bandes dessinées ou récits humoristiques de métropolitains installés sur l'île ou de passage mettent en exergue ces surprises et découvertes culturelles vécues à l'arrivée sur l'Hippocampe (*Les Bouénis*, Cyrille Le Corre, Ed. Kouleur Afrik, *Un M'zungu à Mamoudzou, Chronique mahoraise*, Janine et Jean-Claude Fourrier, Ed. L'Harmattan, 2001).

Mayotte colorée

Les amateurs de tissus colorés pourront ramener dans leurs valises un beau salouva. Habit traditionnel de toutes les femmes de l'île, il est composé de multiples pans de tissus cousus entre eux aux couleurs toujours chatoyantes et vives. On trouve tous types de tissus et d'étoffes pour le confectionner, bariolés avec des motifs géométriques. L'art du salouva est si développé que deux événements lui sont dédiés : l'élection de Miss Salouva début août et le concours « Le salouva vous va si bien » en février. Et pourquoi ne pas en profiter pour ramener de quoi vous préparer un masque de beauté ou m'zinzano qu'arborent fièrement les femmes mahoraises ? Symbole de la beauté féminine, il sert, entre autres, à lisser la peau en supprimant les impuretés de surface. Il est possible d'acheter les produits naturels pour le confectionner soit fraîchement cueillis, soit sous forme de poudre au marché ou ailleurs. Une véritable initiation culturelle.

Quelques idées de cadeaux made in Mayotte

Un jeu de M'raha : cette planche de jeu est taillée et sculptée dans un beau bois lourd (bois rouge). Le jeu se compose d'un boîtier en deux parties reliées par des charnières creusées de 16 trous chacune et de 64 graines de M'so. On le retrouve en Afrique et à Madagascar, les règles du jeu sont simples et faciles à retrouver sur internet si vous les oubliez. Plus fragile mais décoratif, vous pouvez également ramener de la peinture sur porcelaine. Une vaisselle revisitée et décorée à la sauce mahoraise, une idée cadeau originale proposée par Moon Creations à Mamoudzou (Les Hauts-Vallons).

SPORTS ET LOISIRS

A Mayotte, le sport roi, comme dans toute l'Afrique, c'est le football. Sur la plage ou sur les nombreux terrains que les municipalités font construire, c'est sans conteste le sport le plus rassembleur, comme les soirs de grands matchs internationaux où tout le monde est devant son petit écran pour supporter l'équipe de France notamment. Les terrains de basket-ball et de volley-ball commencent aussi à apparaître çà et là. Côté activités, c'est évidemment la plongée sous-marine qui séduit en premier lieu les voyageurs grâce à l'un des plus grands lagons au monde. Des voyageurs qui ne se priveront pas non plus de s'offrir des sorties en mer ou des sessions de sports nautique en tout genre. Sur terre, le spectacle est aussi au rendez-vous, notamment grâce à de belles randonnées à travers les paysages spectaculaires de l'archipel. Au programme enfin : sessions de VTT ou d'escalade et parties de tennis ou de golf. Echauffez-vous !

Une destination phare de la plongée

Mayotte possède l'un des plus grands lagons du monde (plus de 1 500 km²), faisant d'elle une destination très prisée des plongeurs. Coraux multicolores et poissons exotiques ne seront pas seuls avec vous, peut-être croiserez-vous des tortues, des dauphins ou des baleines. C'est même une base idéale pour se jeter à l'eau et découvrir la plongée en bouteilles si vous n'en avez jamais fait. L'eau n'est jamais en dessous de 25 °C : même l'hiver, on peut se baigner, elle monte jusqu'à 30 °C, et parfois la combinaison est même inutile. L'eau est claire, les vagues et clapotis y sont très limités grâce à la protection de la barrière récifale et à la faiblesse du vent. Les courants, hormis dans les passes, sont également très faibles et réunissent ainsi toutes les conditions pour débuter en toute sécurité. On peut faire de très belles plongées à l'intérieur du lagon, à moins de 15 m de profondeur. Les plus expérimentés pourront quant à eux visiter les passes et les tombants. Le site de la passe en « S », qui est une réserve naturelle en face de la passe de Mamoudzou, est d'ailleurs mondialement connu.

Sur l'eau, croisières et sports nautiques

Sorties en mer. A Mayotte, tout est prétexte à aller sur le lagon. Pour admirer les baleines qui viennent, de juillet à octobre, mettre au monde et pouponner. Pour aller dire bonjour aux dauphins, aux tortues, aux petits poissons, aux raies manta de février à juin, ou même aux requins en se jetant à l'eau à l'endroit le plus approprié. Ou bien juste pour s'y déplacer et aller sur un îlot faire un pique-nique. Le lagon est propice à la pêche – toujours miraculeuse – comme au simple farniente-bronzage. Une sortie en mer typique commence par un départ à 8h du ponton de Mamoudzou ou de Petite-Terre, une première mise à l'eau suivie d'un petit déjeuner à bord. Rien de plus luxueux que d'observer des dauphins en grignotant un pain au chocolat ! L'estomac rempli, il est temps de se remettre à l'eau pour admirer l'animal de votre choix puis direction les îlots pour prendre l'apéro sur la plage : îlot de sable blanc, îlots Choizil, îlot Mtsamboro..., le choix est varié et dépendra de la sortie choisie. La journée continue et l'apéro se transforme en pique-nique sur la plage, avec dégustation d'un bon petit plat local avant de repartir une fois de plus en mer car il serait difficile de s'en lasser. La journée se finit généralement vers 16h avec un retour au point de départ. Les itinéraires sont multiples et les prestataires sont à l'écoute pour adapter votre journée selon vos envies. Impossible de quitter Mayotte sans une sortie en mer... voire deux ou trois !

Kitesurf et wakeboard. La côte découpée de l'île ne permet pas une stabilité des vents propices au kitesurf, cependant Petite-Terre, qui est moins perturbée, s'y prête mieux, ainsi que d'autres spots sur Grande-Terre qui se révèlent fort sympathiques, notamment sur la côte est et dans le sud.

© SERGE MELESAN - ISTOCKPHOTO.COM

Les fonds sous-marins du récif de Mayotte.

Pirogue traditionnelle de pêcheur.

Kayak et paddle. La présence de la barrière de corail confère au lagon la douceur d'un lac, l'idéal pour se promener en kayak ou paddle en admirant les fonds par transparence. Des excursions à la journée ou à la demi-journée en kayak sont possibles, et recommandées, pour se rendre sur les îlots qui bordent la Grande-Terre. L'excursion la plus populaire est bien sûr celle de l'îlot Bandrélé, accessible en une (bonne) trentaine de minutes depuis la plage de Sakouli. A combiner avec un pique-nique et une exploration en palmes-masque-tuba. Côté paddle, la plupart des hôtels côtiers en louent, avec toutefois la consigne de ne pas dépasser une certaine distance par rapport à la côte.

Un bon spot de pêche

Les pêches ancestrales. Depuis toujours, les Mahorais sont des pêcheurs et tirent leur subsistance du lagon. Les femmes pratiquaient, il y a encore quelque temps, la pêche au *djarifa*. C'est désormais interdit. Elles s'installaient alors le long des plages à proximité de la mangrove lors des fortes marées, car les alevins y étaient nombreux. Un groupe de femmes avançaient dans l'eau jusqu'aux hanches et elles déployaient au fond de l'eau un long tissu appelé le *djarifa* qui est le nom de ce tissu ressemblant à une moustiquaire, puis les autres frappaient la surface de l'eau afin d'affoler et de précipiter les alevins dans ce filet.

Les hommes pratiquent plus souvent la pêche à la palangrotte, ils quittent ainsi la terre ferme en début de soirée afin de rejoindre avec leur pirogue à balancier ou avec leurs petites barques à moteur pour les plus aisés le récif barrière extérieur et plongent ainsi une ligne lestée d'une pierre et terminée par un hameçon piqué d'un appât. Les pêcheurs passent ainsi toute la nuit et reviennent tôt le matin afin de vendre leurs poissons dans les villages.

La pêche au gros. Les amateurs de gros, qui se pêche hors du lagon, trouveront de quoi faire à Mayotte, mais il faut savoir qu'il y a très peu de prestataires qui organisent ces sorties. Au leurre, à la palangrotte ou à la traîne, tout est possible ici. L'offre de pêche sportive se développe doucement mais sûrement. Plus accessibles, les carangues, barracudas, thazards, mérous et wahoos côtoient le lagon.

Des randonnées spectaculaires

Mayotte est un formidable terrain d'aventures pour les randonnées. Au milieu d'un des plus grands lagons du monde, l'île fait partie de ces rares endroits ayant su conserver un environnement exceptionnel. La randonnée de jour sur les sentiers ne pose pas de problèmes, même si la végétation peut entraver la marche et vous griffer les mollets. Vous rencontrerez aussi parfois un gué à franchir.

De nombreux sentiers permettent de découvrir la brousse mahoraise dense et luxuriante pour finir par longer les imposants baobabs et bois noirs qui dominent toute la forêt sèche de Maoré. Une mangrove dotée de sept espèces de palétuviers recouvre quasiment toute la côte mahoraise et fait office de nurserie pour les poissons et de filtre pour le lagon. Et souvent, vous pourrez vous rafraîchir à proximité des petites cascades qui parsèment l'île. En bref, Mayotte surprendra les plus lassés et les citadins en mal de nature !

De Mayotte, les beaux points de vue sur l'île et sur Anjouan ne sont pas rares depuis les sommets. Il ne faut pas manquer l'ascension du mont Choungui et celle du mont Bénara, qui constitue la marche la plus difficile de l'île. Puis, un tour le

long du cratère du lac Dziani vous ravira et une incursion en plein cœur de la brousse vous plaira à coup sûr. Partout, des rencontres uniques avec makis, roussettes, drongos et souimangas, des oiseaux endémiques seront autant de souvenirs gravés à jamais dans votre esprit.
Si vous partez en randonnée, n'oubliez pas de prendre les cartes IGN au 1/25 000e, de bonnes chaussures de marche, de l'eau et des biscuits ou des barres énergétiques. Il fait chaud sur l'île, même en hiver on peut attraper des coups de soleil... Les sentiers et le GR (sentier de grande randonnée faisant tout le tour de l'île) ne sont pas toujours très bien entretenus, mais cela fait partie du charme d'une île où la nature garde ses droits, aidée en cela par le climat mahorais de type tropical humide.

Les 13 étapes du GR de Mayotte. Avis aux randonneurs, un chemin de grande randonnée (GR) fait le tour de Mayotte dans le sens inverse des aiguilles d'une montre, tantôt sur les crêtes, tantôt en bord de mer. Il est repéré par une marque rouge et blanche. Les portions ne sont pas toutes entretenues mais des efforts sont en cours pour le réhabiliter. S'il n'existe pas ou peu d'hébergements sur le sentier, il est très facile de s'en éloigner pour rejoindre les villages alentour afin d'y passer la nuit. Etape 1 : de Mamoudzou à Koungou - 10,5 km, 2h45 ; étape 2 : de Koungou à Dzoumogné - 18,8 km, 4h55 ; étape 3 : de Dzoumogné à M'tsamboro - 11,9 km, 4h15 ; étape 4 : de M'tsamboro à Mtsangamouji - 10,8 km, 3h25 ; étape 5 : de Mtsangamouji à Chiconi - 15,7 km, 4h ; étape 6 : de Chiconi à Chirongui - 17 km, 7h30 ; étape 7 : de Chirongui à Dapani - 8,73 km, 2h30 ; étape 8 : de Dapani à Mtsamoudou -- 10,28 km, 3h ; étape 9 : de Mtsamoudou à Bandrélé - 8,32 km, 2h30 ; étape 10 : de Bandrélé à Tsaranoro - 14,8 km, 5h10 ; étape 11 : de Tsaranoro à Vahibéni - 11 km, 4h ; étape 12 : de Vahibéni à Mamouzdou - 10,8 km, 2h40 ; étape 13 : de Dzaoudzi à Pamandzi (Petite-Terre) - 14 km, 3h25.

Sur terre, d'autres possibilités

VTT. Grande-Terre se prête très bien à la pratique du VTT. L'ONF a déjà répertorié près d'une centaine de kilomètres de sentiers, notamment sur la commune de Tsingoni. Les loueurs font cependant encore défaut mais l'office de tourisme de Combani en propose pour des sorties guidées.

Escalade. Les grimpeurs peuvent se réjouir, le département héberge des spécialistes souvent venus dans le cadre d'une mission (professeurs d'EPS). La roche est principalement du basalte (phonolite), la période propice à la pratique reste la saison sèche de mai à octobre. Pour les falaises, rendez-vous à Hagnoundrou qui compte une cinquantaine de voies préparées et à Passi-Keli ; les blocs se trouvent à la plage des Seychelles avec en toile de fond le mont Choungui, à Bouéni, Mouanatrindri et Passi-Keli aussi. Les accès sont parfois difficiles, éviter d'y aller seul, des vols ont été signalés. Il existe un site web entièrement dédié qui référence des dizaines de voies et encore plus de passages blocs sur Mayotte (www.mayotteescalade.org).

Golf. Le seul et unique golf de l'archipel des Comores, le Golf Club Les Ylangs, se trouve à Combani au cœur de l'île. Il est ouvert tous les jours et propose neuf trous qui jalonnent un parcours idyllique, le long des ylangs-ylangs qui vous imprègnent de leur parfum, avec pour spectateurs les lémuriens et les roussettes.

Tennis. Les amateurs de tennis pourront taper la balle jaune à quelques kilomètres au nord de Mamoudzou, dans le complexe du Koropa à Majicavo, où se trouvent un club et plusieurs courts.

DÉCOUVRIR

Au sommet du mont Choungui.

La cascade de Soulou près de Tsingoni.

GASTRONOMIE

Parfois surnommée l'île aux parfums, Mayotte nous promet un voyage culinaire plein de saveurs et de couleurs. Principalement composée de féculents, de légumes et de poisson, la gastronomie mahoraise s'accommode également de viande – bœuf ou poulet principalement – pour les grands événements. Les savoureux poissons et crustacés des lagons sont parfumés avec une foule d'épices et surtout une bonne dose de piment qui rend la cuisine locale parfois un peu corsée pour les novices. Si les desserts mahorais sont peu nombreux, les touristes seront charmés par la diversité des succulents fruits tropicaux gorgés de soleil. Formant l'une des quatre îles de l'archipel des Comores, ce territoire est donc très majoritairement musulman, ce qui influe sur la gastronomie et les habitudes alimentaires des Mahorais qui participent avec ferveur au ramadan et ne consomment en théorie pas de porc et d'alcool, même si dans les faits une certaine souplesse s'applique.

Produits caractéristiques et habitudes alimentaires

Si la cuisine mahoraise fait usage d'un bon nombre d'ingrédients, on retrouve comme produits de base le trio riz-banane-manioc qui compose une grande partie des repas. On compte principalement des mets à base de poissons, de bananes plantains, de riz blanc et de manioc cuit à la vapeur ou frit. La viande, plus chère, est moins consommée. Les brèdes constituent un élément d'accompagnement à part entière. Ce terme assez vague regroupe en réalité tous les légumes-feuilles que l'on consomme dans la région (Réunion, Madagascar, Seychelles, etc.). Citons ainsi les brèdes manioc, mafane, morelle, songe, mourongue, patate douce, citrouille, choux de Chine et ainsi de suite. En zone rurale, elles sont au cœur des repas.

Entourée par les eaux poissonneuses de l'océan Indien, Mayotte fait un usage généreux de poissons et de fruits de mer. Mérou, dorade, poisson perroquet, thon sans oublier plusieurs types de crustacés : crabe, langoustes, crevettes, etc. La viande reste néanmoins appréciée bien que plus coûteuse et donc généralement réservée aux grands événements. On consommera ainsi du poulet, du zébu et de la chèvre principalement. Islam oblige, le porc est quasiment introuvable sur l'île en dehors des grands hôtels. La viande de brousse reste traditionnellement un produit apprécié. Citons par exemple la tortue de mer qui, malgré une protection nationale, souffre du braconnage. La roussette – une espèce de chauve-souris – et le tenrec, une sorte de hérisson local, sont parfois cuisinés bien que ces espèces soient également protégées. Vous l'aurez compris, par souci environnemental évitez ce genre d'aliments.

La cuisine mahoraise emploie une riche quantité d'épices : cumin, coriandre, cardamome, poivre, clou de girofle, cannelle, laurier-sauce et autre fenugrec qui rentrent dans la composition du massalé, le mélange emblématique de cette région. Les plats sont généralement accompagnés de condiments, le plus commun étant le putu, une sauce très piquante à base de piment rouge ou vert, de tomate, d'oignon et de citron, servie à chaque repas pour rehausser le goût des plats. Palais sensibles s'abstenir. Mayotte est aussi connue pour le sel de Bandrélé, produit dans le sud-ouest de l'île.

La noix de coco est également un aliment important dans la région et le cocotier a bien des utilisations. L'amande peut se consommer à l'état frais et l'on peut la faire sécher (coprah) pour en extraire de l'huile. Le lait, à ne pas confondre avec l'eau de coco rafraîchissante, s'obtient en râpant la chair et en la pressant. Riche en sels minéraux et en protéines, il entre dans la composition de nombreux plats, du poisson cru aux glaces, en passant par les gâteaux et le nougat. La coque, enfin, est utilisée comme récipient le plus souvent. Par l'incision de l'inflorescence, on obtient une sève qui sert à la fabrication de boissons alcoolisées.

© SBOSSERT - ISTOCKPHOTO.COM

Enfin, le bourgeon terminal se consomme frais. Haché finement, il ressemble au cœur de palmiste frais, en salade de chou coco. Le cocotier peut ainsi donner jusqu'à 60 noix par an. Terminons par les fruits, évidemment nombreux dans cette île généreuse, surtout pendant la saison des pluies. Mangues, bananes, litchis, corossols, pommes cannelle, goyaves, ananas, etc.

Côté restauration, impossible de rater ce que les Mahorais appellent les mamas brochettis. Ces cuisinières vous servent, à chaque coin de rue dans les villages, de délicieuses brochettes de zébu grillées sur place, accompagnées de bananes et maniocs frits. Elles sont malheureusement en sursis avec la départementalisation qui imposerait des normes sanitaires les condamnant. En saison d'hiver, elles vous proposeront du maïs grillé.

Le pique-nique sur la plage (voulé) est également une excellente occasion tant pour rencontrer la population locale que pour déguster de bonnes brochettes ou poissons grillés. A Mayotte, certains prestataires peuvent organiser votre pique-nique pour la journée, lors des sorties en mer ou randos à Sasilé. Sinon on peut trouver quelques spécialités locales et autres snacks dans les boulangeries et les marchés, sans oublier des en-cas plus classiques : pizzas, sandwichs.

On compte beaucoup de restaurants à proprement parler proposant de la cuisine française ou mahoraise. Ils fonctionnent grâce au tourisme et surtout à la présence de nombreux fonctionnaires métropolitains. Nombreux en Petite-Terre et à Mamoudzou, ils le sont de moins en moins à mesure que l'on s'éloigne de la ville. De manière générale, les grands hôtels ont souvent aussi les meilleures tables.

Les classiques de la cuisine mahoraise

Riz, légumes et féculents jouent un rôle important dans la gastronomie locale. À Mayotte, les brèdes sont souvent consommées le soir, pour faciliter la digestion et le transit. D'ailleurs sur cette île, on les retrouve aussi sous le nom de féliki. Par exemple: brède manioc/féliki mhoguo, brède patate douce/féliki batata ou brède moringa/féliki mvoungué. Le **mataba** est composé de brèdes de manioc mijotées dans du lait de coco. La préparation est longue en raison de la nécessité de piler les brèdes au mortier et au pilon. Ce plat est donc généralement proposé lors de cérémonies, mais rarement au menu quotidien. Cela ressemble à nos épinards à la crème en plus digeste. Le **romazava** est le plat national de Madagascar, mais on le cuisine aussi à Mayotte et aux Comores. C'est un ragoût de viande dans lequel ont mijoté des brèdes mafanes, le tout étant garni de zébu ou de bœuf – parfois du poulet ou du poisson – parfumé avec divers condiments: oignon, tomate, ail, gingembre, etc. Le **matsidza** est du riz bouilli dans de l'eau ou du lait de coco. Véritable plat de base, il est servi généralement pour des grands repas notamment lors d'événements importants. On y ajoute du lait caillé quand il est préparé pour les enfants. C'est un plat absolument obligatoire lors des cérémonies telles que la circoncision, le debbah, le maoulida, le Grand Mariage et le deuil dans le village. Le **pilao** est également un plat de fête à base de riz dans lequel on trouve de la viande en morceaux et de nombreuses épices comme de la cardamome, du girofle, du poivre, de la cannelle, etc. Son nom vient du turc pilav ou du persan polow et désigne donc la technique de cuisine du riz par évaporation, importé dans la région par les marchands arabes, perses et

Brochettes de zébu.

© FANFO - SHUTTERSTOCK.COM

Romazava.

ottomans. C'est un plat prestigieux et complet parfois servi dans certains restaurants locaux.

La **kakamoku** est une soupe à base de poissons, de tomates, de citron et de piment, très consommée durant la période du ramadan ou pour les grands événements. Les Mahorais favorisent la dorade rouge ou le vivaneau. La tête du poisson serait la partie la plus prisée et la plus savoureuse. Le **kangué** est un plat à base de viande de bœuf avec de l'oignon, que l'on laisse mijoter avec le jus naturel de la viande, sans le moindre ajout d'eau jusqu'à ce que la viande soit fondante. Enfin le **mtsolola** est un ragoût de banane plantain, de manioc, de bœuf ou de poulet ou parfois de poisson, garni de tomate et de citron. Les amoureux de fruits de mer se régaleront de **pwedza putu**, du poulpe que l'on fait mijoter dans un riche sauce au piment.

Le terme *firiri* s'applique aux aliments frits comme la banane, le manioc, mais aussi à la viande comme dans le **firiri mabawa**, des ailes de poulet marinées avec de l'oignon et du sel puis frites. L'expression *bata-bata* désigne un aliment cuit dans de l'eau salée. Cela concerne plusieurs produits mais on parle en général des bananes vertes, du manioc ou des fruits à pain. Les bananes vertes sont utilisées ici comme légumes. Il existe plus d'une trentaine de bananiers différents sur l'île, dont une dizaine de bananes à cuisiner. A ne pas confondre avec la banane classique, fruit qui est peu utilisé dans l'alimentation mahoraise.

Le **tchari** est le terme local pour ce que les Réunionnais appellent « achards ». Ces sortes de mélanges épicées de légumes ou de fruits sont préservées dans une saumure vinaigrée. Les haricots verts, le chou, la carotte, le citron et la mangue constituent la base de nombreuses recettes de tchari. A Mayotte on retrouve également une variante très populaire à base de tomates ou de papaye verte au tamarin, cuit avec des oignons, du poivre et du cumin. Le **tchari ya drimou** se prépare avec des tranches de citron et du piment. Sans oublier le **rougail**, ici un mélange cru de tomate, d'oignon et de piment.

Desserts et boissons

On retrouve assez peu de desserts mahorais traditionnels. Citons néanmoins le **makarara**, un gâteau de fête que l'on prépare pour diverses cérémonies, à base de farine et de lait de coco. La pâte obtenue est étalée puis cuite sur une poêle dans de l'huile chaude en ayant pris soin de plier la pâte pour en faire de nombreux bourrelets. Le **haloua** est une sorte de nougat contenant souvent des fruits secs, dont le nom fait référence au halwa indien. Sinon bien sûr on se régalera des délicieux fruits tropicaux qui abondent sur l'île.

Côté boisson l'alcool n'est en principe pas interdit, bien que selon les préceptes du Coran, les musulmans n'ont pas le droit d'en consommer. La modération est généralement le comportement le plus fréquent. A Mayotte, vous trouverez des bières françaises, belges ou européennes, comme la 1664 ou la Heineken, ou bien la Castel d'importation sud-africaine, et l'on peut même demander une pression dans certains bars.

La plupart des autres alcools se trouvent à la vente dans les magasins : whiskys, pastis, rhums, vodkas. Certains bars servent aussi du rhum arrangé, d'origine réunionnaise qui est le plus souvent laissé à macérer avec des fruits tropicaux, de la vanille ou d'autres épices. Le choix est un peu plus limité en vins et les tarifs sont assez élevés. Néanmoins, tous les restaurants dignes de ce nom proposeront des vins principalement français, voire d'Afrique du Sud, pour accompagner les plats. Certains établissements ont même des caves de qualité tout à fait honorable.

AGENDA

Le touriste non informé pourrait penser que Mayotte est bien silencieuse le soir venu, mais il aurait tort : de nombreuses activités et soirées sont organisées par les bars, hôtels, restaurants et clubs tout au long de l'année. Reste à savoir comment trouver l'information. Fort heureusement, la page Facebook What's up Mayotte se charge de répertorier les différents événements se déroulant sur l'île, de la sortie nature aux soirées clubbing en passant par les conférences thématiques. Depuis 2021, le Centre Culturel de Chirongui a également dynamisé la vie nocturne du sud-ouest de l'île avec des concerts et spectacles variés. Enfin, parmi les événements récurrents non répertoriés ci-après, on trouve les samedis du Muma : le dernier samedi de chaque mois, le Muma organise des ateliers, des animations et des rencontres avec un professionnel ; et le même jour, le marché artisanal M'bweneso a lieu à Mamoudzou devant le Comité du Tourisme.

TRAIL IN THE CITY

MAMOUDZOU

Début d'année, inscription payante.

A Mayotte comme sur l'île voisine, la Réunion, le trail est devenu bien plus qu'un sport, il est fédérateur et hautement addictif et semble toucher chaque année une plus grande part de la population. Premier événement sportif de l'année, le Trail in the City est une course de 15 km au départ de Mamoudzou. Le dénivelé positif est de 350 m, ce qui permet aux aficionados de la compétition de bien commencer l'année. A vos baskets ! Il est généralement accompagné d'une « walk in the city » ou « marche des bouénis », plus douce pour les marcheurs.

BATTLE OF THE YEAR [BOTY]

Mars.

Événement incontournable à Mayotte, le Battle of the Year est l'épreuve de sélection qui permet à une équipe de hip-hop de s'envoler pour Montpellier et participer à la grande finale nationale et internationale du même nom. Les qualifications ont lieu en mars au moment du festival Hip-hop Évolution. En général environ treize crews s'affrontent, venus des quatre coins de l'île. Un vrai défi pour les jeunes et une belle opportunité pour faire rayonner les talents de l'île.

PRINTEMPS DES POÈTES DE MAYOTTE

www.printempsdespoetes.com

Mars.

Le Printemps des poètes est un événement littéraire international auquel participent chaque année les élèves de Mayotte. Pour l'occasion des concerts, spectacles, rencontres et ateliers d'écriture ou de lecture ont lieu dans les MJC ou les bibliothèques de l'île. L'office de tourisme de Mamoudzou propose également des expositions des productions collectives poétiques et plastiques, une visite originale. En 2022 le thème est « L'éphémère », à vos plumes !

FESTIVAL DU LAGON

Avril. Le festival a lieu sur la place de la République de Mamoudzou.

Lancé en 2018, ce festival régional porté par le Conseil Général et le Comité du Tourisme est une rencontre entre les acteurs touristiques et le public sur le thème du lagon. Au programme : animations, conférences, projections, initiations et démonstrations, mais aussi dégustations. L'objectif est de sensibiliser au patrimoine naturel et culturel de l'île. Le festival s'inscrit dans le programme d'événementiels des îles Vanille (Mayotte, Madagascar, La Réunion, Maurice, les Comores et les Seychelles) qui seront elles aussi représentées pendant l'événement.

YELEWA JAZZ FESTIVAL

✆ 06 39 62 77 18

Entre avril et mai.

Le Saison Jazz Festival ou « Yelewa » réunit artistes professionnels ou amateurs sur quatre soirées, ce festival est avant tout une rencontre autour d'une passion commune, celle de la musique et du jazz plus particulièrement. Accueil d'artistes régionaux et internationaux. La sixième édition qui devait se dérouler en juin 2020 n'a malheureusement pas pu être maintenue, tout comme celle de 2021. Nous leur souhaitons de pouvoir continuer en 2022. Dans l'attente de soirées, événements, rencontres et cafés sont programmés partout sur l'île.

FESTIVAL DE L'IMAGE SOUS-MARINE DE MAYOTTE

✆ 06 39 208 208

Sur 4 jours, fin mai. Sur le parvis du Comité de Tourisme de Mayotte.

Ce festival coordonné jusqu'en 2020 par Jack Passe, apnéiste reconnu dans le monde de la plongée, attire de plus en plus de monde et fêtera ses 27 ans du 26 au 29 mai 2022 (report de l'édition 2021 annulée à cause du covid). Plusieurs concours sont ouverts à tous : meilleure photo, meilleur film et meilleure musique. Le tout en lien avec la mer, bien sûr. Les inscriptions sont ouvertes jusqu'en mai. La restitution est accompagnée de projections de films en plein air.

FESTIVAL DES ARTS TRADITIONNELS DE MAYOTTE (FATMA)

MAMOUDZOU

Chaque année entre le 27 et 29 avril.

Le Fatma est couplé avec la commémoration de l'abolition de l'esclavage, initiée par Victor Schœlcher qui a fait voter la loi le 27 avril 1848. Au programme des expositions d'objets artisanaux et d'instruments traditionnels, concerts, conférences, chants et danses pour promouvoir la culture et les traditions mahoraises tel que le culte des Djinns issus des traditions sakalava. Ce festival multi-couleurs est un véritable musée vivant, il se clôture avec un Carnaval le troisième jour.

JOURNÉE MONDIALE DES OCÉANS

BANDRÉLÉ

✆ 0269 60 73 65

www.aires-marines.fr

Juin. Le Parc naturel marin de Mayotte et l'association Les Naturalistes proposent des activités liées à la mer.

Initiée par l'ONU, cette Journée mondiale des océans change de thème chaque année et réunit dans le monde des milliers de personnes sensibles à notre planète, une belle célébration de la beauté et la richesse de l'océan. A Mayotte, différentes activités sont proposées : animation sur les déchets, randonnée subaquatique, atelier de découverte et de préservation des tortues, canoë-kayak et des baptêmes de plongée. Le thème de 2022 est « Une seule Terre ».

FEST'KARAM

BANDRÉLÉ

Mi-mai.

Organisé par le restaurant M'Haju à Musical Plage, le Fest'Karam est un événement festif qui a pour but de mettre en lumière le sud de l'île aux parfums. Au programme : gastronomie mahoraise (« karam » signifie « marmite »), animations, stands, balades à poney, spectacles pour enfants. Musical Plage oblige : le festival est ponctué de concerts d'artistes locaux, l'idéal pour découvrir la scène musicale mahoraise. Plus tard dans la soirée, ce sont les DJ qui prennent le relais pour faire danser les spectateurs jusqu'au petit jour.

COURSE DE PNEUS

MAMOUDZOU

Tous les ans soit le dernier samedi de juin soit le premier samedi de juillet.

La célèbre course de pneus initiée par le prof Jack Passe il y a plus de 30 ans à Mamoudzou est l'une des belles manifestations de l'année. « La Formule 1 de Mayotte » réunit tous les jeunes à travers les rues de la ville en poussant un pneu grâce à deux bâtons, le parcours de 2,5 kilomètres relie désormais Cavani à Mamoudzou. Elle a fait partie pendant 10 ans des épreuves facultatives d'EPS au Bac. Plus de 1 000 participants au départ de plusieurs courses (filles, adultes, enfants, etc.). Demandez à essayer, ce n'est pas si facile !

FESTIVAL DJABAL TOUR

ACOUA

Tout au long de l'été.

Ce festival annuel du village d'Acoua qui tire son nom du Boungou Djabal, le sommet qui domine la ville, s'étend sur plusieurs mois avec plusieurs animations : la course de Gari kakazou en mai, petite voiturette en bois à monter soi-même, suivie de l'élection de Miss Djabal en juillet, pour finir en août avec un marché paysan nocturne et quatre randonnées guidées et, apogée du festival, la Nuit du Djabal Tour, un grand concert sur le terrain de foot du village qui accueille les grands noms de la musique locale et des artistes internationaux.

ELECTION DE MISS MAYOTTE

Fin août.

L'événement « beauté » que tout le monde attend. Mayotte adore les miss et en élit en réalité plusieurs tout au long de l'année, dans des catégories différentes. C'est toutefois cette Miss Mayotte qui représentera le département aux élections de Miss France. Frank Servel, le coiffeur de l'île, également délégué régional de la société Miss France, fait un gros travail de sélection, de suivi et d'accompagnement tout au long de l'année. En 2021, c'est Anna Ousseni originaire de Sada qui est l'heureuse élue, elle a représenté l'île pour le concours Miss France 2022.

FESTIVAL CULTUREL DE MAMOUDZOU (FESCUMA)

MAMOUDZOU

✆ 0269 63 91 00

Dernière semaine de juillet.

Le festival est organisé par la Direction de la Communication de la mairie de Mamoudzou. Il a lieu sur la place de l'Ancien Marché et sur la place de la République. Au programme, festivités traditionnelles (moulidi, chigoma, m'biwi), variétés locales, et des groupes de l'océan Indien. L'objectif de la ville est de tisser du lien entre les générations et offrir un espace de création et de production aux jeunes talents. Un moment convivial et festif.

FESTIVAL INTERCULTUREL DE MAYOTTE (FIM)

Fin août ou début septembre. Créé par l'ancien directeur du service culturel, Ismaël Kordjee.

Soutenu par le conseil général, le festival qui commence par un grand défilé costumé permet de valoriser les jeunes artistes locaux et de recevoir pendant trois jours des artistes de La Réunion, des Comores, de Madagascar, mais aussi de l'Afrique australe, du Kenya et du Mozambique. Côté musique, au programme du *M'godro* dans sa version *Gabusa* et électrique mais aussi du reggae et du rap. C'est l'heure pour les différentes générations de se retrouver.

MISS SALOUVA MAYOTTE

✆ 06 39 20 17 88

Début août.

Créé en 2009 à Cavani de manière assez confidentielle, l'événement a pris de l'ampleur. C'est aujourd'hui une vraie élection avec une belle organisation, programmée quelques semaines avant le concours Miss Mayotte. Miss Salouva permet de valoriser et sauvegarder le patrimoine culturel à travers la création de prêt-à-porter traditionnel et la beauté des Bouénis. Plus qu'un habit, le salouva est un enjeu de transmission pour les jeunes générations. En février a également lieu le concours « Le salouva vous va si bien » à Mamoudzou, à ne pas manquer.

TRAIL DU CENTRE

SOHOA

www.villedechiconi.fr

Programmation variable.

La quatrième édition du trail du centre a eu lieu le 7 septembre 2021, un événement organisé par Association Zazatsara Athlétique Junior désormais annuel pour les sportifs. Au départ de la plage de Sohoa, qui est aussi l'arrivée, les coureurs suivent un parcours de 15 km. Les trois premiers hommes et les trois premières femmes sont récompensés. Une option randonnée est généralement disponible pour ceux qui ne se sentent pas encore prêts pour la course. La page Facebook du Trail relaie toutes les informations sur les courses et marches de l'île.

SALON DU TOURISME ET DES LOISIRS DE MAYOTTE

MAMOUDZOU

✆ 0269 61 09 09

www.mayotte-tourisme.com

Sur deux ou trois jours en septembre-octobre.

De l'artisanat à la gastronomie en passant par les opérateurs touristiques, c'est l'occasion de découvrir une myriade de produits : des broderies, sculptures, bijoux en argent, plats typiques comme le *Romazava* ou le *M'Tsolola*, des jus et des pâtes de fruits. On rencontre les hôteliers, les loueurs, les institutionnels et le tissu associatif, les responsables des centres de plongée et les opérateurs nautiques locaux. Sur la Place de la République, des danses et des chants folkloriques.

FESTIVAL MILATSIKA

CHICONI

✆ 0269 62 06 36

www.festivalmilatsika.com

Mi-octobre. Entrée 10 €.

M*ila Tsika* signifie « Notre culture » en shimaoré. Depuis 2007, c'est LE festival où la musique de l'océan Indien est à l'honneur pendant deux jours. Rendez-vous à Chiconi, ville réputée pour ses musiciens, pour des nuits colorées. Chaque édition met en valeur des artistes de Mayotte, Madagascar, La Réunion, la métropole ou encore internationaux. En 2021, l'édition a duré 3 jours avec des artistes de Mayotte, de métropole, de Côte d'Ivoire et de La Réunion aux consonances hip-hop, reggae, mgodro, rock ou encore musique du monde.

CULTURE BAR-BAR

MAMOUDZOU

✆ 06 39 09 01 30

Dernière semaine de novembre, trois jours de festivités au M'biwi, la Guinguette, Barakili et le Faré sur Petite Terre.

L'équipe des Tontons Bringueurs représentée par les gérants des bars M'Biwi et Barakili a choisi de promouvoir les formes libres de cultures émergentes et alternatives. Né à Nantes, le festival s'est exporté à Mayotte (mais aussi à Rennes, Metz Toulouse, Poitiers, Lille et Saint-Nazaire en 2021), il a un peu baissé la voilure depuis 2016, mais continue d'être animé par Pascal, Franck et Vincent qui ne manquent pas de présenter des scènes musicales de qualité. Nous espérons qu'il survivra à la pandémie de Covid-19 pour les prochaines années.

FESTIVAL DU GESTE ET DES SAVOIR-FAIRE

CHICONI

✆ 06 39 69 64 51

www.villedechiconi.fr

Mi-novembre, de 8h à 17h. Le festival se passe sur une journée, sur le front de mer.

Cinq éditions ont déjà eu lieu dans la ville de Chiconi sur le front de mer, un beau projet à encourager qui permet de promouvoir les activités et les savoir-faire manuels des artisans, c'est aussi une façon festive de sensibiliser les jeunes à la création. Au programme : atelier de forgerie, ferronnerie, vannerie, broderie, tissage, sculpture sur bois, peinture sur toile, sel de Bandrélé, poterie, massage et maquillage traditionnels et d'autres activités.

PETITE-TERRE

A Mayotte, l'arrivée en avion ne se fait pas dans la ville principale mais sur Petite-Terre, la plus petite des deux îles. Étendue sur 11 km² en forme de triangle – ou de raie manta –, elle abrite sept plages, un record ! D'origine volcanique et appuyé sur sa barrière corallienne, l'îlot présente un relief calme. A sa pointe sud : l'aéroport qui s'avance sur la mer, à sa pointe nord : la plage des Badamiers avec son tombant, ses piscines et sa magnifique randonnée. La route nationale qui part de l'aéroport traverse successivement les deux seules communes de Petite-Terre, Pamandzi et Dzaoudzi-Labattoir, avant de rejoindre les quais de la barge qui vous emmènera jusqu'à Grande-Terre. Beaucoup de métropolitains expatriés à Mayotte font le choix d'habiter sur Petite-Terre et d'emprunter tous les matins la barge pour se rendre au travail sur Grande-Terre. Les 15 minutes de trajet à scruter la mer sont beaucoup plus agréables que le métro...

Lac
Dziani
Plage de Moya
D10
D9
LABATTOIR ★★
Kakazou
Vatou
Rocher de
Dzaoudzi
N4
Plage du Faré

Océan Indien
N4
PAMANDZI ★★
Bahoni Cimetières
450 M
Petite-Terre

PAMANDZI-LABATTOIR ★★

Petite-Terre compte deux communes, Pamandzi et Dzaoudzi/Labattoir. Les deux quartiers sont séparés de Dzaoudzi par le long boulevard des Crabes (Nationale 4). Le rond-point du Four à Chaux est un point névralgique, en venant de Dzaoudzi le quartier de Labattoir se trouve en montant sur la gauche et celui de Pamandzi en continuant à droite sur la Nationale 4.

▶ **Pamandzi.** La commune s'étend sur 4 km^2 et compte 11 400 habitants depuis le dernier recensement, soit une densité de population de plus de 2 850 habitants par km^2 ! La commune a la particularité de n'être composée que d'une seule ville, point de passage obligé puisque c'est là que se trouve l'aéroport. C'est aussi la ville de Zéna M'Déré qui fut la figure emblématique du commando des Chatouilleuses qui lutta d'une façon très originale pour le rattachement de Mayotte à la France. Station-essence.

▶ **Labattoir.** C'est la troisième ville de Mayotte, elle compte environ 15 000 habitants. Un grand centre commercial fournit toute l'île. La rue du Commerce est… la plus commerçante. C'est là que vous ferez des affaires : pour ramener de superbes tissus ou bijoux locaux, il y a plusieurs magasins d'artisanat. Dans cette rue justement, l'épicerie de Rama s'anime le soir à l'heure de l'apéro, quand les Mahorais amateurs d'alcool viennent chercher une bouteille qu'ils cachent dans un sac ou consomment sur place en gardant un œil sur les gens qui entrent. C'est aussi la rue la plus animée de l'île. C'est de Labattoir que partent les routes pour gagner le lac Dziani, les Badamiers et les plages de Moya.

Transports

Il est très facile de circuler sur Petite-Terre même sans louer de voiture.

▶ **En vélo,** la solution la plus simple, mais personne ne songe à en louer, pourquoi ? Le relief est plat et la densité de circulation est faible, c'est l'idéal.

▶ **A pied,** on peut aussi marcher puisqu'on traverse l'île en moins d'une heure.

▶ **En taxi.** La meilleure solution pour se déplacer à Petite-Terre, c'est bien sûr les taxis-ville. La course est fixée à 1,60 € par personne, 2,40 € la nuit, le dimanche et les jours fériés, ça ne coûte pas cher et c'est pratique. Les taxis passent souvent et connaissent toutes les directions. Ils sont présents à tous les départs et arrivées d'avion ou de barge. Même forfait pour les plages des Badamiers et de Moya (3,60 € la nuit, le dimanche et les jours fériés).

BALADE ENTRE LES PLAGES DES BADAMIERS ET PAPANI

Durée : 2h aller-retour. Difficulté : facile. Départ : plage des Badamiers.

Le départ se fait de la plage des Badamiers (très belle au coucher du soleil) et suit la côte jusqu'à la plage déserte de Papani (idéale le matin), en passant par la discrète plage de Poudjou, Une balade à faire en famille, mais uniquement à marée basse. Tout au long de la côte, vous découvrirez des bassins et piscines naturelles avec poissons et étoiles de mer, des phénomènes géologiques, maars et autres coulées de lave sur la barrière de corail entre lagon et océan Indien.

CIMETIÈRE DE SANDAVANGEU

En venant de l'aéroport, avant la station-service, vous passerez devant le cimetière chrétien ombragé par de très beaux frangipaniers où reposent des soldats du corps expéditionnaire de Madagascar. Vous verrez quelques tombeaux de gouverneurs de l'île et la tombe d'Henry de Balzac, frère cadet d'Honoré, ainsi que le carré bien entretenu de la Légion étrangère. Pour voir des tombes plus anciennes, direction le site de Bagamoyo (boulevard des Crabes) où la marée basse laisse entrevoir des tombes musulmanes du Xe au XIIIe siècle.

PASSE EN « S » DE LONGOGORI ★★★

La passe en « S », ou passe de Longogori, partage les récifs de corail d'Hajangoua et Pamandzi, sur une longueur d'environ 4 km. Apparue il y a plus de 20 000 ans lors de la dernière glaciation, la passe a pour origine le lit d'une rivière, ce qui explique sa forme sinueuse qui lui a donné son nom de Longogori (chemin sinueux).

La réserve, créée en 1990, possède des fonds d'une exceptionnelle beauté et d'une grande diversité, et est un site privilégié pour les plongeurs et photographes.

Pamandzi, Petite-Terre.

CONSIGNES D'OBSERVATION DES TORTUES MARINES DE MAYOTTE

L'observation est soumise à des conditions ; veuillez-vous adresser aux gardes (présents surtout à Moya actuellement) ou privilégiez l'observation encadrée par un guide, afin de ne pas porter atteinte à leur intégrité physique, ni à leur tranquillité. Ainsi, en respectant ces consignes, vous contribuez à protéger les tortues marines et leurs sites de ponte.

- Avant la sortie de l'eau. Les tortues sont sensibles aux mouvements et à la lumière. Il faut donc être très discret, sinon elles ne monteront pas. Portez des vêtements sombres, ne marchez pas au bord de l'eau et n'utilisez pas d'éclairage (lampes torches, feu). Il faut être silencieux, calme et surtout patient !

- A la sortie de l'eau. Il s'agit d'une période critique, car au moindre dérangement (lumière, mouvement, bruit), la tortue peut retourner précipitamment à l'eau. Il ne faut surtout pas bouger et attendre patiemment.

- Pendant la préparation du nid. La recherche du lieu de ponte et la préparation du nid peuvent durer plus d'une heure pendant laquelle s'entendent des projections de sable. La tortue creuse 2 trous : une cavité corporelle (fortes projections de sable) et ensuite un puits de ponte (faibles projections). Pendant ces 2 phases, il ne faut surtout pas s'approcher de face, ni éclairer, mais rester derrière à plus de 5 m, car la tortue peut retourner à la mer. C'est seulement à la fin du creusement du puits que vous pourrez vous approcher discrètement et uniquement lorsque vous n'entendrez plus de faibles projections de sable pendant au moins 5 minutes.

- Pendant la ponte. Le début de la ponte est encore une période délicate. C'est la phase la plus spectaculaire. En silence, vous pourrez approcher par l'arrière et observer la ponte en éclairant très discrètement avec une lampe à lumière rouge. N'essayez jamais de toucher les œufs, ni la tortue.

- Pendant le recouvrement et le retour à la mer. Même si elle a fini de pondre, la tortue reste sensible à la présence de l'homme. Restez discret et derrière elle pendant le recouvrement du nid et pendant le retour à la mer. Là encore, n'utilisez pas les torches ou le flash qui risquent d'effrayer d'autres tortues susceptibles de sortir de l'eau.

- La naissance des petits et l'émergence. Si vous avez la chance d'observer ce moment magique, sachez que vous pouvez compromettre la capacité des petites tortues à trouver le chemin de l'océan. Ne les prenez pas dans vos mains, car le frottement du sable sur leur ventre est nécessaire à leur survie. Placez-vous derrière elles, sans source de lumière (elles sont très sensibles) pour ne pas les désorienter.

Il est interdit

De perturber, toucher, capturer, mutiler, détruire, utiliser, détenir, colporter, vendre ou acheter des tortues marines (qu'elles soient vivantes ou mortes, sous l'eau et sur terre). De détruire les nids ou prélever les œufs (pas de fouille du sable).

Recommandations

La réglementation actuelle s'efforce de diminuer les pressions exercées sur les tortues et leur environnement (braconnage, urbanisation du littoral, envasement des herbiers et pollution du milieu). Une fréquentation inadaptée des plages peut également porter atteinte aux animaux et modifier leurs comportements. Les visiteurs doivent donc appliquer quelques recommandations pour protéger les tortues marines et leurs sites de ponte.

- Ne pas couper de bois afin de préserver la végétation d'arrière-plage et le camouflage naturel des sites recherchés par les tortues.

- Ne pas faire de feu sur la plage ou dans les bois. Utiliser les emplacements prévus à cet effet (barbecue).

- Prévenir l'observatoire des tortues marines (Conseil Départemental) pour observer en groupe à Moya, évitant ainsi de concentrer les visiteurs sur une même plage et permettant d'évaluer la fréquentation sur le site.

- Ramener tous les déchets en prévoyant un sac pour les ramasser.

- Les animaux de compagnie sont formellement interdits, car ils peuvent déranger ou blesser les tortues et déterrer les œufs.

- Dans l'eau, ne pas les poursuivre, les toucher ou les manipuler.

Prévenir le REMMAT (06 39 69 41 41) en cas de découverte de tortue braconnée, en détresse ou morte (le transport en est strictement interdit). Ce réseau s'occupe également des dauphins et dugongs. 33 bis, boulevard des Crabes DZAOUDZI - 06 39 66 77 06.

PLAGE DE PETIT MOYA ★★★

Pas de panneau, deux accès possibles : par la centrale de traitement de l'eau salée, et à l'extrémité de l'aéroport.

La plage de Petit Moya est, comme sa grande sœur, plus agréable le matin, lorsque le soleil lui fait face et dore les touristes. Peu fréquentée en semaine, c'est un spot de ponte et d'émergence de tortues, attention donc à ne pas les déranger. Autre curiosité : on peut voir les avions décoller, l'aéroport n'est qu'à quelques mètres, cependant pas de panique pour votre tranquillité, les vols ne sont pas légion sur l'île. A marée basse, possibilité d'accéder à pied au tombant des aviateurs, un spot très apprécié des plongeurs.

PLAGES DE MOYA ★★★

Pour y accéder en voiture, suivez les panneaux depuis Labattoir qui indiquent Moya et la Vigie. A gauche à la fourche.

Sur le parking se trouvent quelques kiosques pour pique-niquer et une maison de l'office de protection des forêts. C'est une plage assez fréquentée, surtout le week-end. En revanche, essayez de consulter les horaires des marées avant de venir sur Moya, car comme elle est située sur le platier, si la marée est très basse, vous risquez de ne pas pouvoir nager. Mais Moya est surtout réputée pour la ponte de ses tortues. Malheureusement, le braconnage est encore présent. C'est la raison pour laquelle des patrouilles se relaient afin d'éviter les saccages. Les tortues sont souvent là à la tombée de la nuit, un soir de petite lune et à marée haute. Officiellement la plage ferme à 18h pour respecter la tranquillité des tortues, le gardien veille. Si vous souhaitez assister à des pontes, il faut passer par l'association Oulanga Na Nyamba qui organise des sorties de nuit régulièrement. Si vous avez toutefois la chance d'en apercevoir en journée, notamment des émergences de bébés rejoignant la mer, respectez les consignes de la charte d'approche (soyez discret, ne touchez rien, évitez de faire trop de bruit et pas de lampes…). Il peut être tentant de vouloir aider les petites tortues à atteindre la mer en les prenant dans vos mains pour leur faciliter la tâche, mais cela leur portera préjudice sur le long terme : c'est en rampant sur le sable alors que leur ventre est encore mou que tortues s'imprègnent de la granulométrie du sable, qui leur permettra de reconnaître la plage et de revenir y pondre tout au long de leur vie.

POINT DE VUE SUR LE LAC DZIANI ★★★

Durée : 1h à 1h30, facile. Direction de Labattoir puis celle des Badamiers. Le sentier débute dans un grand virage.

Une balade à ne pas rater. Principale curiosité naturelle de l'île, le lac Dziani ou Dziani Dzaha (en shimaore) a pour originalité d'être vert émeraude. Sa couleur exceptionnelle est due au soufre qu'il contient. On peut aller en taxi jusqu'au début du sentier et monter au cratère en quelques minutes. Evitez d'y aller lorsqu'il a plu, le terrain y est alors très glissant. Arrivé en haut, on se laisse transporter ailleurs, et, pourquoi pas, au Vietnam, en contemplant le lac et son eau sulfureuse, avec le lagon bleu en fond. Ce lac se trouve dans un cratère effondré et témoigne du volcanisme qui a fait surgir Mayotte du fond de l'océan Indien. C'est selon les Mahorais, un lieu sacré où l'on vient pour des cérémonies. On peut en faire le tour en une heure environ, mais prévoyez de l'eau, car cette balade n'est pas du tout ombragée. En suivant le petit sentier qui le contourne, il y a des points de vue sur Grande-Terre, Mamoudzou, puis le récif-barrière extérieur. Faites le tour pour trouver par la suite une pancarte qui vous indiquera le sentier qui mène à la plage de Papani, d'accès assez difficile, seulement à marée basse, ou plus simplement à la superbe plage de Moya.

▶ **Le lac Dziani** est une curiosité qui anime de plus en plus la communauté scientifique. Une équipe de Montpellier a révélé que la composition de l'eau est semblable aux océans d'il y a 3 milliards d'années, elle contiendrait 100 fois plus de carbone inorganique que l'eau de mer.

LA PISTE

La piste de l'aéroport de Pamandzi est un thème majeur et récurrent de l'actualité à Mayotte. Aujourd'hui encore, Mayotte reçoit quinze fois moins de touristes que la Réunion, et parmi ces visiteurs beaucoup sont réunionnais. La taille de la piste est un problème qui est au cœur de tous les discours politiques, l'enjeu est de taille et crucial pour l'avenir de Mayotte. Ces quelques centaines de mètres de béton sont en effet déterminants dans l'économie de Mayotte. En effet, de Paris, pour la même distance que Los Angeles (à partir de 300 € aller-retour), il faut aujourd'hui débourser en moyenne 950 € pour se rendre à Mayotte depuis la capitale, en passant le plus souvent par la Réunion, le Kenya ou Madagascar malgré la ligne directe, ce qui mène à une durée totale de voyage d'au moins dix à douze heures. Trop courte, la piste ne permet pas le décollage de certains longs-courriers pour l'Europe. Elle mesure 1 930 m alors qu'elle devrait en faire a minima 2 500 m. S'ils peuvent atterrir aujourd'hui, ils ne peuvent décoller à pleine charge de carburant pour un vol direct vers Paris. Les Mahorais ont l'espoir d'obtenir la validation du projet de la fameuse piste convergente qui aurait aidé au désenclavement et ouvert le ciel d'Hippocampe aux touristes qui bénéficieraient de billets moins chers ! Le projet faramineux d'extension ou de création d'une piste secondaire doit répondre à un impératif de taille : être construit sur la mer tout en limitant l'impact sur l'environnement marin, classé et protégé.

SITE DE BAGAMOYO ET MOSQUÉE DE POLÉ ★

Peu après le chemin qui mène au lac Dziani Dzaha, sur la gauche, on atteint le site de Bagamayo ; un village était installé sur toute l'étendue de la plage à l'époque (IXe-XIIe siècles) ; une fouille dans les années 1980 a révélé un four à chaux et sa céramique de protection datant du XIe siècle. Cet élément en céramique est baptisé « vase de Bagamoyo », il s'agit de l'un des plus beaux témoignages de céramique comorienne médiévale découvert à ce jour. Le site permet de comprendre l'origine des populations qui occupèrent l'archipel. C'est grâce aux études des chercheurs sur les crânes rejetés par la mer que nous savons que les populations inhumées sur ce site étaient austronésiennes, sémites et bantous, ces derniers avaient des dents taillées en pointe. La mosquée fut construite à la même époque que celle de Tsingoni, en 1538, réputée être la première de l'île (celle-ci n'est plus utilisée puisqu'en ruine). Ce site est devenu un lieu sacré, ou *ziara*, pour tous les Mahorais. Certains soirs, il peut y avoir des cérémonies afin d'invoquer les esprits ou « djinns ».

Dans ces vieilles pierres de plus de quatre siècles, on peut encore distinguer les deux couloirs latéraux (*baraza*), encadrant la cour destinée aux ablutions. Le « mihrab », qui indique la direction de la Mecque, indique le nord à Mayotte. Le site permet de mettre en évidence la rapidité de l'expansion de l'islam puisque les datations au carbone 14 permettent de remonter les sépultures les plus anciennes au IXe siècle.

AGENCE ISSOUFALI

✆ 0269 60 82 00
sarl-issoufali.com

Comptoir ouvert tous les jours à l'aéroport selon le planning des vols.

Également présente sur Grande-Terre à Mamoudzou et Majicavo-Koropa, l'agence s'occupe de l'émission des billets aériens et de la vente de séjours touristiques. Archipel des Comores, Madagascar, Tanzanie, Zanzibar ou Mozambique, le programme est complet. L'agence propose également des séjours et staycations à Mayotte, l'idéal pour découvrir l'île le temps d'un week-end ou de quelques semaines. Actionnaire d'Air Austral, elle est également propriétaire de la nouvelle compagnie aérienne mahoraise EWA. Les chèques-vacances sont acceptés.

AÉROPORT MAYOTTE DZAOUDZI

✆ 0269 64 21 38
www.aeroport-mayotte.com

Code aéroport : DZA. Ouvert de 7h au coucher du soleil + 15 minutes (heure locale).

On a beau être à 7 850 km de Paris, on est toujours en France, mais ce n'est pas la première impression que l'on a en descendant de l'avion : chaleur, odeur, atmosphère, le changement est radical. Bienvenue dans le 101e département français ! L'aéroport de Dzaoudzi est situé à Pamandzi, sur Petite-Terre. Vous trouverez dans l'aérogare les agences de voyages et de locations de véhicules, les bureaux des compagnies aériennes, une boulangerie, un snack-bar et un point Info tourisme.

AIR AUSTRAL

Aéroport de Dzaoudzi-Pamandzi
✆ 0269 60 10 52
www.air-austral.com
Le tarif aller-retour au départ de Paris vers Dzaoudzi varie entre 700 et 1 400 € TTC selon les saisons.

Air Austral, compagnie française, phare de l'océan Indien, propose jusqu'à un vol direct quotidien entre Paris et Mayotte, opéré en Boeing 787-8, Dreamliner équipé bi-classe. Comptez 9h45 de vol pour se rendre à Mayotte depuis Paris en vol de nuit. Grâce à son partenariat avec TGVAir, Air Austral propose des correspondances au départ de 20 villes de province. Il est également possible de vous rendre à Mayotte depuis Paris via La Réunion, desservie chaque jour de la semaine. Il faut compter environ 2h de vol opéré en Airbus A220 entre La Réunion et Mayotte.

EUROPCAR

Aéroport de Dzaoudzi-Pamandzi
✆ 06 39 09 00 00
www.europcar-mayotte.com
Permanence de 7h à 17h. A partir de 38 € par jour, forfaits longue durée.

L'enseigne Europcar est présente dès la descente de l'avion, l'agence principale est située à Mamoudzou dans la zone industrielle de Kawéni. Des accords sont possibles avec les Hôtel Caribou (Mamoudzou), Hôtel Sakouli (Bandrélé) et Hôtel Trévani (Koungou) pour vous y faire livrer votre voiture. Toute la gamme Renault est proposée, de la Twingo jusqu'aux utilitaires. Un prestataire de confiance qui a fait ses preuves à l'international. Réduction sur les réservations en ligne, veillez à vous renseigner sur les horaires d'ouverture de l'agence.

EWA AIR

Aéroport de Dzaoudzi-Pamandzi
✆ 02 69 61 10 52
www.ewa-air.com
Ewa est une filiale du groupe Air Austral, cette jeune compagnie opère des vols en ATR 72-600.

7 liaisons directes au départ de Dzaoudzi, entre 3 et 5 vols par semaine selon les saisons à destination de Nosy Be et Diego Suarez, 4 à 7 vols pour Majunga, 4 à 6 vols pour Moroni et 2 à 3 vols par semaine vers Anjouan. La ligne Mayotte-Antananarivo est également assurée 2 à 3 fois par semaine en partage de codes avec Air Madagascar. Ewa Air assure aussi une liaison avec Dar es Salaam en Tanzanie à raison d'un vol semaine. Enfin, la plupart des vols sont en correspondance avec les vols d'Air Austral Paris-Mayotte, idéal pour combiner plusieurs visites.

L'AUBERGE DE L'ILE €€

2 rue Cetam
✆ +262 639 40 44 33
laubergedelile.com
Chambre entre 70 et 80 €. Chèque de caution à prévoir ainsi que 12 € de frais de ménage. Logement privatif 160 €.

Juste à côté du restaurant, l'Auberge de l'Ile dispose de 3 chambres d'hôtes répondant aux doux noms de chambre coco, chambre fruit de la passion et chambre ananas. Entièrement équipées et climatisées, elles ont été rénovées il y a peu. Elles partagent une salle d'eau, un grand salon et une cuisine ainsi que deux terrasses extérieures avec jardin et barbecue. Important pour les voyageurs pro : la villa dispose d'une table et d'un fer à repasser, d'une machine à laver et du wifi. Enfin, dernier ajout de la structure : un logement privatif avec cuisine équipée.

© AUBERGE DE L'ÎLE MAYOTTE

© AUBERGE DE L'ÎLE MAYOTTE

PETITE-TERRE

© 2POINTZERO.NET

© 2POINTZERO.NET

2.0 HÔTEL €€

3 rue Said Houmadi Sidi
✆ 06 39 400 079
www.2pointzero.net

Chambre double à partir de 139 €, petit déjeuner inclus.

Toute nouvelle adresse à Petite-Terre, l'hôtel 2.0 propose de belles chambres tout confort et modernes sur les hauteurs du quartier de la Vigie. Certaines disposent d'une vue sur Dzaoudzi et Grande-Terre au loin, d'autres sur le jardin. La taille des chambres varie mais toutes sont équipées du wifi, d'une télévision avec Netflix et de la climatisation, l'idéal pour un voyage d'affaires ou pour un séjour découverte de Petite-Terre, à quelques minutes seulement de l'aéroport. Sur place, le restaurant le Mistiq 2.0 permet de se restaurer. Bon accueil et sécurité.

© 2POINTZERO.NET

© 2POINTZERO.NET

© 2POINTZERO.NET

GARCIA LOCATION

Aéroport de Dzaoudzi-Pamandzi

✆ 02 69 62 76 27

www.garcialocation.yt

Ouvert du lundi au vendredi de 8h à 16h et jusqu'à midi le samedi. Compter à partir de 16 €/jour.

Loueur sérieux et historique sur l'île depuis 1996, l'agence dispose de locaux neufs et vous accueille avec gentillesse et sourire. Garcia Location vous propose des véhicules 3 et 5 portes, tous sont climatisés. Peugeot 107 et 108 (A), Fiat Panda (B), Peugeot 208 et Nissan Micra (C), Peugeot 308 ou Panda 4x4 (D), Berline, SUV et des utilitaires Partner, Expert ou Boxer. Kilométrage illimité, livraison avec le plein. Location de siège-bébé et rehausseur. Départ et retour à l'agence de l'aéroport. L'agence est également présente sur Grande-Terre à Mamoudzou.

BROCHETTI DE LA MAIRIE DE PAMANDZI €

Rue du Commerce

Compter de 0,25 à 0,30 € la brochette.

Adresse typique avec un brasero et des brochettes, un classique. Au menu, de bonnes brochettes de zébu ou de poisson avec du poutou pour le côté *caliente*, *mabawas*, manioc, fruit à pain et bananes histoire de bien se caler. Les prix sont restés locaux, ce qui permet de manger en quantité pour une somme modique. L'établissement étant accolé à la mosquée de Pamandzi, le service ne se fait qu'une fois la prière terminée. Idéal pour partager un moment de vie avec les habitants du coin.

LE MADINA €

1 rue Foundi Salime

✆ 06 39 09 42 80

Chambres entre 50 et 75 € pour 2 personnes. 10 € par personne supplémentaire. Petit-déjeuner 9 € par personne.

Le Madina est un établissement charmant à quelques pas de l'aéroport. La propriétaire Faïza est accueillante et dynamique. À l'étage, une petite et une grande chambre se partagent un salon confortable avec wifi, Netflix, la salle de bains, une terrasse et une salle à manger... Idéal pour deux couples d'amis, une famille ou des collègues. Au rez-de-chaussée, les deux chambres partagent une cour, une salle de bains et une cuisine équipée. Machines à laver à disposition. Deux studios tout équipés, avec salle de bains privative peuvent accueillir jusqu'à 5 personnes.

LE CAFÉ DE PAMANDZI €

Parking RFO

✆ 02 69 60 82 64

Ouvert toute la journée du lundi au vendredi, jusqu'à 14h le week-end. Déjeuner et bar le soir. Plats de 8 à 12 €.

Ce petit snack est situé face à Mayotte La Première. Vous êtes prévenu, c'est un peu bruyant avec les parieurs qui squattent parfois le bar. A midi, cela reste agréable avec la terrasse sur le parking, sous un petit abri de palme avec des tables en plastique ou en bois. Dans l'assiette régulièrement du poulet coco, de la salade au chèvre ou samoussa. En dessert, panna cotta vanille, glaces, crème brûlée et mousse chocolat ; avec un bon café Malongo, ils assurent ! Pas mal non plus le soir pour boire un verre, avec du Ricard pour les amateurs ! Vente de cigarettes.

LE ZALIFAT €€

27 rue de la bibliothèque

✆ 0269 60 12 70

5 chambres à partir de 74 € la nuitée, le petit déjeuner est offert.

Le Zalifat est tenu par M. et Mme Ismaël, un couple charmant qui vous accueille à l'étage de leur maison, où se trouvent 5 chambres lumineuses et modernes. Disposant d'un accès wifi gratuit, de la télévision à écran plat, de climatisation et de sanitaires privatifs, les chambres offrent tout le confort nécessaire. Le petit déjeuner est servi dans la salle commune ou bien sur la terrasse d'où l'on peut observer le lever du soleil. Si vous êtes à la recherche d'un lieu où passer un séjour empreint de calme, de détente et de sérénité, Le Zalifat est fait pour vous.

LE MONACO €

Rond-point du Four-à-Chaux

✆ 06 39 65 43 56

Ouvert du mardi au dimanche, le soir uniquement (ouvert tard le soir pour les soirées). On y mange bien pour 7 €.

Le matin, c'est ici que l'on trouve le petit marché aux poissons, au bord de l'eau. Accompagné de *brochettis* typiques, on passe une bonne soirée en plein air au bord du lagon sur fond de musique locale. Brochettes, *mabawas*, manioc, fruits à pain... se dégustent à la main. Un avant-goût de la vie locale. Le Monaco possède même un écran géant et projette parfois des vidéos de concert de l'océan Indien. Karaoké le samedi soir, écouter un Mahorais chanter du Balavoine, c'est un grand moment ! Une adresse incontournable sur Petite-Terre.

CHEZ CHAD GRILLADES BAZARI YATROU €

Rue Mawa

✆ 06 39 23 15 93

Fermé le mardi. Dégustation de poissons frais du lagon et même de la langouste parfois ! Compter de 8 à 15 € le plat.

Restaurant de poissons et fruits de mer dans un décor et un accueil encourageants. L'ambiance y est familiale, la petite salle intérieure est bien tenue, la terrasse agréable et la carte étoffée. L'authenticité respire dans les assiettes, filet de mérou, carri crevettes, espadon voilier brésilien, filet de dorade vanille, steak de thazard vanille. Pour les viandes, carri poulet, faux-filet moutarde, poulet coco, côte d'agneau grillée et romazave bœuf.

LE P'TIT MOYA €

Rue du Dessalement

✆ 06 39 95 65 50

leptitmoya.eatbu.com

Ouvert du mardi au samedi de 10h à 22h30, le dimanche de 11h30 à 23h30.

Un restaurant « Brochetti » en plein air situé entre l'aéroport et le lycée de Petite-Terre. Nouvelle gérance avec Anthony, qui est également responsable des pompiers de l'aéroport. Bon accueil et bon service, on vient pour goûter les plats typiques dans une ambiance aérée et musicale, avec parfois des concerts et soirées dansantes, à quelques dizaines de mètres de la plage de Petit Moya ! Le P'tit Moya propose également des plats à emporter ou une livraison sur Pamandzi. Possibilité de réserver une table depuis leur site internet.

LE MATABA €

Route de Moya

✆ 06 39 06 71 71

Plat sur place ou à emporter de 7 à 9 €.

Un restaurant local, simple et populaire comme on les aime. Ici pas de prétention, les plats et la présentation sont simples mais bons : poulet, bœuf, poisson ou poulpe accompagnés de riz, manioc ou frites. C'est le moment de goûter le traditionnel *mataba* fait de brèdes manioc et lait de coco, un régal. Seul petit bémol : pas d'extérieur, le restaurant n'a que quelques tables en intérieur et il peut faire chaud. Accueil sympathique de Diego : une belle mise en bouche pour découvrir la cuisine mahoraise à son arrivée sur l'île.

STAR PIZZA €

72 route Nationale

✆ 06 39 20 21 02

Ouvert tous les soirs à partir de 18h. Livraison à partir de 10 €, sur Petite-Terre. Pizza 29 cm à partir de 6,90 €.

Star Pizza a su faire face à la crise sanitaire en développant son service de livraison sur Petite-Terre, l'idéal pour une soirée cocooning en retour de randonnée ou de sortie bateau. Au menu : une trentaine de pizzas, des plus classiques (reine, royale, savoyarde) aux plus humoristiques (bacoco, bollywood ou cosa nostra). L'enseigne propose également des bouchons poulet/combava, des lasagnes maison, et une petite carte snack avec un choix de vins du monde. Située dans la rue principale de Pamandzi, une terrasse couverte et lumineuse, service jusqu'à 22h.

LE MÉKONG €

17 rue du Smiam

✆ 0269 60 45 72

Ouvert du vendredi midi au mardi soir de 11h30 à 14h30 et de 18h30 à 22h. Plat de 13 à 20 €.

Le restaurant ouvert depuis 2002 est la référence au niveau de la cuisine Thaï et Lao sur Mayotte. Un restaurant où vous pourrez découvrir des spécialités thaïlandaises mijotées, tester les soupes (soupe de requin citronnelle, vermicelles crevettes, poulet et porc ou poisson au galanga), le choix est large. Une myriade de plats de résistance comme les calamars aux épices thaïs et lait de coco, magret de canard à l'ananas, poulet sauté aux noix de cajou, etc. Kéo peut vous préparer sur commande le Bò bún et parfois même des cigales de mer ! A tester absolument.

LE SYMPA €

11bis rue Mosquée

✆ 0269 62 41 16

Ouvert le mardi, le mercredi, le jeudi et le vendredi de 17h à 22h30.

Un cadre sympa, en front de mer à Pamandzi, ambiance bord de mer avec un bar en bois et des sièges colorés, idéal pour observer le coucher du soleil. Akram vous reçoit avec des recettes métropolitaines dans l'assiette et des produits frais. Bonne ambiance le soir, les gens viennent même de Grande-Terre pour participer aux soirées ! Le mardi c'est soirée sushi et le mercredi de 18h à 20h c'est cours de salsa suivis d'une soirée danse libre sur des rythmes latinos. Enfin, un espace d'exposition pour présenter un artiste local chaque mois.

AU BLÉ D'OR - BOULANGERIE

44, rue du Commerce
✆ 0269 60 11 07
Ouverte tous les jours de 5h à 12h et de 16h à 20h. En période de ramadan, de 6h à 9h30, puis de 15h à 18h30.

Une adresse simple et sans prétention pour du pain frais et des croissants chauds. Comme les boulangeries ne sont pas légion à Mayotte, Mahorais et métropolitains s'y pressent dès le lever du soleil pour un bon petit-déjeuner, alors un conseil, évitez d'y aller en fin de grasse matinée si vous voulez avoir du choix. Pas de possibilité de manger sur place mais la belle plage du Faré n'est qu'à quelques mètres pour profiter de son pain au chocolat devant un paysage idyllique.

LE PÉCHÉ GOURMAND

64 rue du Commerce
✆ 0269 60 94 25
Ouvert du mardi au samedi de 5h30 à 13h et de 16h30 à 19h, le dimanche de 5h30 à 13h. Fermé le lundi.

Une envie gourmande ? Passez donc voir Annabelle et Jeff. Breton expatrié, Jean-François a vécu en Guyane pour exercer sa passion de la pâtisserie avant de rejoindre la Polynésie et Mayotte en 2007. Le matin, une bonne pâtisserie et un jus de fruits frais cela ne se refuse pas ! Vraie baguette à la française, idem pour les croissants. Des pâtisseries mais aussi des sandwichs le midi, préparés à la minute, quiche et croque-monsieur. Un véritable lieu de rencontre sur Petite-Terre comme on aime, la petite terrasse est très agréable le matin et fréquentée des locaux.

L'AUBERGE DE L'ILE €€

2 rue Cetam
✆ +262 639 40 44 33
laubergedelile.com
Plat entre 14 et 16 €, dessert 6 €. Cocktail de la maison à 10 €.

Adresse incontournable sur Petite-Terre pour les amateurs de cuisine raffinée, l'Auberge de l'île propose de belles assiettes recherchées à prix très corrects. Au menu, une cuisine d'inspiration créole et des ingrédients locaux : daurade grillée sauce citronnée, bryani de poulet ou encore rougail boucané. Les amateurs de cocktails trouveront aussi leur bonheur parmi les spécialités de la maison (lolita, mexicana, blue island, havana beach...). L'auberge dispose également de trois chambres doubles et deux appartements, avec petit-déjeuner livré en chambre.

CHEZ AZAD

Rue du Commerce
✆ 06 39 69 10 32
Ouvert du lundi au samedi de 8h à 12h15 et de 14h à 17h.

Une boutique délirante, ou plutôt une caverne de 300 m², bric-à-brac d'objets en provenance de Madagascar principalement : meubles en bambou, déco, costumes, galets peints, tissus, casquettes, etc. En défilant dans les rayons, on se confronte à un mélange de curiosité de dénicher des trésors oubliés et de peur de se faire ensevelir sous les rayons débordant d'objets en tous genres. Idéal pour qui aime chiner et prendre son temps pour trouver la perle rare, ayant survécu au passage du temps. Des idées souvenirs à des prix parfois élevés.

BIJOUTERIE ARTISANALE MOUSSA

8 Rue du Four-à-Chaux
✆ 0269 60 14 32
Ouvert du lundi au jeudi de 8h à 12h et de 13h30 à 16h, jusqu'à 15h le vendredi.

Anciennement tenue par M. Moussa, le père, formé par les fundis de Moroni pendant son adolescence, la bijouterie est désormais animée par son fils, âgé de 27 ans, qui reprend la tradition familiale après ses études en métropole. La boutique propose des gravures sur bijoux et métaux, des alliances, plaques d'identité, ou encore des parures de mariage. Confection or et argent. La bijouterie propose des articles faits sur mesure, attention à bien commander à l'avance.

BOUTIK'AIR

Hall principal
✆ 0269 80 75 99
Ouverture en fonction des arrivées et des départs, 2h avant le premier décollage et jusqu'au dernier de la journée.

La librairie de Petite-Terre se trouve ici dans le flambant aéroport, elle a vu sa surface quadrupler avec la nouvelle aérogare. Spacieuse, moderne et bien achalandée, la boutique propose la presse locale et internationale, des romans, cartes postales, livres de coloriages pour enfants, sucreries, tabac, des idées cadeaux, des souvenirs, des tongs et du prêt-à-porter. On y trouve également toutes les éditions Country Petit Futé de l'océan Indien... très pratique si vous poursuivez votre route vers d'autres destinations exotiques !

COMEMA

3 rue du Commerce
✆ 0269 60 10 39
www.comema.net
Du lundi au samedi de 8h à 12h et de 15h à 17h. Tissus au mètre et mercerie.

Présent sur l'île depuis plus de 40 ans, spécialiste de la mercerie et des tissus, Comema propose des paréos et une gamme de tissus d'ameublement, mode, décoration, et des tissus typiquement mahorais (*lambawanes, chiromanis, kishalis*). Pour des cadeaux *made in* Mayotte, la boutique propose des assortiments de plateaux avec petits bijoux, tissus et broches que les Mahorais apprécient tout particulièrement pour les *manzarakas*. Une autre boutique est située sur Grande-Terre à Mamoudzou, 11 place Mariage, en face de la Maison des livres.

MAORÉ WITH ATTITUDE (MWA)

13 rue Bahoni
✆ 06 39 69 97 05
maorewithattitude.fr
Ouvert du lundi au dimanche de 10h à 21h (en théorie). Boutique en ligne.

Créée en 2012 par un jeune Mahorais revenu au pays après avoir travaillé dans des boutiques de sportswear en métropole. La boutique, également appelée la Black House, expose des vêtements street pour les jeunes de 15 à 30 ans principalement. Des marques françaises et américaines comme Two Angle, Unkut, Moss etc. des baskets branchées Vlado et Supra, des boxers pull-in et des casquettes bien sûr. Plusieurs collections maison : Maoré with attitude et Defend Mayotte.

T-SHIRT ET COMPAGNIE

3, rue du Commerce
✆ 0269 60 96 27
Ouvert du lundi au vendredi de 9h à 12h30 et de 14h à 18h. Le samedi de 9h à 12h30.

Même enseigne que sur Grande-Terre, la boutique est charmante avec sa façade lumineuse, la décoration, les murs blancs et les couleurs pastel. Une griffe labellisée « Mayotte » où le coton est à l'honneur, t-shirt, serviettes, bermudas, shorts, paréos, jupes, robes et même des bodies pour votre bébé. Le tout est griffé des emblèmes de Mayotte (gecko, tortue, lémurien, carte de l'île) dans un style discret et élégant, c'est le souvenir idéal. Bijoux sur le thème de l'eau (lagon oblige) et tout un tas d'idées de cadeaux et/ou souvenirs.

NAUT'ÎLE

4 rue de la Barre
✆ 06 39 69 09 59
www.nautilemayotte.com
Compter 90 € pour une sortie « tour de l'île » ou une sortie baleine, 80 € pour une sortie après-midi coucher de soleil.

Depuis 2012, Naut'île propose des excursions nautiques au départ de Mamoudzou et de Dzaoudzi. Des excursions au sud, au nord mais aussi des tours de l'île, des apéritifs dînatoires « coucher de soleil » et d'août à octobre les baleines « d'aurore », une exclusivité Naut'île : cette sortie qui part à l'aube offre une observation matinale, un petit-déjeuner, seul sur une plage face au lever de soleil, et du snorkeling... *just magic* ! Les gourmands s'orienteront vers les sorties apéros en fin de journée, avec coucher de soleil.

NYAMBA CLUB

Rue Bahoni
✆ 06 39 69 08 63
www.nyamba-club.com
Baptême 68 €. Ouvert tous les jours. Départs des pontons de Dzaoudzi et Mamoudzou. Niveau 1 à 380 € (6 plongées).

Installé sur l'île depuis 2006, Daniel est un plongeur reconnu qui se fera un plaisir de partager son expérience et vous faire découvrir la passe en « S », son « kinder garden » ! Elle est située à 30 minutes, mais le centre programme aussi tous les autres sites alentour dont des épaves. Rappelons qu'au large de Pamandzi une partie d'un bateau à vapeur gît dans les fonds depuis le XIXe siècle ; l'épave du récif Pamandzi offre plusieurs ancres à découvrir, des morceaux de coque et une chaîne qui traverse le platier. Un peu plus au nord le Tombant des aviateurs est un site très réputé avec un mur vertical de 100 mètres, failles, grottes et tunnels au rendez-vous ! Les sorties se font à bord d'un catamaran de 10 mètres, équipé pour 20 plongeurs, spacieux (4 mètres de large), rapide, confortable, avec son bain de soleil à l'avant et sa douche eau douce, sondeur et GPS, baptême et formation recycleur pour découvrir la plongée sans bulles... La bonne humeur communicative du Nyamba Club laisse de bons souvenirs. Possibilité de sorties lointaines à la journée avec petit déjeuner, repas baignade et détente au rendez-vous après la plongée... Pratique, un shop situé au centre de plongée permet d'acheter du matériel divers. Station de gonflage avec Nitrox, formation et explos au programme bien sûr. Dernièrement le centre s'est spécialisé sur l'activité recycleur inspiration, avec 4 machines et tout le matériel nécessaire, la chaux, l'oxygène, bail out. Programme mensuel sur le site et la page Facebook.

TIP TOP ULM

Zone aéroportuaire
✆ 06 39 29 13 04
aviationtiptopulm-71.webself.net
Vols découverte à 60 € les 30 min ou survol du nord au sud de l'île à 120 € l'heure. Vol tour de l'île 190 € (1h45).

Depuis 2004 à Mayotte, Tip Top ULM, anciennement Mayotte ULM, est une entreprise gérée par deux copains, Thierry et Jean-Yves (alias Tip Top). Jean-Yves en connaît un rayon sur l'aviation : ancien de Comores Aviation, il a plus de 35 ans d'expérience de pilotage et de mécanique, actuellement il reste bénévole pour les ailes mahoraises. Un vol en toute sécurité, pour profiter des paysages sublimes de l'archipel. En plus des vols, le centre organise des formations, il faut compter une vingtaine d'heures pour être autonome et valider le brevet de pilote d'ULM.

LES ULM DE MAYOTTE

Zone aéroportuaire, Lot 2
✆ 06 39 40 56 53
www.ulmdemayotte.com
Vols entre 20 minutes à 60 € (découverte) et le tour de l'île en 1h15 à 210 €. Possibilité de personnaliser son circuit.

Coraline, Fred et Khalid vous font découvrir Mayotte vue d'en haut. A ne pas manquer à la saison des baleines. Deux multi-axes sont à disposition pour survoler Mayotte et se former au pilotage. Roulis, tangage et lacet, l'ULM se pilote comme un avion. En projet, un ULM amphibie pour se poser sur l'eau et pendulaire. Les circuits proposés sont variés : découverte, passe en S, sud sauvage, escapade dans le nord, la spéciale ou encore tour de l'île. Possibilité également de créer votre propre circuit, le calcul du tarif se fait alors sur la durée du vol.

VEWUHA

Aérodrome de Pamandzi
✆ 06 39 21 59 80
https://vewuha.guidap.co/fr
Compter à partir de 355 € pour un saut en parachute.

Ancien militaire, Anli a parcouru le monde et les ciels avant de revenir sur son île natale pour y développer l'activité parachute. Et on l'en remercie, Mayotte vue du ciel est un véritable joyau. A qui apercevra la baleine guidant son petit dans le lagon le premier, ou encore les dauphins surfant sur les vagues et les tortues explorant les herbiers... On en oublierait presque les 4 000 mètres d'altitude ! Les premiers sauts ont eu lieu en mars 2019, en compagnie d'amis et professionnels venus des quatre coins du monde. Réservation par téléphone ou email.

ZEN ET COCOON

15 boucle Koko Madi
✆ 06 39 03 80 55
www.zenetcocoon.fr
Ouvert du lundi au samedi de 9h à 19h en continu, et sur rendez-vous.

Un petit centre de beauté intimiste et professionnel sur Pamandzi ouvert depuis 2013. Le catalogue des prestations est très complet : épilation, modelage relaxant, soins du visage, onglerie, soins du corps et escales (hammam, gommage, enveloppement, massage et soin), massage et soin du dos. Le centre propose aussi des cours de maquillage et un petit hammam à l'intérieur pouvant accueillir jusqu'à 4 personnes à la fois. Le centre propose régulièrement des offres avec des tarifs avantageux, gardez un œil sur la page Facebook Zen et Cocoon.

DZAOUDZI ★★

Dzaoudzi (17 831 habitants), qui fut longtemps un lieu politique stratégique à Mayotte, est construite sur un rocher entouré d'une petite falaise que dominent quelques bâtiments perdus dans la verdure. C'est en Petite-Terre que l'on trouve le plus grand nombre de vestiges d'architecture coloniale dont le superbe bâtiment de l'ancienne préfecture situé à mi-chemin entre les deux débarcadères des barges, dont les plans furent réalisés par Gustave Eiffel. Il est devenu aujourd'hui un centre culturel. Dzaoudzi est aussi le lien entre les deux îles, car c'est ici que les deux barges accostent pour leurs multiples rotations journalières.

Pratique

Le Secteur de la Petite-Terre est composé de l'hôpital de Dzaoudzi et de deux centres de consultations à Labattoir et à Pamandzi, ces deux derniers assurent des consultations médicales et des soins infirmiers. Le centre hospitalier comprend les services d'urgences, de médecine et de maternité. Consultations spécialisées sur rendez-vous en psychiatrie, psychologie, kinésithérapie. Les patients qui présentent des pathologies ne pouvant pas être prises en charge à Mayotte peuvent être transportés vers un établissement hospitalier de la Réunion ou de métropole si nécessaire.

Transports

Le « petit » port de Dzaoudzi est dédié aux transports de passagers et de véhicules, à la pêche et à la plaisance. Il accueille aussi des bateaux de croisière. Le Comité du Tourisme souhaite développer ce secteur.

- **La barge** fait le lien entre Petite-Terre et Grande-Terre dès 5h30 du matin jusqu'à 20h toutes les 30 minutes, puis toutes les heures jusqu'à minuit.

C'est le premier service de ferry de France, avec un trafic de 4 millions de passagers par an. Elle fonctionne plus tard encore le week-end pour permettre aux habitants de Petite-Terre de sortir sur Mamoudzou. On emprunte la barge à partir de l'un des deux quais situés sur le rocher de Dzaoudzi en Petite-Terre, et elle mène au rond-point du Commandant Passot (ou rond-point de la Barge), qui définit le centre-ville de Mamoudzou. C'est un haut lieu de l'île, où tout Mayotte se retrouve. Regards échangés, conversations sans lendemain, rires et tristesses, départs pour La Mecque, arrivées des fonctionnaires M'zungus… Elle a même donné naissance à un nouveau verbe : « barger » (« Tu barges ce soir ? »).

Voiture. Vous pouvez vous faire livrer la voiture à l'aéroport sur réservation avec une agence de location, quelques-unes ont une antenne à l'aéroport. Le trajet est gratuit dans le sens Petite-Terre vers Grande-Terre. Depuis Grande-Terre et à chaque fois que vous devez vous rendre sur Petite-Terre en voiture, il faut s'acquitter du ticket véhicule à 15 € au départ de Mamoudzou. Pour réduire les frais, vous pouvez laisser votre voiture dans un parking et emprunter la barge en tant que piéton. A Petite-Terre un grand parking gratuit est à disposition à côté du quai, attention toutefois il se remplit très vite le matin, tandis qu'à Grande-Terre le parking est souvent disponible depuis l'installation d'un parcmètre.

BOULEVARD DES CRABES ★

Bordé d'un côté par la jolie plage du Faré où les couchers de soleil sont somptueux, et de l'autre par la lagune, avec ses restaurants et ses bars de nuit, il est le seul passage pour se rendre à Dzaoudzi. Il commence au rond-point du Four-à-Chaux à Labattoir. La digue qui a permis de désenclaver le « rocher » a été construite par les Français en 1850, au début de la colonisation. C'est sur l'îlot de Fongoujou que l'administration française gérait ses colonies de l'océan Indien avant son déplacement à Madagascar, puis Moroni.

PLAGE DU FARÉ ★★

Impossible de la manquer : la plage du Faré s'étend le long du boulevard des Crabes, à quelques mètres de la barge. Hormis les enfants qui y barbotent et les pêcheurs qui la parcourent en fin de journée, elle est surtout fréquentée par les M'zungus qui y pratiquent beach-volley, beach-tennis, mölkky ou autres sports de plage. C'est aussi le point de départ des activités nautiques de Maoré Jet. Idéal à votre arrivée ou au moment de repartir afin de profiter de la très jolie vue donnant sur Grande-Terre et le lagon. Un superbe point de vue à photographier.

Presqu'île de Dzaoudzi.

PETITE-TERRE

MUMA - MUSÉE DE MAYOTTE ★★★

Prendre à droite à la sortie de la barge. Bâtiment de la Caserne situé à gauche juste avant la place de France.

✆ 02 69 64 97 45

En travaux lors de notre passage. Ouvert uniquement le dernier samedi de chaque mois pour les animations.

L'ancienne Caserne de Dzaoudzi (à deux pas de la barge), réhabilitée en musée « MuMA » (Musée de Mayotte), a ouvert ses portes en septembre 2015 à l'occasion des journées européennes du patrimoine. En constante évolution, le MuMA vous invite à découvrir les richesses de l'île à travers des expositions, sur des thématiques emblématiques, relevant aussi bien de l'environnement naturel et culturel que du patrimoine matériel et immatériel. Le MuMA propose chaque année une ou deux nouvelles expositions de préfiguration, afin d'enrichir les collections de ce jeune musée permettant au public de découvrir toute la richesse de l'histoire et de la culture de Mayotte. Depuis le 20 décembre 2018, le MuMA a reçu l'appellation « Musée de France » et rentre ainsi dans la grande famille des musées dont les collections permanentes sont composées de biens, dont la conservation et la présentation revêtent un intérêt public et organisées en vue de la connaissance, de l'éducation et du plaisir du public (Loi musée du 4 janvier 2002). Dans un cadre accueillant et chaleureux, vous découvrirez les richesses du lagon au travers de films et d'objets insolites, comme le surprenant squelette de cachalot, les pratiques immatérielles, comme le shioni (le lieu des livres ou école coranique), ainsi que de nombreux savoir-faire artisanaux... Vous appréhenderez également le monde rituel et la mise en perspective de Mayotte à travers les échanges économiques et culturels, du passé et du présent. Un lieu incontournable pour s'imprégner de l'histoire de Mayotte, de ses traditions et des merveilles que recèle son patrimoine naturel. En 2020 le MuMa a entamé d'importants travaux de restauration du bâtiment, imposant sa fermeture au public. Il devrait rouvrir courant 2022, affaire à suivre. Dans l'attente, les « samedis du MuMa » sont maintenus tous les derniers samedis du mois, avec des animations et conférences en lien avec le patrimoine. Le musée s'exporte également hors les murs pour des événements temporaires, des ateliers avec des classes ou encore des animations grand public lors de journées spécifiques (journées du patrimoine, journée nationale de l'architecture...). Enfin, un grand travail de numérisation du contenu du musée est actuellement en cours, ce qui permettra de pouvoir continuer à profiter des expositions chez soi depuis un ordinateur. N'hésitez pas à faire un tour sur la page Facebook du musée pour voir ce qui s'y passe.

QUARTIER DU ROCHER ★★

Il reste encore de beaux bâtiments coloniaux, les plus anciens de l'île, comme l'immeuble d'Air France et Air Austral, la poste qui date du début du siècle, ou ceux à proximité de la douane, de la paierie. Non loin de la place de France où s'élève un monument aux morts, admirez l'ancienne préfecture, ancienne résidence des gouverneurs de l'île, construite en 1881, sur les plans de Gustave Eiffel. On reconnaît aisément son style avec les poutrelles métalliques. Cette bâtisse est depuis vouée à la culture et appartient depuis peu au Conseil général et non plus à la préfecture comme auparavant. La « mosquée des Indiens » a été transformée en un hôtel, Le Rocher, où a été rajoutée une belle terrasse. Sur la place de France, la préfecture et son jardin tropical sont gardés par deux vieux canons, dont l'un aurait servi lors des dernières campagnes de Napoléon. C'est ici que le rattachement de Mayotte à la France a été proclamé, tout comme l'abolition de l'esclavage. Les bâtiments en arcades de l'hôpital ainsi que la charmante petite chapelle sont aussi très intéressants. L'église Saint-Michel, dont les fondations datent de 1849, est située juste à côté, non loin de belles demeures coloniales. Depuis 2018, l'audioguide Sisygambis « Le rocher de Dzaoudzi » permet de découvrir l'histoire du quartier de façon originale en français, anglais, kibushi et shimahore ! Un gros travail mené par des élèves de l'Université et l'association Shime. Téléchargement gratuit, accessible sur téléphone et tablette.

OULANGA NA NYAMBA

33 bis, boulevard des Crabes

✆ 06 39 66 77 06

oulangananyamba.com

L'adhésion revient à 25 € pour les familles, 15 € pour les adultes et 2 € pour les étudiants et les chômeurs.

L'association existe depuis 1998 et compte une bonne centaine d'adhérents chaque année. Ses actions se font par le biais de sorties pontes sur la plage de Moya. Le rendez-vous se fait aux barrières une fois la nuit tombée et, accompagné de guides et gardes, vous évoluerez en toute discrétion sur la plage pour observer le ballet des tortues qui viennent creuser des trous sur le sable pour y déposer leurs œufs. Oulanga Na Nyamba fait partie des membres fondateurs du Réseau d'Echouage Mahorais de Mammifères marins et Tortues marines (REMMAT).

Plage de Dzaoudzi.

SERVICE TRANSPORT MARITIME (STM)

Boulevard des Crabes ✆ 0269 64 39 70
www.cg976.fr

Payant uniquement depuis Grande-Terre (0,80 € pour les piétons, 2 € pour les deux-roues et 15 € l'aller-retour voiture).

La barge est gratuite dans le sens Petite-Terre/Grande-Terre, faites vos calculs selon que vous louerez une voiture sur Petite-Terre ou Grande-Terre. Possibilité d'acheter des carnets de 10 tickets. Les horaires changent selon le jour de la semaine et la barge (piétonne ou voiture). Les horaires sont plus matinaux en semaine (à partir de 5h30) et tardifs à l'arrivée du week-end (jusqu'à 3h30 vendredi et samedi). A noter que la barge voiture s'arrête plus tôt (19h15 de Petite-Terre).

LA BARAKA €

7 boulevard des Crabes
✆ 0269 60 13 54
labaraka-mayotte.com

A partir de 55 € la chambre double, 65 € la chambre triple et 100 € la chambre pour jusqu'à 5 personnes.

Ambiance petite maison privée, Clarisse, Khalid et leurs enfants vous reçoivent dans une ambiance familiale. La structure se compose de deux ailes et propose 5 chambres rénovées récemment, un salon commun accolé à une petite piscine couverte agréable pour se poser, un coin cuisine avec frigo et grille pain et un deuxième jardin sur l'autre aile ambiance lounge, transat et déco marocaine. Possibilité de restauration à quelques pas puisque le restaurant-traiteur Délices à Domiciles appartient au propriétaire. Accès à la barge à pied, pratique.

HÔTEL LE ROCHER €€

Place de la Jetée
✆ 0269 60 10 10
www.lerocher-hotel.fr

Comptez de 109 à 146 € la nuit selon la chambre, 10 € supplémentaires pour le deuxième petit-déjeuner. Piscine et wifi.

A l'entrée de Dzaoudzi, on ne peut manquer le bâtiment blanc bâti sur un rocher dont la position stratégique est historique. Cet hôtel, situé dans l'ancienne mosquée dite « des Indiens », mais rénové dans le style créole, se compose de deux ailes séparées par un jardin qui se prolonge sur une piscine, cette dernière étant ornée d'un bain bouillonnant. Les 24 chambres donnent sur le jardin ou le lagon et certaines offrent une terrasse où l'on se plaît à contempler les bateaux au mouillage ou la barge qui passe. Le restaurant est fermé le dimanche.

KIOSQUES DE L'EMBARCADÈRE DE LA BARGE €

Au niveau du parking de l'embarcadère

1 € les deux brochettes de dinde ou de poulet, et 1 € les trois brochettes de bœuf.

Bien pour les petits creux et pour manger local. Au niveau du départ de la barge, des cahutes en bois sont ouvertes toute la journée et proposent les habituelles brochettes de poulet, bœuf ou dinde, accompagnés de manioc, banane et fruit à pain pour quelques pièces. C'est local, c'est convivial et c'est pratique pour grignoter quelque chose avant ou après la barge, et faire de belles rencontres en parlant de tout et de rien avec les habitués du coin.

DAGONI €

1 bis rue de l'hôpital
✆ 06 39 62 12 52

Ouvert midi et soir du mardi au samedi, le lundi soir uniquement. Plat entre 12 et 21 €, dessert à 7,50 €.

Une adresse récente sur Petite-Terre, le snack-bar Dagoni est idéalement situé à côté du MUMA, à quelques mètres seulement de la barge. L'ardoise change tous les jours et propose une cuisine métro variée : magret de canard sauce champignon, pavé de mérou sauce curry du chef, ou encore la très originale salade de camembert pané au spéculoos ! Sans oublier le cheesecake saveur praline et caramel au beurre de cacahuètes et le tiramisu aux M&Ms en dessert ! De quoi venir et revenir ! Des spectacles et concerts sont également organisés sur place.

DÉLICES À DOMICILE & PAUSE CAFÉ €

7 Boulevard des Crabes
✆ 0269 60 13 54

Du lundi au samedi de 8h30 à 14h30 et de 17h30 à 22h30. Fermé le dimanche et mercredi soir. Sur place ou à emporter.

Clarisse concocte des spécialités marocaines : couscous, tajine, kefta, tikka, kebab maison. Des pâtisseries orientales, des tartes maison et un fameux flan coco. Des sandwichs variés. Pizza à partir de 18h. Dans un décor simple et lumineux. Pratique le grand parking devant l'établissement. Juste à côté le Pause Café propose une carte similaire, mais version restauration rapide avec des assiettes copieuses. Original, ça change des autres restaurants de Mayotte.

L'ÎLOT PIZZA €

Boulevard des Crabes
✆ 06 39 25 25 49

Du mercredi soir au dimanche soir de 18h30 à 21h30. Pizza à partir de 9,50 €.

En 2021, le restaurant de poisson Lapouz Noz et l'îlot Pizza ont fusionné pour ne faire qu'un, une entité à deux menus. Celui de l'îlot Pizza continue de proposer une qualité de pizza très intéressante, la farine est directement commandée en Italie, la carte est étoffée avec pas moins d'une trentaine de préparations, toutes les pizzas se déclinent en calzones pour 1,50 € de plus. On mange à la bonne franquette assis en extérieur accompagné d'un soft, d'une bière ou d'un rhum arrangé. Les habitués viennent les chercher pour les ramener chez eux.

LE FARÉ €€

Boulevard des Crabes
✆ 0269 60 13 31

Ouvert du mercredi au dimanche, de 11h à 1h du matin, service en continu. Compter de 17,50 à 30 € les plats.

Une institution ouverte depuis 1991 à Petite-Terre. Il est situé sur la digue qui relie Labattoir à Dzaoudzi, sous un grand faré de style polynésien, à même le sable. Le cadre y est très agréable, un véritable atout pour ce lieu très fréquenté. La cuisine est toujours savoureuse et tournée vers la mer : de bons poissons, grillés ou en tartare, un carpaccio de thon, des noix de Saint-Jacques émulsion persil, des spaghetti aux gambas. Suggestions tous les week-ends, et l'inratable soirée tapas le premier jeudi du mois ! Animation musicale tout au long de l'année

LE TOUR DU MONDE €€

2 rue de l'Hôpital
✆ 0269 60 47 75

Du mercredi au dimanche midi et soir. Maxi salade à 14,50 €, suggestion du jour autour de 17 €.

Un pub-crêperie historique sur Petite-Terre. Les crêpes et galettes sont 100 % blé noir : la Galetiflette (raclette, pommes de terre, fondue d'oignons, crème et lardons), la Normande (brie, jambon, pommes tièdes), la Voambolana (pommes de terre, poisson fumé artisanal, baies roses, crème, emmental). Mais aussi des pièces de bœuf dont on choisit le poids, un régal d'amateur ! Carpaccios de qualité, tartares, poissons du lagon. Des maxi-salades et une sélection de pâtes gourmandes. La crêperie organise des soirées karaoké et des *afterworks* tapas, ambiance garantie.

ASSOCIATION DES CROISEURS HAUTURIERS DE MAYOTTE (ACHM)

37, boulevard des Crabes
✆ 0269 60 20 09

L'association est située à 200 mètres de la barge de Petite-Terre.

C'est ici que l'on peut obtenir une myriade d'informations. L'association organise les régates avec l'école de voile et accueille aussi les voiliers de passage. Un faré avec buvettes, toilettes, douches et machines à laver est à disposition. Chantiers nautiques pour la mise à terre des bateaux et l'entretien. N'hésitez pas à les consulter aussi avant votre départ, tout plaisancier à Mayotte est invité à devenir membre. Possibilité de prendre des cours.

MAORE JET

Boulevard des crabes
✆ 06 39 66 30 89
maorejet.com

15 € pour 20 min de bouée tractée ou 2h de paddle, 75 € pour 30 min de flyboard, 65 € l'initiation de jet-ski 40 min.

Oissioun a créé Maoré jet sur la plage du Faré pour développer l'activité nautique sur Mayotte et profiter du potentiel touristique du lagon. Un savant cocktail entre adrénaline et bonne humeur avec au programme : des bouées tractées de 4 à 10 places (la banane !) et, pour les plus de 16 ans, du flyboard et jetboard pour « voler » au-dessus de la surface de l'eau et défier les lois de la gravité. L'activité phare reste la randonnée guidée de jet-ski, de 45 minutes pour la plus courte à la demi-journée pour la plus longue, une autre façon de découvrir les paysages.

LE NINGA

Sous l'hôtel Le Rocher
✆ 0269 60 13 48

Ouvert de 22h à 2h en semaine et jusqu'à 4h vendredi et samedi. Entrée payante pour les hommes.

A l'entrée de Dzaoudzi, sous l'hôtel Le Rocher. Cette célèbre boîte, connue depuis des années par les habitants de Petite-Terre, échauffe les corps et les cœurs tous les soirs. Un grand bar et une piste de danse entourée de canapé, local et sans chichis. Au son du zouk love, du ragga, du séga réunionnais et du soukouss, on se déhanche sous les loupiotes multicolores. La soirée commence au Ninga, mais on ne sait jamais où et comment elle se terminera… Comme partout, soyez prudent à la sortie de la boîte et évitez de sortir seul.

GRANDE-TERRE

Grande-Terre a la forme d'un hippocampe, avec Mamoudzou au nord-est. L'île est formée de montagnes assez abruptes présentant des reliefs très découpés à l'extrême nord et à l'extrême sud. La route qui fait tout le tour de l'île suit la découpe de la côte, à l'exception de quatre routes qui coupent à travers les montagnes. Hormis la ville de Mamoudzou et la côte nord jusqu'à Koungou qui sont urbanisées, et encore tout est relatif, ne vous attendez pas à voir des gratte-ciel, tout le reste est encore sauvage et traditionnel. Les routes principales traversent les villages et sont l'occasion d'observer des scènes de vie mahoraises : enfants qui jouent au ballon, bouénis vendant des fruits et légumes sur la route pendant que d'autres, toutes coquettes avec leur masque de beauté et leur salouva haut en couleur, attendent un taxi-brousse qui les mènera à Mamoudzou. Cabris et zébus broutent autour des bananiers ou des plantations de manioc.

MAJIKAVO KOROPA
Zissioua Ziné
Îlot Mtsanga
Vatou
Petite-Terre
Chissioua
KAWÉNI
MAMOUDZOU
MTSAPÉRÉ
PASSAMAÏNTI
Îlot Mbouzi
TSOUNDZOU1
TSOUNDZOU2
N1
TRÉVANI
KOUNGOU
KANGANI
Forêt Départementale de Majimbini
MUTSUMBATSU
LONGONI
D3
BOUYOUNI
COMBANI
MIRÉRÉNI
Chissioua Mtsongoma
DZUMOGNE
D1
Bandraboua
D2
TSINGONI
SOHOA
M'TSANGAMOUJI
MTSAMBORO
MTSANGADOUA
ACOUA
MLIHA

Grande-Terre
Issa
Iles Hajangoua
SADA
OUANGANI
N2
DEMBENI
JIMAWÉNI
HAJANGOUA
Massif Forestier des Monts Bénara
HAMOURO
D5
POROANI
PLAGE DE SAKOULI
Chissioua Bandrélé
HANYOUNDROU
D6
N3
BOUÉNI
BANDRELE
PRESQU'ÎLE DE BOUÉNI
MAJIMÉOUNI
Îlot Karoni
MRAMADOUDOU
MZOUAZIA
BAMBO EST
Chissioua Bambo
COL DE CHIRONGUI
MBOUÉANATSA
CHIRONGUI
KANI-KÉLI
NGOUJA
MTSAMOUDOU
D4
DAPANI
D4
2 KM

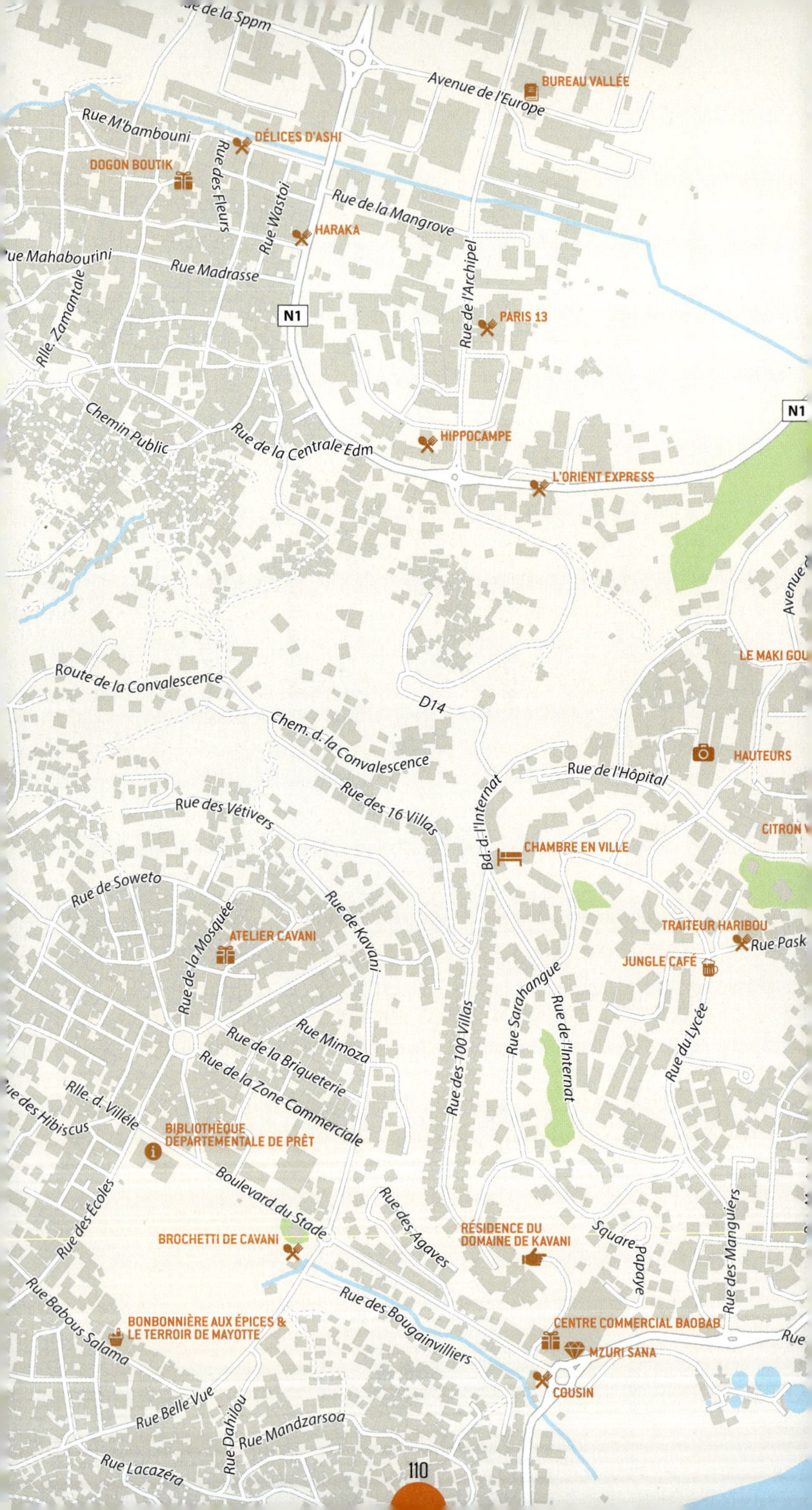

BUREAU VALLÉE
DÉLICES D'ASHI
DOGON BOUTIK
HARAKA
PARIS 13
HIPPOCAMPE
L'ORIENT EXPRESS
LE MAKI GOU
HAUTEURS
CITRON V
CHAMBRE EN VILLE
TRAITEUR HARIBOU
JUNGLE CAFÉ
ATELIER CAVANI
BIBLIOTHÈQUE DÉPARTEMENTALE DE PRÊT
BROCHETTI DE CAVANI
RÉSIDENCE DU DOMAINE DE KAVANI
BONBONNIÈRE AUX ÉPICES & LE TERROIR DE MAYOTTE
CENTRE COMMERCIAL BAOBAB
MZURI SANA
COUSIN
N1
D14
Rue de la Sppm
Avenue de l'Europe
Rue M'bambouni
Rue des Fleurs
Rue Wastoi
Rue de la Mangrove
Rue de l'Archipel
Rue Mahabourini
Rue Madrasse
Rlle. Zamantale
Chemin Public
Rue de la Centrale Edm
Avenue
Route de la Convalescence
Chem. d. la Convalescence
Rue des 16 Villas
Rue de l'Hôpital
Bd. d. l'Internat
Rue des Vétivers
Rue de Soweto
Rue de Kavani
Rue de la Mosquée
Rue Pask
Rue du Lycée
Rue Sarahangue
Rue de l'Internat
Rue des 100 Villas
Rue Mimoza
Rue de la Briqueterie
Rue de la Zone Commerciale
Rlle. d. Villéle
Rue des Hibiscus
Boulevard du Stade
Rue des Écoles
Rue des Agaves
Square Papaye
Rue des Manguiers
Rue des Bougainvilliers
Rue Babous Salama
Rue Belle Vue
Rue Dahilou
Rue Mandzarsoa
Rue Lacazéra
Rue

Mamoudzou
Océan Indien
CANOË KAYAK CLUB DE MAMOUDZOU
MARCHÉ DES HALLES
MERMOZ
HÔTEL CARIBOU
CROISETTE
Place de la République
MAYDA
Rue Mariazé
COPEMAY
SERVICE DES TRANSPORTS MARITIME (STM)
5/5
AGENCE ISSOUFALI
CAMION ROUGE
MAHABA CLUB
SEA BLUE SAFARI
CAMION BLANC
Houmadi Abdallah
KAMCHAM
NATURALISTES
Rue Mamawé
ROCAD CAFE
NAÏMA BROCHETERIE
N2
Rue M'nadzi Moja
Rue Dindhou
Rue du Commerce
Rue Mahabou
L'HORIZON
BARFLY
TABLE DU SÉNAT
TANDOOR
Rue M'gombani
Rue Boelachingo
Boulevard du Baobab
Rue Boudouni
N2
POINTE MAHABOU
150 M

PAGES

La côte nord, découpée et tortueuse, est riche de plages secrètes et d'histoires anciennes. Le tour du Nord part de Mamoudzou, suit la côte nord-est pour longer ensuite toute la pointe nord et revenir ainsi via la côte ouest et Combani. Il est réalisable à la demi-journée au départ de Mamoudzou, voire même de Bandrélé. Au-delà, pour ceux logés dans le sud de l'île, prévoyez la journée, car cela risque d'être long. Nous apprécions tout particulièrement la portion de route entre Brandaboua et Mliha pour sa végétation abondante et ses paysages. Vous trouverez des distributeurs de billets à Dzoumogné, puis à Combani. Les stations essence du nord sont installées à Longoni et à Dzoumogné. Pensez à faire le plein à chaque départ en balade !

Plus sauvage, la côte ouest laisse place à de longues plages parfois cachées, mais dont la beauté ne demande qu'à être admirée. Le littoral est également entrecoupé de mangroves sauvages, essentielles à la survie de l'écosystème du lagon, qui abritent par endroit les vestiges d'usines sucrières dont les pierres sombres sont désormais envahies par la végétation. Riche d'Histoire et de traditions, la côte ouest est aussi celle de la première capitale de l'île, de la plus ancienne mosquée et des *fundis* aux savoir-faire remarquables.

Situé sur la côte ouest de Grande-Terre, Acoua est un village de pêcheurs où il fait bon flâner. La plage abrite un beau tombant à explorer en PMT et plusieurs loueurs proposent des kayaks pour rallier les îlots Choizil, un effort qui sera récompensé.

PASSEPORT

MAMOUDZOU

Chef-lieu de l'île, Mamoudzou, avec plus de 71 437 habitants (2017), est la plus grande ville. Elle accueille les administrations et la plupart des entreprises de l'île, mais reste encore une interface entre deux mondes. Bien que centre névralgique de l'île, Mamoudzou n'est pas le premier but de votre voyage et il serait dommage de ne pas s'en éloigner pour explorer les différentes localités. On y séjourne pour quatre raisons principales : pour le travail, pour éviter les bouchons qui paralysent les entrées nord et est de la ville matin et soir, pour être à proximité des activités et excursions nautiques qui partent du ponton, et enfin pour les possibilités de restauration et d'hébergement qui sont encore insuffisantes sur le reste de l'île ou qui affichent rapidement complet. Les adresses y ont moins de charme qu'en forêt mais nous y avons apprécié la richesse des échanges avec les différents professionnels venus de tous horizons.

SE REPÉRER SE DÉPLACER

Pas évident de se repérer dans Mamoudzou, les routes ne portent pas de noms et serpentent et se réduisent parfois inopinément au risque de ne plus pouvoir croiser une autre. Heureusement un point de repère reste immanquable : la mer. L'idéal est de se garer près de la barge pour visiter la ville à pied, les places de parking ne sont toutefois pas légion et sont devenues payantes en 2018. Si vous logez sur place, pensez à demander s'il y a une place pour votre voiture. Chose surprenante : il y a des bouchons à Mayotte et ils n'ont rien à envier à ceux de métropole. Aux heures de travail, les gens affluent vers la ville principale et les bouchons peuvent commencer dès Passamainty à l'est et Longoni à l'ouest. Il faudra donc s'armer de patience entre 7h et 10h du matin. A la sortie ouest de Mamoudzou, la station Total de Kawéni est idéalement située à quelques mètres des loueurs de voitures.

SERVICE DES TRANSPORTS MARITIME (STM)

La jetée ✆ 0269 61 04 44

Ticket piéton 0,75 € (7 € les 10), ticket voiture 15 € (aller-retour), scooters et motos 2 et 3 €.

Bienvenue sur la ligne maritime régulière la plus fréquentée de France ! Il existe en réalité deux possibilités :

- **La barge** assure le trajet entre la gare maritime de Grande-Terre et le quai Issoufali sur Petite-Terre pour les piétons et les petits véhicules. Le trajet dure une quinzaine de minutes.
- **L'amphidrome** assure le trajet entre le quai Colas (Grande-Terre) et le quai Ballou (Petite-Terre) pour les piétons et véhicules larges.

Rotations toutes les 30 min ou heures selon l'horaire.

BUDGET

Route Nationale
✆ 0269 61 66 16
www.budget-mayotte.com

Fermé du samedi midi au lundi matin, ouvert de 8h à midi et de 14h à 16h30. Compter autour de 44 € par jour.

Ce loueur d'envergure mondiale propose un choix de modèles récents à des tarifs abordables avec un accueil et un service professionnels depuis son agence de Kawéni. Possibilité de livrer et de rendre votre voiture à l'aéroport tous les jours sur réservation. Remise si vous voyagez avec Air Austral. Les voitures sont proposées à la location en kilométrage illimité. Pour les séjours longue durée, contacter l'agence directement, plusieurs font le choix de louer plutôt que d'acheter lors d'une installation. Livraison possible des voitures et scooters à votre hôtel.

AVIS

✆ 0269 63 89 59
www.avis.fr

Ouvert du lundi au vendredi de 8h à 16h30 avec possibilité de livraison et retour. Également le samedi, de 8h à 12h30.

La réputation d'Avis n'est plus a faire avec un réseau mondial de location de voitures, présent dans 160 pays, Large choix de véhicules récents et climatisés (de la petite citadine économique au véhicule tout terrain et utilitaires), kilométrage illimité, assurance tous risques, assistance et dépannage 24h/24 en cas d'accident. Avis Mayotte propose aussi un service de location longue durée pour les sociétés, et des réservations à La Réunion, en Métropole, et dans le monde. Forfait week-end, location journalière ou à la semaine, consulter l'agence pour un devis.

HAMAHA RENT

Route Nationale 1. Locaux Concession FORD MMC
✆ 0269 61 90 10
www.hamaharent.com

Ouvert du lundi au vendredi de 8h à 12h et de 13h à 16h30, et le samedi 8h-11h. A partir de 30 €/jour (C1 et Ford Ka).

Daniel, Abdou et l'équipe sont très professionnels, ils savent répondre sur mesure et sans mauvaises surprises à votre demande. L'agence partage les locaux de la concession MMC Distribution dans la zone industrielle de Kawéni. Tarifs dégressifs à la semaine, au mois et forfait week-end adapté du vendredi après-midi au lundi matin. Le tarif de la location comprend le kilométrage illimité, l'entretien du véhicule, l'assurance définie dans le contrat. Pour l'option rachat de franchise, le siège bébé ou le réhausseur, les contacter.

TROPIK LOCATION

168 route nationale
✆ 06 39 69 01 04
www.tropik-location.fr

Agence ouverte de 7h30 à 17h. Le samedi de 8h à midi et de 14h à 16h. Dimanche de 9h à 11h. Location à partir de 17 €.

Rachetée par Garcia Location, l'agence Tropik Location s'est dotée d'une nouvelle équipe spécialisée dans la location et d'une belle flotte de Hyundai (i10, i20, Kona) et Ford Fiesta, mode manuel ou automatique disponible. Également des Citroën C3. Assurance tout risques comprise et kilométrage illimité. Pensez à réserver à l'avance, les demandes sont fortes sur l'île. Possibilité de récupérer ou déposer la voiture à la barge, idéal pour ne pas avoir à la transporter sur Petite-Terre. Une agence dynamique, qui dispose d'un numéro d'urgence 24h/24 et 7j/7.

GARCIA LOCATION

Route Nationale
✆ 0269 62 76 27
www.garcialocation.yt

Ouvert du lundi au vendredi de 8h à 16h et jusqu'à midi le samedi. Compter à partir de 16 €/jour.

Loueur sérieux et historique sur l'île depuis 1996, l'agence dispose de locaux neufs et d'un accueil avec gentillesse et sourire. Garcia Location vous propose des véhicules 3 et 5 portes, tous sont climatisés. Peugeot 107 et 108 (A), Fiat Panda (B), Peugeot 208 et Nissan Micra (C), Peugeot 308 ou Panda 4x4 (D), Berline, SUV et des utilitaires Partner, Expert ou Boxer. Kilométrage illimité, livraison avec le plein. Location de siège-bébé et rehausseur. Départ et retour à l'agence de l'aéroport. L'agence est également présente à l'aéroport de Petite-Terre.

© ICREALAND MAYOTTE

© ICREALAND MAYOTTE

© ICREALAND MAYOTTE

© ICREALAND MAYOTTE

MAMOUDZOU

EUROPCAR LAGON LOCATION

Route Nationale
✆ 0269 61 72 72
www.europcar-mayotte.com
Ouvert du mardi au samedi 7h-17h30. Dimanche 8h-12h. Compter à partir de 38 € par jour pour un véhicule type Twingo.

Toute la gamme Renault est disponible. Une équipe très professionnelle et expérimentée qui dispose d'une flotte de véhicules récents et de son propre atelier de mécanique Renault derrière le siège de la société à Kawéni, bien pratique. Réservation et livraison possible dans les hôtels Trévani (Koungou), Sakouli (Bandrélé) et Caribou (Mamoudzou). Possibilité également de livraison et de restitution à l'aéroport et livraison gratuite à la barge. Assistance technique 24h/24 sur toute l'île. Enfin, gardiennage proposé à l'aéroport sur demande.

© EUROPCAR MAYOTTE

© EUROPCAR MAYOTTE

MULTI AUTO

Route Nationale
✆ 0269 61 41 65
www.multiauto.yt
Ouvert du lundi au samedi de 7h30 à 18h. Véhicule à partir de 20 € par jour.

Situé sur la route de Kawéni, juste à côté de Groupama, ce loueur établi de longue date propose des véhicules climatisés publicitaires, en nombre limité, ou d'autres véhicules récents et bien entretenus, climatisés ou non, en kilométrage illimité. Tarifs réduits sur la base d'un mois. Également des utilitaires et des 4x4. Assistance 24h/24 et assurance tous risques sur tous les véhicules, conducteur additionnel gratuit. Caution à prévoir, 23 ans minimum et 2 ans de permis. Une deuxième agence est présente à l'aéroport de Petite-Terre.

TOTAL

✆ 0269 61 50 27
www.total.yt
Station-service Total ouverte de 7h à 21h et le dimanche jusqu'à 18h. Distributeur automatique de carburant 24h/24.

Distributeur automatique de carburant 24h/24. Système de « Car wash » avec aspirateur. Située à la sortie ouest de Mamoudzou, la station Total de Kawani est idéalement située à quelques mètres des loueurs de voitures, l'idéal pour faire le plein et l'ultime nettoyage avant de rendre son véhicule. Attention Mayotte ne compte que 7 stations-services (Chirongui, Pamandzi, Passamainty, Majicavo, Combani, Longoni et Dzoumogné) dont l'approvisionnement dépend des cargos, faites toujours le plein lorsque vous passez devant l'une d'entre elles, peu importe votre jauge.

MAORE LOCATION

Lot 10 Z.I. Nel
✆ 0269 62 22 73
https://maore-location.business.site
Ouvert du lundi au vendredi de 9h à 12h30 et de 14h à 16h30. Le samedi de 8h à 13h. Location à partir de 9 € par jour.

Créée en 2019, Maore Location est spécialisée dans la location de deux-roues. Le plus petit modèle est la ZIP 50 en 50 chevaux, puis, en 125 chevaux, la Medley 125 ABS et la Over B3, plus citadines. Idéale si vous voyagez avec du matériel : la Liberty double rack. Enfin, plus sportives, la Aprilia RX 125 et la Archive Scrambrer. Les deux-roues restent le remède idéal contre les bouchons matinaux. Maore Location propose également des vélos électriques à des prix très attractifs pour ceux qui préfèrent mettre le pied à l'étrier.

MAMOUDZOU

À VOIR / À FAIRE

Ville neuve, Mamoudzou présente peu d'intérêt historique, mais sera agréable pour la flânerie. La balade dans Mamoudzou commence par le rond-point de la Barge. C'est le centre le plus vivant de Mayotte, parfois embouteillé, toujours animé. Dos à la barge, on a, à droite, le marché, qui vaut le détour, et la route qui part vers Kawéni, la mangrove et la pointe Hamaha. En face, la ville étale son dédale de ruelles grimpant à flanc de colline jusqu'à l'hôpital qui surplombe la ville. A gauche, la marina et d'agréables cafés puis la pointe Mahabou et son sentier découverte. La ville fourmille et le bain de foule peut parfois être submergeant mais la nature n'est jamais bien loin, il n'est d'ailleurs pas rare d'apercevoir des makis en début ou en fin de journée. Les couchers de soleil sont toujours un régal depuis les quais, tout en observant les allers-retours incessants des barges. La ville se laisse découvrir avec plaisir.

COMITÉ DU TOURISME DE MAYOTTE

Front de mer
✆ 0269 61 09 09
www.mayotte-tourisme.com
Ouvert du lundi au samedi de 8h à 17h.

Le CDTM, pour les intimes, vous accueille du lundi au samedi dans ses locaux situés aux abords de la barge à Mamoudzou en Grande-Terre. Vous y trouverez des informations sur les hébergements, les locations de véhicules, la restauration, les activités pour découvrir l'île et les lieux à ne surtout pas manquer lors de votre séjour. Une petite boutique sur place vous permettra de trouver des produits locaux de qualité et de faire vos derniers achats avant le départ.

AGENCE ISSOUFALI

Place du Marché,
✆ 0269 61 36 36
www.agences-issoufali.com
Agence ouverte du lundi au vendredi de 8h à 16h30 et le samedi matin de 8h30 à 11h30.

Cette agence historique à Mayotte permet de vous envoler vers les îles de l'Océan Indien et bien plus encore. Pour répondre à une demande croissante au niveau de l'aérien, le groupe Issoufali a fondé en partenariat avec Air Austral la compagnie régulière mahoraise « EWA ». Au départ de Dzaoudzi, c'est l'occasion rêvée de partir à la découverte des îles de l'Archipel des Comores, de Madagascar, mais également des destinations proches du Canal du Mozambique. Un aller pour Dar es Salaam, et en route vers les parcs nationaux de Manyara, de Mikumi et d'Arusha.

MAORE AVENTURE - SIRI ZA MAORE

✆ 0269 62 30 87
Excursions et randonnées au départ de toute l'île à partir de 65 € l'excursion avec repas local et 55 € la randonnée.

Pour rencontrer et découvrir Mayotte, partez avec Attoumani, l'un des seuls guides mahorais qui saura vous initier aux plus belles traditions de l'île. Il est associé à l'agence réceptive Baobab Tour et occupe un poste de direction au Comité du tourisme. Mayotte n'a plus de secrets pour lui, il ne vous reste plus qu'à les découvrir avec lui : bivouac, randonnée pédestre, piste des senteurs, observation des tortues. Pensez à bien réserver à l'avance.

RÉSIDENCE DU DOMAINE DE KAVANI

6 rue du Stade
✆ 0269 63 08 10
domainedekavani.yt
Sur réservation uniquement.

Némati, propriétaire de la Résidence du domaine de Kavani, organise des ateliers de cuisine et d'autres ateliers : confection des bouquets de jasmin, masques de beauté, comment porter le Salouva, visites guidées, etc. Némati est très impliquée dans le tissu associatif et accompagne beaucoup de projets, c'est grâce à elle notamment que le football féminin existe depuis les années 1990 à Mayotte. Le lieu accueille également un spa avec sauna, massage et bain bouillonnant.

CHARTE MAMMIFÈRES MARINS ET LABEL HQWW

Signée en août 2014, cette charte destinée aux opérateurs nautiques est complémentaire à la réglementation nationale et locale (arrêté préfectoral N°49/SEF/DAF du 13 juillet 2010 et arrêté ministériel du 1er juillet 2011). Elle a pour but de protéger les 24 espèces qui sont recensées dans les eaux de Mayotte, chiffre qui représente un quart de la diversité spécifique mondiale.

Article 1 – Adaptation de l'approche au comportement de l'animal

- Observer l'animal à distance afin de comprendre son comportement et de prédire sa réaction à l'approche du bateau ou des nageurs.
- L'approche en bateau ou à la nage doit être interrompue immédiatement si l'animal montre le moindre signe de perturbation.
- La lutte contre tout comportement d'évitement des bateaux ou nageurs par l'animal doit être proscrite.

Article 2 – Modalités générales à respecter lors de l'approche d'un mammifère marin

- Prendre toutes les précautions particulières lors de l'approche ou ne pas tenter l'approche des animaux dans les phases sensibles de leur cycle vital (adultes accompagnés de leurs petits ou juvéniles isolés).
- Il est déconseillé d'approcher des animaux pour lesquelles une observation est déjà en cours et de pratiquer des observations répétées sur le même groupe au cours de la journée.
- Chaque embarcation arrivant sur la zone doit veiller à rejoindre les embarcations déjà présentes du même côté des animaux et rester groupée afin d'éviter le phénomène d'encerclement des animaux.
- Lorsque plusieurs bateaux sont sur le site, l'ordre d'arrivée des bateaux définit l'ordre de passage.

Article 3 – Modalités d'approche à respecter dans la zone d'observation (300-100 m) pour toutes les espèces de cétacés

- La zone d'observation est le périmètre délimité de 300 à 100 m de distance à l'animal le plus proche.
- Le nombre d'embarcations dans la zone d'approche est limité à deux.
- La durée de la présence dans la zone est limitée à 30 minutes et doit être réduite s'il y a d'autres bateaux en attente.
- L'approche se fait par ¾ arrière des animaux, le suivi se fait parallèlement à leur trajectoire et l'éloignement se fait à vitesse réduite sans couper la trajectoire des animaux.
- Ne jamais dépasser la vitesse maximale de 5 nœuds ou l'animal le plus lent du groupe. Eviter tout changement brusque de vitesse et de direction.
- Ne pas séparer les groupes d'animaux.
- Ne pas pousser l'animal vers un obstacle ou le forcer à se déplacer ou changer sa direction.
- Toute pratique incitant les animaux à s'activer ou changer leur comportement est à proscrire (accélération brusque, navigation en cercles, etc.).

Article 4 – Modalités à respecter dans la zone de prudence (à partir de 100 m) pour les delphinidés

- Le nombre d'embarcations dans la zone d'approche est limité à deux.
- La durée de la présence dans la zone est limitée à 30 minutes et doit être réduite s'il y a d'autres bateaux en attente.
- Suivre les mêmes modalités d'approche que dans la zone d'observation.

Article 5 – Modalités à respecter dans la zone de prudence de 100 m autour des grands cétacés

- Le nombre d'embarcations dans la zone est limité à deux.
- Débrayer le moteur.
- La durée maximale de présence dans la zone, limitée réglementairement à 30 minutes, doit être réduite s'il y a d'autres bateaux en attente.
- L'approche à la rame ou à la dérive est envisageable sous réserve que le pilote du bateau ait les capacités et les moyens (non motorisés) de maîtriser son embarcation.
- Ne jamais approcher l'animal par l'avant ni par l'arrière.

Article 6 – Respect des horaires de quiétude pour les baleines à bosse

- Restreindre l'approche des baleines à bosse au matin afin d'assurer le calme de ces animaux tous les jours à partir de 14h.

Article 7 – Modalités relatives à la mise à l'eau avec les mammifères marins

- La présente charte déconseille fortement la nage avec les mammifères marins qui, malgré leur apparence paisible, restent des animaux sauvages potentiellement dangereux.

Depuis 2018 les professionnels peuvent également demander à obtenir le label « **High Quality Whale Watching** » dit HQWW reconnu par le ministère en charge de l'Environnement. Une des différences majeures avec la Charte est que le label interdit la mise à l'eau avec les mammifères marins, et limite à un bateau dans la zone d'observation.

HAUTEURS ★★

Les hauteurs de Mamoudzou commencent au niveau de l'hôpital. De là, vous profiterez de la superbe vue sur Petite-Terre et rejoindrez le quartier de la Convalescence. En longeant par la gauche, vous accèderez à la rue des Seize-Villas et des Cent-Villas, un quartier dit de M'zungus. En revenant sur vos pas, et en redescendant toujours tout droit, vous passez devant le commissariat de police. En poursuivant encore, vous trouverez le Conseil général, la poste, l'église et le cinéma. Sur votre droite, après l'église, se trouve le Centre artisanal Ouhayati.

MARCHÉ DES HALLES ★★★

Ces halles regroupent les vendeuses de fruits et légumes, les pêcheurs avec leurs poissons et l'artisanat, etc. Une visite s'impose en début de séjour ou avant de prendre la barge pour mettre une image sur le nom des produits alimentaires qui rythmeront vos repas : mangues, oranges, papayes, manioc, brèdes, songes, patates douces, viande de zébu, de cabri, poissons du large ou du lagon… Le midi, c'est l'endroit idéal pour manger local, pas cher et sur le pouce, ou encore acheter quelques souvenirs, l'animation y est garantie.

MAISON DU GOUVERNEUR ★★★

Quartier de la Convalescence
Longueur : 6 km, compter 2 heures de marche. Difficulté : facile. Point de départ : quartier de la Convalescence.

Une randonnée accessible, mais il est conseillé de prévoir des chaussures appropriées à la marche, le terrain en fin de parcours est glissant. Ne pas oublier l'anti-moustiques et de l'eau. Le sentier traverse la réserve forestière de Majimbini, très agréable à l'ombre des canneliers, des bambous et des badamiers, jusqu'à rejoindre la fameuse maison du gouverneur. Construite dans les années 1880 afin de permettre une « convalescence » plus supportable dans cette zone tropicale aux militaires en poste. Elle fut ainsi bâtie sous le modèle de l'architecture créole avec une varangue, située dans les hauteurs de Mamoudzou, sur le mont Mtsapéré à 400 mètres d'altitude. Les militaires et colons y résidaient pour quelques temps afin de se rétablir de leurs maladies, tout comme les gouverneurs d'alors. De plus petites cases servaient ainsi de dépendances, des écuries, une cuisine extérieure et même un jardin potager s'y trouvaient. L'endroit devint très rapidement un haut lieu de villégiature particulièrement prisé des colons puis des riches personnalités de l'île, pour sa fraîcheur apaisante, son magnifique point de vue surplombant tout le lagon et son cadre superbe avec la forêt de Majimbini où makis et manguiers prolifèrent. Selon toute vraisemblance, le cyclone de 1953 ravagea le site qui pendant plus de quarante ans fut totalement abandonné et demeura à l'état de ruine. C'est en 1999 qu'un chantier de rénovation débuta afin de redonner vie à ce lieu. Le sentier étant assez isolé, il est préférable de ne pas s'y aventurer seul(e).

POINTE MAHABOU ★★

Boucle de 2,5 km, compter 45 min.

Située à l'est de la ville en prenant la direction de Dembéni ou M'tsapéré, on peut terminer la journée en allant se promener à la pointe Mahabou, aménagée en parcours de santé et en lieu de découverte botanique. Au pied du pic la mangrove débouche sur un beau jardin aménagé et apprécié de tous pour se couper de la ville. Du belvédère, on profite d'une très belle vue sur le lagon et Petite-Terre. Au début de la montée, sur la gauche, on peut voir la tombe d'Adriantsouly, le dernier sultan de Mayotte. C'est désormais un lieu sacré, ou *ziara*, pour tous les Mahorais.

SE LOGER

Les hôtels sont répartis un peu partout dans Mamoudzou entre le centre, les hauteurs et Cavani principalement. Ils sont tous relativement bien situés, car la ville n'est pas très grande. Les adresses les plus agréables sont souvent prises d'assaut par les voyageurs en déplacement professionnel et les alternatives ne sont pas toujours à la hauteur. Ainsi, n'hésitez pas à réserver longtemps à l'avance ou à vous éloigner de la ville : Koungou, Majikavo, M'tsapéré ou encore Passamaïnty sont à moins de 30 minutes de route hors heures de pointe. Si tout est plein, l'ultime recours est de se loger sur Petite-Terre. Les allers-retours en barge prennent du temps mais sont beaucoup plus agréables que les bouchons. Côté tarifs, la plupart des voyageurs étant en déplacements professionnels, et donc pris en charge par des entreprises généreuses sur le budget, les prix sont souvent surévalués par rapport à la qualité proposée.

MA CHAMBRE EN VILLE €

Les Hauts des Jardins du Collège
✆ 0269 61 44 52
www.mcv-mayotte.fr

Compter 65 € la chambre simple par nuit, 70 € la double. Supplément petit déjeuner à 5 € par personne.

Au cœur de la ville, proche des administrations (Vice-Rectorat, Préfecture…) et de l'Hôpital, légèrement sur les hauteurs, les 4 chambres vous attendent pour vos séjours d'affaires ou de loisirs. Les chambres bénéficient d'une belle vue sur le lagon et Petite-Terre, et donnent sur un jardin. Coin bureau avec Wifi. Une salle commune est à disposition avec un espace petit déjeuner, cafetière, micro-ondes, bouilloire et réfrigérateur. Le petit déjeuner est servi sous forme de buffet dès 6h30, mais il est toujours possible de le préparer soi-même pour les lève-tôt.

L'HORIZON €

9 rue Mahabou
✆ 06 39 29 41 84
www.horizon-mayotte.fr

Classé 4 Ylangs. Compter 65 € la nuit pour une personne et 70 € pour deux personnes. 5 € le petit déjeuner.

L'un des meilleurs rapports qualité-prix de la ville, une adresse très bien tenue. Idéalement situé, dans le centre de Mamoudzou, à deux pas de la rue du commerce et de la mairie, surplombant le port (pratique pour les rendez-vous des sorties nautiques et la plongée), L'Horizon loue ses quatre chambres d'hôtes climatisées, dont deux avec vue sur le lagon. Les quatre chambres partagent un agréable salon TV, un frigo commun et un coin café ainsi qu'une terrasse sur laquelle sera servi le petit déjeuner. On apprécie ce lieu calme, sécurisé et familial.

RÉSIDENCE DU DOMAINE DE KAVANI €

6 rue du Stade ✆ 0269 63 08 10
domainedekavani.yt

A partir de 75 € la chambre standard, 85 € pour le studio et 95 € pour les appartements de 50 m² avec terrasse.

A 5 min du centre-ville, une structure au calme, confortable et équipée d'une belle piscine, les chambres sont spacieuses ; dans les espaces communs un coin salon et une vue splendide sur le lagon. Le petit déjeuner est composé de jus de fruits maison préparés avec amour par Némati, croissants, pain, beignets accompagné de thé traditionnel et confitures maison ! Des propriétaires attentifs, qui veillent au bon fonctionnement de la structure. La nouveauté, c'est l'ouverture du spa.

L'ESCALE €€

4 rue Abdoul Bastoi Omar
✆ 06 39 29 41 84
www.horizon-mayotte.fr

Compter 65 € la nuit pour une personne et 70 € pour deux personnes. 5 € le petit déjeuner.

Littéralement en face de l'hôpital de Mamoudzou et à quelques mètres de la préfecture, l'Escale est idéalement située pour les professionnels qui se rendent à Mayotte pour un voyage d'affaires. L'adresse fait partie du triptyque composé également de Ma chambre en ville et l'Horizon, gage de fiabilité, confort et propreté. Les cinq chambres sont au deuxième étage avec une belle vue sur la ville, la mer et Petite-Terre. Le petit-déjeuner est servi tous les matins sur la terrasse, pour le déjeuner et le dîner, une cuisine commune est à disposition.

HÔTEL CARIBOU €€

Place Mariage
✆ 0269 61 19 05

A partir de 110 €. Petit déjeuner inclus. 40 chambres, 5 appartements, restaurant et piscine.

Destiné principalement à une clientèle d'affaires et au personnel hospitalier, on apprécie sa situation au cœur du centre-ville et proche de la barge, ainsi que sa piscine vue mer. L'hôtel propose 40 chambres confortables dont 7 suites climatisées avec vue sur les « mamas brochettes » et le lagon. A l'étage, un espace restaurant-bar-lounge avec le Mermoz et la belle piscine mise en lumière le soir par des spots, c'est très chic et des soirées sont régulièrement organisées. Attenant, la fameuse brasserie Caribou Café est idéale pour se restaurer le midi.

HÔTEL MAHARAJAH €€

2 rue du Commerce ✆ 0269 60 96 09
www.hotelmaharajah.com

Réception 24h/24. A partir de 131 € la chambre standard, 168 € la twin et 170 € la suite junior avec petit-déjeuner.

Plutôt récent et bien tenu, c'est l'hôtel 3-étoiles du centre-ville qui répond aux standards internationaux. Il saura vous trouver une place, que vous soyez en solo ou en famille avec 52 chambres Standard, 9 Junior suites et 10 Business suites avec salon privé. Toutes les chambres sont climatisées et équipées d'un coin cuisine (sur demande) et d'un téléviseur écran plat. On peut se détendre dans la cour intérieure aménagée avec tables et parasols. Certainement aussi le premier établissement qui a installé un ascenseur, pratique ! Restaurant indien sur place.

OASIS HOTEL €€

97 rue du commerce
✆ 02 69 61 12 23
https://oasishotelmamoudzou.fr/

Chambre double 60 € ou bungalow 80 €. Petit-déjeuner 6,50 €.

Une adresse pratique pour un séjour professionnel à Mayotte : l'Oasis Hôtel est situé au bout de la rue du Commerce, à 5 minutes à pied du centre commercial le Baobab et à 10 minutes à pied de l'hôpital et de la préfecture. Privilégiez les bungalows à l'arrière de l'hôtel qui proposent de plus de surface que les chambres. L'hôtel dispose d'une grande terrasse avec wifi, pratique pour travailler le soir et rencontrer ses voisins. Un micro-ondes et un frigo permettent de faire sa tambouille pour dépanner, sinon les restaurants ne sont pas loin. Parking gratuit.

LA RESIDENCE €€

Route de la geôle
✆ 06 39 69 17 86
http://bond-residence.populus.org

Compter 65 € en, 80 € le studio en rez-de-jardin et 70 €. Bungalow à 70 €. Petit déjeuner à 8 € en libre-service.

La Résidence est spécialisée dans le tourisme d'affaires, mais reste ouverte bien entendu aux visiteurs de passage. L'établissement est très bien tenu par la propriétaire, Sophie. Très belle vue sur Kawéni depuis la terrasse où se trouve le bar. Au rez-de-chaussée, au niveau du restaurant, un petit jardin autour d'une piscine très agréable. C'est ici qu'est servi le petit-déjeuner buffet. Les chambres sont équipées d'un lit double en 140. Les 8 studios meublés et les deux bungalows type créole meublés au niveau de la piscine sont équipés d'une kitchenette.

© LA RÉSIDENCE MAYOTTE

© LA RÉSIDENCE MAYOTTE

RÉSIDENCE HÔTELIÈRE LA COLOMBE €€

4 rue Mamawé
✆ 0269 61 36 28
www.site.hotel-lacolombe-mayotte.fr/
A partir de 85 € par nuit selon la durée du séjour, le nombre d'occupants et la catégorie de visiteurs.

Une résidence récente et bien entretenue. Le propriétaire a su insuffler un bel esprit, l'espace extérieur est très agréable pour le petit déjeuner ou l'apéro du soir. Les chambres spacieuses de 24 à 29 m² sont toutes équipées d'une salle de bains, d'un coin cuisine avec réfrigérateur, bouilloire et vaisselle. Téléviseur HD écran plat, un bureau pour être à l'aise avec son ordinateur, avec la climatisation en prime. Petit balcon et cour intérieure. Idéalement située en centre ville.

© RÉSIDENCE HÔTELIÈRE LA COLOMBE

© RÉSIDENCE HÔTELIÈRE LA COLOMBE

HAMAHA BEACH HÔTEL €€€

Pointe Hamaha
✆ 0269 64 50 80
www.hotelhamaha.com
Chambre rez-de chaussée avec mini-piscine 195 €, chambre 1er étage avec balcon 160 € et chambre dernier étage à 95 €.

Situé dans un écrin de verdure, l'hôtel-restaurant Hamaha Beach domine le lagon et offre une vue imprenable sur Petite-Terre. Les 16 chambres sont climatisées et meublées confortablement et équipées en wifi, TV, minibar, coffre-fort, cafetière expresso... 3 catégories de chambres : « Baobab » avec une double terrasse et une mini-piscine, « Tortue » avec un grand balcon et « Hippocampe ». Parking, terrasse et jardin. L'établissement haut de gamme s'adresse autant aux voyageurs d'affaires qu'aux touristes. A venir : un spa et une base nautique.

© HAMAHA BEACH HOTEL

© HAMAHA BEACH HOTEL

SE RÉGALER

À l'image de la ville en général, on trouve de tout à Mamoudzou : des bons restaurants très chics à la cuisine raffinée, en passant par des plats locaux et copieux jusqu'aux mamas brochettis qui vendent leurs brochettes accompagnées d'un morceau de fruit à pain, manioc ou banane. Attention toutefois, beaucoup de restaurants ne sont ouverts qu'en journée et en semaine et se destinent quasi exclusivement à la clientèle de travailleurs. Ceux qui restent ouverts sont davantage des restaurants et bars d'ambiance avec concerts et soirées à thème, de quoi dynamiser le centre-ville une fois que la foule a repris la route. La zone de Kawéni et des Hauts-Vallons s'est développée récemment avec de bonnes tables pour nourrir ceux qui œuvrent dans la zone industrielle. Cuisine française, locale, internationale, chinoise, indienne : il y en a pour tous les goûts. Mamoudzou est sans conteste la ville où l'on trouve le plus de restaurants sur l'île.

Des fruits en provenance directe du marché de Mamoudzou ou du jardin…

LE CITRON VERT €

Rue de l'hôpital
✆ 06 39 61 94 75

Ouvert du lundi au samedi midi et soir. Grande salade autour de 12 €, plat autour de 12 €.

Adresse incontournable à Mamoudzou, le Citron vert est le lieu de retrouvailles des fonctionnaires et du personnel hospitalier dont les locaux sont situés à quelques pas seulement. Restaurant de spécialités mahoraises, des plats typiques et raffinés en proportions généreuses : kangue, carry poulet, romazava ou mataba. Une spécialité du Citron vert, les tiramisus, déclinés en plusieurs parfums : citron vert bien sûr, spéculos, beurre salé, fruits rouges, fruit de la passion... un bonheur ! Accueil bienveillant de Laurent et Halima qui proposent aussi à emporter.

© LE CITRON VERT MAYOTTE

© LE CITRON VERT MAYOTTE

LE BOBOKA €€

50 rue de la Pompe
✆ 0269 61 21 38

Compter de 12 à 16 € le plat, dessert de 3 à 5 €. Menu langouste, sur réservation. Ouvert tous les jours midi et soir.

Restaurant de gastronomie locale reconnu pour la saveur de sa cuisine. Une belle occasion de découvrir les Bengani (aubergines et coco avec viande), Mataba (feuille de manioc, coco et miettes de poisson), Massango (requin au safran et cumin), M'zigo (citrouille au lait de coco), les galettes Foutra (la spécialité, sortes de blinis avec coco et sauce à la viande). En dessert le Toubou Toubou (farine de manioc, coco et cannelle) et le Goula Goula (beignet au sucre avec chantilly). Le tout accompagné d'un jus de fruits frais corossol, passion, goyave ou carambole.

LE CAMION ROUGE €

A un lancer de brochetti (niveau régional) du 5/5.
✆ 06 39 24 02 41

Ouvert de 7h à 22h/23h en semaine et le week-end jusqu'à 1h. Fermeture du camion le dimanche. Sandwich à partir de 4 €.

Situé face à la barge, dans la lignée du 5/5, le Camion Rouge est connu par les travailleurs qui viennent y boire un café avant de commencer la journée ou une bière pour décompresser à l'heure du coucher du soleil. Ambiance sympa, accoudé au comptoir ou sur la terrasse « Lipton yellow ». La formule petit déjeuner comprend la boisson chaude, le jus de fruits et la viennoiserie. Midi et soir sandwichs, bouchons et frites. On y vient pour la proximité avec la barge en journée et pour les « before » en soirée. C'est simple et convivial.

CHEZ COUSIN €

Rond point du baobab
✆ 0269 61 33 88

Ouvert tous les jours de 6h à 22h et le dimanche de 8h à 15h. Plat du jour entre 8 et 15 €. Livraison.

Restaurant de spécialités locales (m'tsolola, pilao, romzava, etc.) qui varient selon les jours de la semaine, sandwichs, kebabs et pizzas. Des bons jus de fruits. Soirées à thème le week-end. Cham, dit « cousin », est très impliqué dans la vie locale et dans la scène musicale, l'adresse est une étape du festival de jazz. Depuis le confinement Chez Cousin a mis en place un système de livraison gratuite sur tout Mamoudzou. Pratique quand on n'a pas envie de ressortir le soir, mais il faut penser à réserver très tôt car vous ne serez pas les seuls à avoir eu l'idée.

LE KAMCHAM €

7 Rue de l'hôpital
✆ 0269 60 56 23
www.hotel-lacolombe-mayotte.fr
Ouvert du lundi au samedi midi. Entrée entre 10 et 13 €, plats entre 11 et 20 € et dessert à 6 €.

Laurent vous propose une cuisine à la fois locale et métropolitaine. Côté mer on retrouve le tartare de poisson, un pavé de thon au poivre vert ou encore un pavé d'espadon sauce corail ; et côté terre du magret de canard au gingembre, ou encore du gratin de poulet à l'indienne. Les plats régionaux figurent évidemment aussi au menu : le poulet coco, le rougail boucané bringelles et le cabri massalé. Le tout accompagné de bon jus de fruits frais. A consommer sur place dans une salle moderne et climatisée avec wifi ou à emporter.

MAYDA €

Avenue Abdoul Bastoi
✆ 06 39 05 78 61
Plat à partir de 8 €, pizza entre 7 et 13 €. Ouvert du mardi au samedi de 7h à 22h, le lundi midi et le dimanche soir.

Située sur l'avenue principale qui monte à l'hôpital et à la préfecture, Mayda est une adresse pratique pour les repas du midi. Multi-casquettes, Mayda fait pizzeria, kebab, traiteur mais aussi des plats locaux, ce qu'on recommande : kangué, poulet curry, brochettes de poisson ou de poulet. En accompagnement : banane, manioc ou le délicieux mataba. Comme pour toutes les adresses sur Mamoudzou, ne tardez pas trop pour aller chercher votre plat car il y a la queue à midi, n'hésitez pas à commander par téléphone. Possibilité de manger sur place.

CHEZ NAÏMA BROCHETERIE €

14 rue Mamawé
✆ 06 39 69 59 76
Ouvert midi et soir sauf le dimanche. Compter autour de 10 € le repas.

Brochetti « amélioré », Naïma propose des plats locaux de viande ou de poisson accompagnés de riz et de fruit à pain. C'est simple mais consistant et on y a l'avantage d'être assis à l'ombre. Le midi, les travailleurs locaux s'y pressent car l'établissement est très bien situé entre la rue du Commerce et les bâtiments du Conseil Départemental, mais l'adresse est plutôt calme en soirée. Idéal pour se restaurer lors d'un déplacement professionnel ou pour découvrir les plats locaux avec l'assurance d'un certain niveau d'hygiène.

LE MOANA €€

1 bis Rue du Commerce
✆ 06 39 69 24 14
Du lundi au samedi en continu de 10h à 23h. Formule pdj sucré ou salé 10 €, plat dès 14 €. Service traiteur à emporter.

Désormais tenu par le globe-trotteur et passionné Florian, Le Moana est un incontournable. Au menu : panaché de poissons avec ses rillettes, tartares, une succulente et fraîche salade bora bora (poissons marinés et lait de coco) ou poisson fumé. Sushis, makis et sashimis, mais aussi de bonnes grillades ! La carte varie selon la pêche du jour. Un bon rapport qualité-prix, un service efficace et agréable pour apprécier une vue imprenable sur le lagon. Service traiteur avec du poisson frais, cru et mariné et livraison à domicile dans un rayon de 10 km. Bar à vin.

© LAURENT BOSCHERO

© LAURENT BOSCHERO

MAMOUDZOU

L'AUBERGE DU RONT-POINT €€

3 bis Rue du Commerce ✆ 0269 61 04 61

Ouvert tous les jours sauf le samedi midi et le dimanche toute la journée. Comptez autour de 15-25 € le plat.

© LAURENT BOSCHERO

En plein centre-ville, la grande terrasse protégée offre une vue superbe sur le port et les bateaux de plaisance. La carte est claire, étoffée, avec la mer à l'honneur. Une cuisine métropolitaine composée de produits locaux de qualité, préparée avec amour par un chef français charismatique, qui aime la création. Au menu : trio de poisson nappé de crème au citron, fricassée de gambas à la crème de coco et sésame, fricassée de pinces de crabe au safran (selon arrivage). Un service efficace et agréable dans un décor élégant. Adresse incontournable de Mamoudzou.

RESTAURANT CARIBOU CAFÉ €

Place Mariage

✆ 0269 61 14 18

Pizzas entre 11 et 13 €, grillades 18-21 €, spécialités entre 14 et 20 €. Livraison possible.

En plein centre-ville, cette brasserie attenante à l'hôtel éponyme propose des formules snacks (hamburger, pizza, croque-monsieur et madame), mais aussi et surtout une carte avec des salades, et des plats tournés vers la mer (tartare de poisson, blanquette de la mer, gambas et Saint-Jacques à la thaïe, carpaccio, poisson fumé...). C'est la cantine des chefs d'entreprise et des fonctionnaires de l'île lors du café le matin et au moment du déjeuner. Le service est rapide et efficace, le cadre est très bien réalisé. Karaoké le samedi soir. Ouvert le dimanche.

LA TABLE DU SÉNAT €

51 bis rue M'Gombani

✆ 06 39 23 06 58

Ouvert tous les jours, midi et soir. Spécialités mahoraises et françaises. Petits prix, compter de 7 à 10 € le plat.

Une petite adresse authentique comme on aime, tenue par un Mahorais, Ali, d'une gentillesse à toute épreuve, qui propose une cuisine locale avec des produits frais. Poulet coco, entrecôte de bœuf, rougail saucisses, bœuf gros sel, etc. Basique mais copieux. Possibilité de manger dans la salle ventilée ou en extérieur sur la place, un petit air de riviera en plein Mamoudzou, c'est original ! C'est assurément le bon plan pour ceux qui ont choisi de dormir sur Mamoudzou. L'attente peut être longue, signe que les plats sont faits sur mesure pour vous !

LE TANDOOR €€

2, rue du Commerce

✆ 0269 609 609

www.hotelmaharajah.com

Ouvert tous les soirs à partir de 19h, sauf le samedi. Menu complet à 25 €. Plat à la carte 9 €.

Spécialités du nord de l'Inde avec des mets mogholes et des grillades au four traditionnel « tandoor » préparés par le chef indien Sohan. Au menu, choix de grillades, plats végétariens, riz basmati, naans et desserts. Le restaurant le Tandoor propose aussi des variantes plus continentales en fonction des produits frais. Pour les végétariens, de bons currys (aubergines, pommes de terre, petits pois ou lentilles). Les amateurs de galettes indiennes peuvent les déguster nature, au fromage ou à l'ail. Le restaurant propose parfois des pizzas (notamment végétariennes).

TRAITEUR HARIBOU €€

Route de la convalescence

✆ 06 39 69 61 04

Ouvert lundi et mardi de 8h à 17h, jusqu'à 22h du mercredi au samedi.

Youssouf et Haloua proposent un service de traiteur avec des petits plats, verrines, brochettes et mignardises pour garnir de belles tablées lors de mariages, cocktails, soirées d'entreprise et célébrations diverses. Le tout joliment présenté dans des paniers en feuilles de cocotier. Les commandes vont jusqu'aux brunchs et anniversaires sur la plage, de quoi rêver en grand pour les vacances, Haloua sait s'adapter aux différentes demandes et aux grands groupes. Sa pavlova au letchi et fruit de la passion a été lauréate du concours culinaire pro inter-îles.

LA BIGOUDÈNE €€

1 Résidence Latania

✆ 0269 62 26 36

Ouvert du lundi au samedi midi et soir. Galette entre 3,50 et 15 €. Plat à partir de 19,50 €. Salades autour de 16 €.

Dans un joli cadre, la carte des crêpes et galettes est étoffée en comparaison à une crêperie classique. 3 types de galettes au sarrasin (traditionnelles, complètes, et à composer soi-même), 3 sortes de crêpes sucrées (desserts, traditions et gourmandes), tartines bretonnes et salades gourmandes. Toutes les semaines à l'ardoise 6 à 8 suggestions sont proposées. Breizh-burger, moules frites, poissons, tartares etc. Sans oublier la fameuse salade du moment, élaborée en fonction des produits du marché. Une adresse pour les fidèles, les curieux et les gourmands.

HARAKA €

82 route Nationale

✆ 0269 60 35 67

Ouvert les midis du lundi au samedi. Hamburger dès 6 €.

Situé au bord de la nationale, le Haraka est un petit restaurant qui attire les travailleurs pour leur pause midi. On y apprécie la qualité du service, l'accueil des propriétaires, les prix très raisonnables et les hamburgers frais avec leur pain préparé par un artisan boulanger. La formule du midi comprend une salade au choix et un café gourmand. Des plats plus traditionnels sont également proposés (pavé de bœuf, entrecôte sauce foie gras, andouillette avec moutarde à l'ancienne...) mais aussi divers paninis et tartes salées.

DÉLICES D'ASHI €€

Rue des fleurs

✆ 0269 62 30 57

Ouvert tous les jours sauf le dimanche de 11h à 14h et de 18h à 22h. Plat de 12 € à 18 €.

Cet ancien cuisinier de l'Orient Express a ouvert son propre restaurant de spécialités asiatiques en 2013 dans une zone difficile à trouver, en face de l'ancienne poste de Kawéni. Cela vaut la peine de chercher, une petite terrasse couverte sous une véranda pour les fumeurs et une salle climatisée décorée avec soin. Bouchons au poulet, beignets de crevettes, assortiment vapeur pour commencer ; émincés de porc aigre-doux, calamars braisés aux épices et des marmites délicieuses pour la suite. De bons plats dans une ambiance cosy, un service rapide et professionnel.

L'HIPPOCAMPE €€

1 rue impasse des pompiers - Zi kaweni

✆ 06 39 62 47 11

hippocamperestaurant.business.site

Ouvert du lundi au samedi de 9h à 16h, jusqu'à 23h le vendredi. Plat entre 10 et 23 €. Sandwichs autour de 7 €.

L'Hippocampe a ouvert ses portes en novembre 2017 dans la zone de Kawéni, pour le plus grand bonheur des résidents et touristes. On a le choix entre une restauration sur le pouce avec les classiques burgers, sandwichs et salades, ou de bons petits plats à déguster sur la belle terrasse comme magret de canard, tartare de thon et sa crème au citron ou encore mijoté du jour. La spécialité est le gratin de ravioles, qu'il soit au saumon, nature ou façon lorraine, on adore. Les plats du jour sont annoncés chaque matin sur la page Facebook, n'hésitez pas à réserver.

GÉGÉ LE GAULOIS EPICÉ €

Centre commercial Jumbo Score

✆ 0269 63 07 27

Ouvert tous les midis sauf le dimanche.

Entièrement rénové en 2019, Gégé le Gaulois Epicé est, comme son nom l'indique, une adresse conviviale invitant à la rencontre et au partage. Un partage des cultures qui se retrouve aussi dans l'assiette, présentant une cuisine à la fois mahoraise et du monde, revisitée à la française. L'espace fonctionne en self-service avec une rôtisserie et une carte snacking. On profite ensuite de la grande terrasse pour déguster en toute simplicité. Avec en bonus une tireuse à bière et une très belle carte des vins, alors n'hésitez pas à pousser la porte et dire jéjé !

IKAJO SUSHI €€

Les Hauts-Vallons

✆ 06 39 76 03 30

Lunch box du midi à 12 €, formule 8 makis et 8 California rolls à 15 €.

Une nouvelle adresse sur les Hauts Vallons (au niveau du rond-point des Hauts Vallons en face du M'Biwi) à découvrir : le concept n'est pas local mais la qualité est au rendez-vous. Ikajo Sushi propose de délicieux makis (saumon, concombre, cheese, thon), california (végan, thon, tartare, avocat), sushis et sashimis selon le poisson d'arrivage. Originalité côté desserts : le maki fondant Nutella ou Nutella banane, et le tartare de fruits. Les assiettes sont belles et copieuses, les compositions varient selon les produits frais disponibles. Livraison possible.

L'ITALIANO €€

Rue de la Grande-Traversée
✆ 06 39 09 51 75
boncoin-italiano.com

Du mardi au vendredi de 11h30 à 14h, le samedi de midi à 15h. Le soir uniquement vendredi et samedi de 19h à 21h.

Voici une nouvelle adresse sur Kawéni aux couleurs de l'Italie : place aux pâtes fraîches et aux pizzas au feu de bois. Pepperoni, roquette ou encore poulet, les ingrédients sont de bonne qualité et les assiettes bien décorées avec toujours une petite touche de verdure. Qui dit Italie dit bien sûr risotto, accompagné de ses *gamberi* (gambas) et de chorizo, pour une fusion terre et mer. Les plats sont disponibles à la livraison. Tous les premiers dimanches du mois l'Italiano organise un brunch avec buffet à volonté, idéal pour bien commencer la journée.

CHEZ MAMA PIZZA €

Lot n°31
✆ 06 39 69 30 30

Ouvert les soirs du mardi au samedi de 18h à 22h. Pizzas à partir de 9,50 €. Livraison pour 2 € supplémentaires.

Située à la sortie de Mamoudzou dans le quartier des Hauts Vallons, Chez Mama Pizza propose de bonnes pizzas sur place ou à emporter. Au menu les grandes classiques : royale, hawaïenne, catalane, mais aussi des pizzas plus originales comme l'abeille (chèvre-miel), l'indienne (poulet au curry) ou encore la pêcheur (fruits de mer). Il peut y avoir de l'attente selon les heures, n'hésitez pas à commander pour éviter les mauvaises surprises une fois sur place. Livraison à domicile possible et renforcée depuis l'épisode Covid 19.

LE JARDIN DES SAVEURS €

Lycée de Kawéni
✆ 06 39 67 41 33

Ouvert midi et soir en semaine, hors vacances scolaires. Formule rapide à 13 € le midi et à 28 € le soir avec le vin.

Une bonne option pour se restaurer à petit prix sur Kaweni. Le lycée hôtelier propose une formule du midi avec entrée-plat ou plat-dessert. La formule du soir propose quant à elle l'option entrée-plat-dessert avec une bouteille de vin. La cuisine réalisée par les élèves de bac pro, CAP et BTS est raffinée. L'adresse est l'une des meilleures tables de Mayotte, et pour preuve c'est là que les ministres et officiels vont manger lorsqu'ils sont en visite sur l'île. Pensez à réserver. Les menus sont affichés sur la page Facebook, possibilité de réserver en ligne.

PARIS 13 €

Parking de Mato
✆ 06 39 69 93 63

Ouvert 7j/7 de 7h à 23h. Spécialités asiatiques et viandes grillées. Plat du jour autour de 13 €.

Cette adresse est plutôt atypique, dans la zone, un barbecue et une petite terrasse sur un parking face au dépôt de meubles des propriétaires. Cependant la surprise est de taille, les plats frais préparés du jour sont exposés dans des vitrines ; l'entrecôte grillée au feu de bois est copieuse et de qualité avec sauce poivre ou roquefort, vous avez le choix. Les amateurs de poissons peuvent également profiter du barbecue pour goûter la brochette d'espadon, le vivaneau ou le mérou et les petits budgets le poulet grillé, avec frites.

L'ORIENT EXPRESS €€

Route Nationale
✆ 0269 62 73 52

Ouvert tous les jours midi et soir du lundi au vendredi et le samedi soir. Comptez de 18 à 22 € le plat.

Authentiquement chinoise, la cuisine de l'Orient Express a évolué avec une dose de cuisine française. La carte très variée propose en entrée des nems, wane tane, sarcives, beignets, puis de nombreuses variétés de potages, de nouilles, de fu yung, plats de poulet, bœuf, porc, poisson… On retrouve les grands classiques de la Chine : canard pékinois laqué sauce aigre-douce, bol renversé, shop suey ou encore émincé de porc au gingembre. Large choix de viandes et de poissons. Tous les plats sont également à emporter. Soirées musique.

RESTAURANT HAMAHA €€

Route de la plage Hamaha
✆ 0269 64 50 80
www.hotelhamaha.com

Ouvert pour petit déjeuner tous les matins, vendredi et samedi à midi, tous les soirs sauf dimanche. Plat de 19 à 24 €.

Le tout nouvel Hôtel Hamaha abrite le restaurant du même nom. La belle terrasse surélevée fait face à la plage et à Petite-Terre pour profiter d'une superbe vue le temps d'un repas (les plus chanceux pourront même voir des tortues se hisser sur la plage pour pondre !). Au menu : pêche du jour, salade du chef, pièce du boucher, plats du monde et plats de l'océan Indien. Les produits choisis sont frais et de qualité. Les plats se dégustent accompagnés d'un délicieux cocktail de jus frais ou d'un bon vin. C'est nouveau et on recommande !

FAIRE UNE PAUSE

Mayotte est un archipel plus salé que sucré, aussi les petites boulangeries, salons de thé ou pâtisseries ne sont pas nombreux – hormis les délicieuses pâtisseries orientales qui foisonnent en période de fêtes –, mais les bonnes adresses tendent à se développer ces dernières années. De jeunes talents proposent des desserts et mets à mi-chemin entre recettes françaises et influence américaine. La plupart des adresses vivent au rythme des travailleurs : ouvertes la semaine en journée, fermées le soir et le week-end. A l'inverse, les bars de bord de mer proposent depuis de nombreuses années des formules spéciales apéro et coucher de soleil qui ne passent pas de mode. En période des baleines, vous pouvez assister aux conférences gratuites sur les mammifères marins et le lagon au Camion Blanc. L'ambiance est détendue et familiale, les habitués de longue date y côtoient les nouveaux arrivants ou touristes et professionnels de passage.

LE CAMION BLANC

Port de Plaisance
✆ 06 39 21 19 16
Ouvert de 7h à minuit tous les jours. Compter de 4 à 8 € les sandwiches, croque-monsieur et paninis, burgers à 10-12 €.

Ou Snack du ponton. Paninis, sandwiches, burgers, salade au poisson fumé et une carte à l'ardoise qui change en fonction de la pêche et du marché. Le snack fourmille de plongeurs sur le départ ou de retour d'une journée d'excursion. Idéal pour boire un bon café en front de mer, on y apprécie la vue sur Petite Ile et les allers-retours de la barge. Le Camion organise des soirées animées qui ont la cote auprès des jeunes expatriés. Yannick de Mayotte Découverte y organise tous les mois en saison des baleines une conférence avec projection de film et sensibilisation.

CARESSE CREAM

Rue du Commerce
✆ 06 39 22 83 51
www.caressecream.com
Ouvert du lundi au vendredi de 11h30 à 21h, jusqu'à 17h le samedi et de 16h à 21h le dimanche.

Spécialiste de la glace artisanale et de la gaufre salée, Caresse Cream est une adresse originale à Mamoudzou où il fait bon se diriger lors des grosses chaleurs estivales (ou quotidiennes ?). Les glaces sont présentées roulées comme des crêpes et disposées verticalement dans un verre, c'est aussi beau que bon. Parmi les toppings à ajouter, notons la présence du Jacques, ce gros fruit vert qui pousse à même le tronc, très peu connu sous nos latitudes et dont la saveur est unique. Possibilité de livraison sur le nord-est, de Tsoundzou à Majikavo.

LA CROISETTE

Ponton des croisiéristes
✆ 06 39 69 61 04
Ouvert du mercredi au vendredi de 8h à 22h et jusqu'à 17h le lundi ; 18h le mardi. Ouvert à partir de 15h le samedi.

© LA CROISETTE MAMOUDZOU

Située derrière le marché de Mamoudzou sur le front de mer, la Croisette est un lieu agréable pour sortir et boire un verre à la tombée de la nuit, les pieds (presque) dans l'eau. Cours de salsa les mercredis et jeudis, suivis de soirées un vendredi sur deux. Sinon c'est kizomba et bachata tous niveaux. Un lieu qui bouge, à découvrir. La Croisette fait aussi restaurant le midi et le soir, et service traiteur pour les événements. Au menu : un mix d'ingrédients locaux et recettes métropolitaines : poulet au coco, darne de vivaneau, salade de poulpe fumé. Un régal.

GRAIN DE SUCRE

122 Résidence Lukida - Lotissement les 3 vallees
✆ 06 39 67 20 41
www.graindesucre.yt
Ouvert du mardi au samedi de 10h30 à 17h30, jusqu'à 18h le vendredi.

Situé dans le Lotissement des 3 Vallées, le salon de thé Grain de Sucre fait partie de ces belles nouvelles adresses pour les amateurs de pâtisseries et de douceurs. A la carte, de très belles tartelettes (framboise, crumble aux pommes, amandine, poire-chocolat, abricot), des yaourts avec mélanges de fruits et muesli, des gâteaux d'influence anglo-saxonne (carrot cake, lemon cake, donuts) ou les incontournables cannelés, fondant au chocolat, tiramisu, brioches. Le menu du jour est affiché sur la page Facebook. Un véritable régal pour les yeux et pour le cœur.

JOHN & OKAMA'S

Zone commerciale Les Vitrines
✆ 0269 66 91 78
www.johnandokama.com
Ouvert du mardi au samedi de 11h30 à 19h30.

Le célèbre salon de thé de John et Okama de Combani a ouvert une seconde antenne à Mamoudzou, dans la zone commerciale Les Vitrines. Leur spécialité : les cupcakes. Aussi élégants que bons, les parfums varient selon les jours : noix, café, ananas, courge, fruit de la passion, beurre de cacahuète, ou encore citron, un régal. John et Okama proposent aussi des cookies, des brownies, des donuts et d'autres gourmandises, accompagnés de thés et de tisanes choisis avec soin. Boutique en ligne pour les commandes et gâteaux personnalisés.

LE JUNGLE CAFÉ

21 rue du lycée
✆ 06 39 20 94 78
Ouvert du mardi au samedi de 20h à 2h du matin.

Situé en plein centre de la ville de Mamoudzou, le Jungle café est une adresse sympa pour des soirées billard ou pour des soirées concert avec les groupes mahorais et africains plus généralement. Le Jungle propose également les traditionnelles soirées karaoké le jeudi à partir de 21h30, très appréciées de la jeunesse locale (trentenaires). Les musiciens du Jungle vous accompagnent à la batterie, à la guitare et au clavier. L'ambiance est parfois assez décalée entre les locaux danseurs, les papis mzungus tropicalisés et les métros de passage. A découvrir.

LE MERMOZ

Place Mariage
✆ 06 39 99 33 91
Fermé le mardi et le mercredi.

Bar-restaurant avec buffets dansants à thème. Soirées DJ, before tropical, programmation d'artistes. Situé au sommet de l'Hôtel Caribou, le Mermoz est un endroit idéal pour commencer la soirée : piscine et petits jets d'eau, lumières bleutées et orangées pour une ambiance cosy et lounge, des coins relax et intimistes pour savourer un cocktail avec la brise du soir, et Bouddha qui veille. Soirées très festives au programme. Le Mermoz accueille régulièrement des soirées privées, défilés ou encore cours de danse kizomba, salsa ou bachata.

QUARTIER GOURMAND

Rue du commerce

Nouveauté 2021, le restaurant-pâtisserie Quartier Gourmand a ouvert ses portes à Mamoudzou, dans la petite ruelle qui relie la rue du Commerce à la rue M'Gombani. La gérante, Amina, est marocaine et aime partager les saveurs de son pays et ses recettes fusion avec la cuisine mahoraise. C'est l'occasion de découvrir les pâtisseries orientales, très appréciées et consommées à Mayotte lors des fêtes religieuses. Des après-midi dégustation sont prévues, accompagnées bien sûr du célèbre thé marocain. A déguster sur place ou à emporter.

ZEN EAT

Route de la Mangrove
✆ 06 39 24 38 00
Ouvert du lundi au vendredi midi et soir. Soirée du mercredi jusqu'à 2h. Plats à emporter le midi, livraison gratuite.

Tout au bout de la zone industrielle Nel, le Zen Eat est un bar-restaurant ouvert sur une grande terrasse protégée, qui propose une même carte pour le midi et le soir. Des kebabs, fajitas et un rayon boucherie avec sa vitrine réfrigérée pour choisir sa viande. Les amateurs de viande choisiront les soirées BBQ Party du mercredi et du samedi. Le soir, l'établissement est animé : tous les soirs billard, vendredi karaoké, mercredi DJ ; en général, le Zen Eat commence à se remplir vers 22h pour déborder à minuit... On y va surtout pour l'ambiance.

BARAKILI

Route Nationale 1
✆ 0269 62 45 11
Ouvert du lundi au vendredi de 9h30 à 1h du matin. Sur place ou à emporter, comptez 12 € le plat.

A la carte tartare de bœuf ou poisson, la pièce du boucher, tagliatelles au saumon ou roquefort noix, filet de magret de canard et on n'oublie pas les crêpes ! Une adresse flambante et festive à souhait, soirée musicale tous les vendredis soir (DJ et groupes), scène en terrasse et *big* événements dans l'année organisés par l'équipe. Le mercredi, le Barakili est devenu le « Before » de Mamoudzou, il y a du monde, notamment les équipes du milieu hospitalier qui viennent décompresser. Apéros également tous les mardis de 17h à 19h avec une bière à l'honneur.

© BARAKILI

© BARAKILI

MAMOUDZOU

(SE) FAIRE PLAISIR

Les quartiers les plus commerçants sont la rue du Commerce et aussi les boutiques d'artisanat et de vêtements de la place Mariage et de la place du Marché. Enfin, au marché lui-même, qui ne se situe plus place du Marché, mais que l'on trouve à côté de la barge, on trouve aussi plein de choses. Pour les courses d'appoint, plusieurs supérettes se disputent le centre-ville et depuis 2019 le très moderne centre commercial Le Baobab accueille un grand supermarché, des galeries commerçantes et même les seuls WC publics de l'île (payants !). Côté artisanat, on trouve de plus en plus facilement des produits locaux, les boutiques jouent le jeu et tentent ainsi de motiver les artisans mahorais à continuer cette aventure ! Pour les épices, on recommande la Bonbonnière aux épices, toujours à Kaweni. Le rez-de-chaussée de l'office de tourisme accueille également des expos-ventes de producteurs locaux qui changent tous les mois.

CENTRE COMMERCIAL BAOBAB

Rond point Baobab

Ouvert du lundi au samedi de 8h à 20h.

Tout nouveau centre commercial du groupe Sodifram qui a ouvert ses portes en 2019 au niveau du rond-point Baobab, d'où son nom. Très moderne, il abrite un supermarché Jumbo et un grand parking souterrain, mais surtout le tout premier escalator de Mayotte (hors aéroport) ! De quoi régaler les enfants ! Comme toute grande surface qui se respecte, celle-ci est agrémentée d'une galerie commerciale avec pharmacie, boulangerie, des boutiques de vêtements et de bijoux, la parfumerie Madora, Maya Chaussures, Celio, Adopt, Maya Lingerie et Jina Chaussures.

JUMBO SCORE

Sur la R1 en direction de Majicavo-Koropa

✆ 0269 61 44 00

Ouvert du lundi au samedi de 8h30 à 20h. Fermé le dimanche.

Le Jumbo est un hypermarché tel qu'on en connaît en métropole. Beaucoup de métropolitains viennent y faire leurs courses puisque la plupart des produits vendus ici sont importés. Cela permet de retrouver certains repères. Bref, comme en métropole avec quelques aménagements au rayon surgelés pour séduire les Mahorais qui achètent encore beaucoup en gros et en surgelé. Les prix, en revanche, y sont plus élevés qu'à La Réunion, et *a fortiori*, qu'en métropole. Surtout si vous cherchez un bon fromage, de la charcuterie et du bon vin !

TROPIXEL

2 place Mariage

✆ 0269 61 03 77

http://tropixeltest.free.fr

Ouvert tous les jours sauf le samedi après-midi et le dimanche.

Fournisseur de la plupart des magasins de souvenirs, cette boutique qui vend au détail rassemble toutes ses références ici, où vous trouverez un choix de plus de 650 articles sur le thème de Mayotte. Liqueur de rhum vanille-café à 11 € (20° d'alcool), du rhum arrangé à 12,50 € la bouteille de 70 cl à 30°, savons parfumés, cartes de Mayotte, peluches, bijoux, livres de cuisine, sel de Bandrélé, café et vanille, eau de toilette à l'ylang-ylang, serviettes... pour l'anecdote Tropixel réalise aussi parfois les dessins des timbres de Mayotte !

LA BONBONNIÈRE AUX ÉPICES & LE TERROIR DE MAYOTTE

6 rue du Stade Kavani

✆ 06 39 05 02 76

Ouvert tous les jours sauf le dimanche, de 8h à 16h, samedi jusqu'à midi.

Toutes les épices de l'océan Indien et de Mayotte sont en vente dans la boutique. La marque « Terroir de Mayotte » que nous recommandons pour l'éthique par rapport à la production, la qualité et les processus sans traitement chimique, offre une gamme complète de confitures, d'achards et d'épices. Les produits sont bien présentés et de qualité : sel de Bandrélé, confiture au tamarin, fruits de la passion, café aromatisé vanille, curcuma et cannelle. De l'ylang en huile essentielle.

CAFÉ CACAO MAORÉ

✆ 06 39 40 13 45

L'association Café Cacao Maoré travaille assidûment au développement de la filière café et cacao à Mayotte, pour notre plus grand bonheur. Si les grains de café sont issus du centre de Mayotte et agrémentés de vanille locale, les grains de cacao viennent pour l'instant de Madagascar mais sont travaillés à Mayotte avec un savoir-faire local. Ainsi, la société de producteurs Banga au Chocolat a donné naissance à la toute première tablette de chocolat « Made in Mayotte » en décembre 2021 sous le nom de « Jua Matulay ». Exclusivité garantie !

ADOPT'

Centre commercial Jumbo Score

✆ 02 69 60 77 43

www.adopt.fr

Ouvert du lundi au samedi de 8h30 à 20h.

Anciennement Réserve Naturelle, cette franchise de marque dispose aujourd'hui de 170 points de vente en France dont trois à Mayotte : dans les centres commerciaux de Jumbo Score et du Baobab (du lundi au vendredi de 8h à 16h30, de 8h30 à 13h le samedi) mais aussi sur la place du Mariage (de 8h30 à 20h), en plein cœur de Mamoudzou. Adopt' c'est avant tout une eau de parfum de qualité, 150 fragrances, un packaging séduisant et des prix attractifs. Enfin, les gros plus d'Adopt' : les parfums sont fabriqués en France et les créations sont uniques.

COPEMAY

Rond-point de la Barge

✆ 0269 61 11 52

Poissonnerie ouverte du lundi au vendredi de 8h à 16h et le samedi jusqu'à midi.

C'est à Copemay que les amateurs de poissons se retrouvent pour dénicher le poisson fraîchement pêché et stocké pour la vente aux professionnels et particuliers. La Coopérative des pêcheurs de Mayotte détient deux navires en activité, espadon, thons jaunes, thons obèses et plusieurs espèces de requins restent les pêches les plus soutenues. Consommateurs ou pas, la visite vaut le coup d'œil, on trouve de tout : des poissons entiers, des filets et des darnes, crevettes et calamars. Du 100 % frais et des préparations sur commande.

JINA CHAUSSURES

Centre commercial Jumbo Score

✆ 0269 60 73 09

Ouvert du lundi au samedi de 8h30 à 20h.

Une marque référence depuis les années 1980 et originaire de l'île de La Réunion. Elle compte une vingtaine de boutiques et vient d'ouvrir à Mayotte dans la galerie du Jumbo Score. La marque met en lumière vos pieds en créant son propre style et son univers. Jina Chaussures est le symbole de la fashion tendance à des prix doux et vous aurez la primeur de porter des chaussures qui ne se trouvent pas sur tous les rayons en métropole ! Une boutique en ligne est également disponible pour avoir un aperçu de ce que vous pourrez y trouver.

KAGNA MAORÉ

Au rond-point sur le parking de droite, avant d'entrer dans la Zone Nel.

✆ 0269 62 72 20

Ouvert du mardi au vendredi de 8h30 à 13h et de 14h à 16h30, le samedi de 8h30 à 12h.

Un magasin de vente directe du producteur au consommateur de produits « Made in Mayotte » de la Coopac. Jus de fruits frais, confitures artisanales, tomates cerises, fruits à pain, barbadine, fleurs d'hibiscus, et plein d'autres fruits et légumes à découvrir. Depuis 2010, des agriculteurs spécialisés en maraîchage ont formé la Coopérative des agriculteurs du centre (Coopac) pour offrir des produits frais aux consommateurs, cultivés d'une manière raisonnée et soucieuse de l'environnement. Point de vente ouvert sur Combani les mercredis et vendredis de 8h30 à 16h.

MADORA

Centre commercial Jumbo Score

✆ 0269 61 22 23

Ouvert du lundi au samedi de 8h30 à 20h.

Parfums, maquillages et cosmétiques, Madora est l'enseigne incontournable, à Mayotte avec ses 300 m² dédiés à la beauté. Le groupe réunionnais qui a créé la marque Mado a commencé avec une mercerie et les petits parfums il y a 40 ans et s'est développé à l'île Maurice. Madora est une enseigne moderne qui ravit les Mahoraises et les « wazungus », avec les plus grandes marques de parfums mais aussi de maquillage. Le point de vente au centre commercial Jumbo dispose d'un bar à make-up, d'une table d'échanges et d'un salon privé.

MAYA LINGERIE

Centre commercial Jumbo Score
✆ +262 269 62 16 99
mayalingerie.fr
Ouvert de 10h à 18h30 du lundi au jeudi, à partir de 9h30 le vendredi et le samedi.

En exclusivité sur Mayotte, la lingerie de luxe Simone Pérèle et d'autres marques de prestige et d'élégance comme Implicite et Millesia. Maya Lingerie vous conseille sur les parures les plus adaptées à la mise en valeur de votre silhouette. La boutique très branchée et active crée de l'événement régulièrement (thé shopping, jeux-concours, offres spéciales). De nombreux conseils sont prodigués sur la page Facebook, notamment grâce aux mini-séries d'Euzette. Le catalogue est aussi en ligne sur le site Internet avec possibilité de livraison.

DOGON BOUTIK

46 rue de la Mosquée
✆ 0269 62 07 91
Ouvert de 9h à 13h et de 14h à 18h. Fermé le dimanche et le lundi.

La boutique se trouve sur le rond-point appelé des Petits-Loups. Une bonne adresse pour se procurer des vêtements à la mode « ethnique ». Cette boutique africaine tenue par la princesse burkinabé-malienne Hassita vend tissus africains, basin et wax. Elle peut vous expliquer en détail le processus utilisé pour tisser et colorer les tissus mais aussi pour les faire briller grâce à de la poudre de manioc, à découvrir ! Beaucoup d'habits pour les enfants, des sandales, des poupées. En une semaine, on vous confectionnera des habits sur mesure.

MZURI SANA

Zone duty free
✆ 06 39 94 68 56
mzurisana.fr
Du lundi au samedi de 9h à 19h.

Ouverte en juin 2019, la bijouterie-horlogerie Mzuri Sana, qui signifie « Beauté divine » en mahorais, est dédiée aux femmes. Les bijoux sont créés sur place par des artisans joailliers et s'adressent autant aux voyageurs en quête de souvenirs qu'à la clientèle locale, notamment pour les grands mariages. Sont également disponibles des grandes marques de montres et un service de réparation bijouterie-horlogerie. Appuyée par le réseau de franchises Les Nouveaux Bijoutiers, la boutique de 80 m² prévoit déjà de se développer en maroquinerie ou en centre de beauté.

MOON CRÉATIONS

20 Résidence la Providence
✆ 0269 62 34 37
De 4 à 50 € en fonction de la pièce. N'hésitez pas à la contacter pour vos commandes.

Depuis plus de 10 ans, Mounira excelle avec la porcelaine, elle a toujours dessiné, c'est en véritable autodidacte qu'elle s'est spécialisée avec la peinture sur porcelaine et verre. Elle propose des prix doux. Les créations originales peintes à la main sont très fines et élégantes, l'ylang est à l'honneur pour décorer assiettes, plats, verres, vases et cendriers. On peut la rencontrer directement chez elle dans son atelier ou sur le marché de Coconi (tous les premiers samedis du mois) où elle expose. Raffinement garanti, une bonne idée cadeau.

ATELIER CAVANI

Rue de la Mosquée
Ouvert de 7h à 17h sauf le dimanche. Sculpture sur bois.

Maanrouf est un sculpteur local qui réalise de belles créations en bois. Le dense et le plus lourd de tous les bois du genre Calophyllum appelé le *Takamaka* ne lui résiste pas. De jolies boîtes sont réalisées à partir du *Sapelli* au grain rouge ou mauve-brun ; originaire du bassin du Congo. Le *Movingui*, un autre bois dur et jaune, est également utilisé. Du presse-citron sympa à 13 € en passant par le plateau jusqu'aux meubles grand format, vous trouverez à coup sûr votre petit trésor. C'est aussi l'occasion de partager un moment avec une personne attachante.

TERRES DES INDES

Centre commercial Jumbo Score
✆ 0269 60 65 03
Ouvert du lundi au samedi de 9h à 19h.

L'un des magasins les plus colorés de l'île. On vient ici pour acheter des bijoux en argent, en os de chameau ou en perle. Un petit bracelet coûte 1 €, de belles chaussures en cuir autour de 30 €. Laurent vend également des tissus, des lampes, des statues et du mobilier superbe. Une petite collection de vêtements originaux est aussi disponible. Les nouveautés sont présentées sur la page Facebook, l'idéal pour avoir un avant-goût et suivre les promos avant de se rendre en boutique. Enfin, un autre magasin est présent sur Petite-Terre.

T-SHIRT ET COMPAGNIE

A proximité du laboratoire d'analyses médicales, sur la RN2. ✆ 0269 60 60 60

Ouvert du lundi au vendredi de 9h à 12h30 et de 14h à 17h30. Le samedi de 9h à 12h30. Fermé le dimanche.

Enseigne historique de l'île qui est également présente sur Petite-Terre. Pour vos emplettes cadeaux et souvenirs c'est l'adresse idéale, les t-shirts sont originaux, certains humoristiques, d'autres très locaux, mais tous de très bonne facture. Paréos, mini-robes très colorées, shorts, bermudas, serviettes, pantalons en coton léger, sarouels et chemises à fleurs, pour adultes, enfants et même quelques collections spéciales bébé (bodies, petites robes, etc.) On y trouve également les collections de Baobab Company, Coline, 976 Mayotte, Grain Kfé, etc.

BUREAU VALLÉE

Rue Martin Luther King

✆ 0269 62 52 92

www.bureau-vallee.fr

Magasin franchisé ouvert de 8h à 17h du lundi au vendredi et le samedi de 8h30 à 16h.

Papeterie générale pour se fournir en matériel de bureautique et informatique, mobilier de bureau. La gamme de services est encore plus large que chez Office Dépôt : rachat de cartouches, photocopie NB et couleur, impression grands formats, reliures de documents, plastification et massicot, machines à tampon. Jeux vidéo, consoles et téléphonie. Egalement du matériel d'art créatif (peinture, feutres, crayons, toiles et papiers) pour des vacances artistiques. Autre adresse sur Petite-Terre, 6 rue de l'Hôtel de Ville - ✆ 0269 66 35 18.

LA MAISON DES LIVRES

Place Mariage

✆ 0269 61 14 97

Ouvert du lundi au vendredi de 8h à 17h30 et le samedi matin de 8h30 à 14h.

Sans aucun doute le plus important rayon de livres et de guides de voyage, dont beaucoup sur Mayotte, sans oublier les collections du *Petit Futé*. Sur leur page Facebook, on peut connaître les dernières parutions intéressantes, et les dates des événements qui sont organisés à la librairie : vernissages, rencontres avec un auteur, expositions de photographies, etc. La bonne adresse pour la presse, les fournitures, les livres scolaires, la littérature en général, complétés par un grand choix de jeux et de jouets pour enfants, de musique locale et de maroquinerie.

BOUGER & BULLER

Impossible de quitter Mayotte sans avoir réservé au moins une activité nautique, que ce soit une plongée, une sortie bateau ou une exploration palmes-masque-tuba. Un conseil : réservez votre sortie pour les premiers jours car elle vous permettra d'avoir un bel aperçu de l'île, de faire de belles rencontres pour le reste du séjour mais surtout de tomber amoureux du lagon et de planifier d'autres sorties en mer avant votre départ. Pensez à bien réserver à l'avance votre sortie en mer, surtout pendant les vacances scolaires et en juillet-août, car il n'y a pas de place pour tout le monde pour approcher les baleines ! Il est important de noter que les prestataires nautiques s'efforcent de respecter la nouvelle charte d'approche des mammifères marins, réduisant les mises à l'eau. Depuis quelques années Mayotte développe aussi des activités sur terre (randonnée, VTT, quad) pour explorer les sentiers et partir à la rencontre des makis.

MAMOUDZOU

AMIS RAID RANDO

2 rue Mnadzi moja
✆ 06 39 10 68 58
www.amisraidrando.yt
Sortie entre 5 et 10 €. Réservation sur le site Internet.

Cette association basée à Mamoudzou propose des randonnées ou courses autour de l'île. Le rythme est d'une randonnée par mois (sauf janvier, juillet et août), sur des parcours de 10 à 13 km et en gros groupes. A la fin de l'année et de chaque trimestre, les randonnées se terminent par un voulé sur la plage, le fameux pique-nique mahorais. Des navettes sont mises en place pour accompagner les marcheurs au début des sentiers et les ramener ensuite jusqu'au point de départ. Des trails sont régulièrement organisés sur l'île ainsi que des compétitions régionales.

CANOË KAYAK CLUB DE MAMOUDZOU

Ponton de Mamoudzou
✆ 06 39 09 44 51
Assurance pour sortie découverte 10 €.

Ce club propose des sorties kayaks ouvertes au public tous les samedis après-midi mais aussi des journées à thème ou des explorations sur deux jours avec bivouac inclus. Si vous restez sur le long terme, n'hésitez pas à prendre votre licence, si vous êtes de passage une participation vous sera demandée pour chaque sortie. Accessible à tous les niveaux, le kayak est un moyen de locomotion idéal, discret et non polluant, dans l'eau turquoise du lagon.

CATAMAYOTTE

A la marina
✆ 06 39 27 59 25
www.catamayotte.com
Compter à partir de 70 € pour la promenade en mer et 60 € pour la sortie coucher de soleil, selon le nombre.

Catamayotte propose des sorties en bateau à bord du maxi catamaran *Eole 1er*, au départ de Mamoudzou ou de Petite-Terre. Accueillant jusqu'à 30 personnes, il propose des promenades en mer en journée avec possibilité de mise à l'eau grâce à son échelle, ou tout simplement un moment de détente sur le filet à l'avant, mais aussi des sorties coucher de soleil, des événements plus chics avec cocktail et amuse-bouches pour admirer la vue. Enfin, possibilité de privatiser le bateau pour les entreprises ou de concevoir des excursions à la carte.

MAORÉRANDO

3 chemin Moihadia Baco
✆ 06 39 24 13 08
https://maorerando.fr/
A partir de 25 € par personne.

Créée par Andy, jeune entrepreneur mahorais diplômé de la Fédération Française de Canoë-kayak et adhérent à la Fédération Française de Randonnée, Maoré Rando propose des randonnées guidées dans le sud de l'île : ascension du mont Choungui, crêtes de Bandrélé ou encore pointe Saziley. Le planning des prochaines randonnées est disponible sur le site Internet, possibilité de créer du sur-mesure. Certaines randonnées sont accompagnées de pauses baignade et beachvolley ou de repas avec brochettes de poisson et viande au barbecue.

© MAITAI CROISIÈRES MAYOTTE

© MAITAI CROISIÈRES MAYOTTE

© PERIC BISSECK

MAITAI CROISIERES

Ponton de Mamoudzou ✆ 06 39 69 00 82
www.maitaicroisieres.com

Sortie à la journée entre 75 et 90 € pour un adulte. Croisière à partir de 180 € la journée en pension complète.

Pascale et Pascal vous attendent à bord de leur luxueux catamaran Lagoon 450S de 2019. Mesurant près de 14 mètres de long sur 7,87 mètres de large, il peut accueillir jusqu'à 20 personnes en sortie journée et six personnes en croisière (3 cabines avec lit double grand confort). Entièrement équipé pour une journée détente (bains de soleil, sono, salon), plusieurs itinéraires sont proposés : découverte du lagon (8h), journée festive avec musique et rhum, sortie apéro et coucher de soleil, ou encore balade sous la pleine lune selon le calendrier. Ambiance conviviale.

© MAITAI CROISIÈRES MAYOTTE

© MAITAI CROISIÈRES MAYOTTE

HIPPOCAMPE PLONGÉE

68bis rue du Lycée
✆ 06 39 69 16 93
www.hippocampe-plongee.com
Pack découverte à 185 € (baptême + 2 plongées). Baptême seul 65 €.

Ce centre situé à 5 minutes en voiture du ponton de Mamoudzou est affilié FFESSM et ANMP. Depuis 2010 ans avec Antoine et Maxime aux manettes, tous deux sont très pros et respectivement BEES 1 et DEJEPS/MF2 de plongée, ils possèdent une bonne expérience dans la région pour avoir travaillé pour d'autres clubs avant de s'installer à leur compte. Leur belle embarcation en aluminium de 370 CV peut accueillir 20 plongeurs (rénovée en septembre 2016). Possibilité de réaliser des baptêmes, les niveaux 1, 2, et 3, ou des explorations à la carte ou en forfait de 5, 10 ou 20 plongées avec ou sans location de matériel. L'équipement et le matériel sont dans un excellent état, et c'est avec le sourire et leur jeunesse qu'ils partageront avec vous des plongées inoubliables sur la passe en S, le tombant des aviateurs, le récif oublié, le balcon sur le bleu et bien d'autres spots. Plongée de nuit aussi. Le programme des plongées du mois est inscrit sur la page Facebook du club, pensez à appeler pour réserver votre place le plus tôt possible. De retour à terre, la terrasse du centre permet de se détendre et de tailler une bavette autour d'un verre. Attention, la plongée devient très vite addictive (surtout si les dauphins, dugongs et baleines s'invitent sur les sorties), prévoyez des matinées de libre pendant vos vacances pour vous laisser la possibilité de refaire une sortie en mer et pourquoi pas de profiter de votre séjour pour passer un nouveau niveau, ils sont reconnus partout en France et en Europe.

LATITUDE JET

Ponton de Mamoudzou
✆ 06 39 69 17 50
www.facebook.com/Latitudejet
Randonnée à partir de 110 € (découverte 1h), 170 € l'option avec petit déjeuner à Bandrélé. Dispo à partir de 16 ans.

© LATITUDE JET MAYOTTE

Originaire de Bruxelles, Patrick a parcouru la Guadeloupe avant de s'installer à Mayotte pour ouvrir Latitude Jet en septembre 2019. Il dispose d'une flotte de quatre jets pour découvrir le lagon seul ou entre amis. Accessible à partir de 16 ans et aux débutants, plusieurs itinéraires sont proposés de la sortie Découverte du nord ou du sud (1h) à la sortie tour de l'île en passant par les incontournables îlots de sable blanc, la passe en S et l'îlot M'Tsamboro. A tester également : l'option lever de soleil sur l'îlot Bandrélé. Gilet, eau et crème solaire fournis.

MAYOTTE ESCALADE

✆ 06 39 01 49 67
www.mayotteescalade.org
60 voies et 120 passages blocs répertoriés sur Hippocampe. 15 € le kit de via ferrata.

L'association dispose du matériel nécessaire pour la grimpe (chaussons, baudriers, dégaines). Elle organise des séances/sorties limitées en nombre pour gérer le flux des participants, des week-ends escalade sont également proposés, dans une ambiance sympathique. Formation assurage de temps en temps et location de kits via ferrata pour ceux qui souhaitent découvrir le site en toute sécurité. Leur site Internet fournit un Topo falaises et blocs. Sans oublier les canyons et les cascades à M'Tsapéré. Location de matériel pour via ferrata, paddles et kayaks.

NAUTILUS PLONGÉE

Ponton de Mamoudzou
✆ 06 39 23 39 24
www.nautilusplongee-mayotte.yt
Comptez 68 € pour un baptême, 190 € pour un baptême + 2 plongées, plongée encadrée avec équipement 59 €.

Repris en 2019 par Olivier dit « yéyé », ancien moniteur indépendant, le club Nautilus est spécialisé dans les plongées d'exploration au départ du ponton de Mamoudzou (tous les jours à 7h50 et 13h50). Le programme est actualisé chaque mois sur la page Facebook du club : tombant des aviateurs, pointe Barracuda, Cheminée, plongée de nuit... Inscription par téléphone ou par SMS. Le club propose également des baptêmes pour une première expérience sous-marine ou les formations aux niveaux 1, 2 et 3, PA et PE. Possibilité également de plonger au Nitrox.

LAGON AVENTURE

Sur le ponton de Mamoudzou et Dzaoudzi
✆ 06 39 65 42 63
www.lagonaventure.fr
Journée inoubliable à 70 € par adulte, petit-déjeuner et déjeuner compris.

Nicolas et son équipe proposent de partir avec l'un des semi-rigides de la gamme Lomac de 12 places ou avec l'*Aquarium 1* et l'*Aquarium 2* qui sont des bateaux à fond de verre, pour des sorties sur l'îlot de Sable Blanc et snorkeling sur la Passe en S, remontée des mangroves ou bien pour une sortie « Tour de l'île », « Safari baleine, dauphins ou manta ». L'itinéraire se fait selon la météo et les animaux rencontrés sur la route avec pause snorkeling pour découvrir les patates de corail. Le petit-déjeuner et le repas du midi sont prévus.

BAOBAB TOUR

15 Coconi II
COCONI
✆ 0269 62 22 65
A partir de 50 €/pers la demi-journée en excursion. Chèques vacances acceptés. Immatriculation Atout France 976110001.

Avec Attoumani, le spécialiste des excursions terrestres et des bivouacs depuis de nombreuses années, l'équipe concocte vos vacances et assure la réservation de vos activités (randonnées, immersion culturelle, survols en ULM, plongées…). Également spécialiste de l'accueil des croisiéristes et de l'organisation de croisières, Baobab Tour travaille avec le voyagiste Evaneos, propose des randonnées de toute beauté : « La Piste des senteurs », « Les Traditions mahoraises », « Rando au mont Combani » ou bien bivouac à Sazilé constituent ses coups de cœur. Recommandée !

WAKE-UP MALUJA

Ponton de plaisance ✆ 06 39 25 20 24
wake-up-maluja.fr
A partir de 50 € la séance, 500 € la carte membre avec accès illimité pendant 6 mois. Carnet de 5 séances à 300 €.

Passionné de sports nautiques, Yoann a glissé sur de nombreuses vagues avant de venir s'installer à Mayotte. Diplômé d'état en kayak et en wakeboard, c'est dans cette seconde discipline qu'il se perfectionne pour ouvrir une école, Wake up Maluja, en juin 2017. Les séances de deux fois 15 minutes par personne s'adressent autant aux débutants qu'aux pratiquants loisirs ou confirmés avec un encadrement personnalisé et adapté au niveau. Si le wakeboard a la vedette, ce n'est pas la seule discipline que propose Yoann : vous pourrez tester le wakeskate ou le wakefoil.

MAYOTTE DÉCOUVERTE

Port de Plaisance
✆ 06 39 69 17 24
www.mayottedecouverte.fr
Sorties tous les jours y compris le dimanche. 80 € par personne la journée complète avec petit-déjeuner et déjeuner.

Un des meilleurs centres nautiques de l'île ! Yannick et son équipe vous emmènent sillonner le lagon pendant des heures à la découverte de la mangrove selon les marées, recherche des dauphins ou baleines, snorkeling sur les patates de corail. Yannick, passionné de faune et de flore, a de solides années d'expérience et connaît parfaitement le milieu marin. De véritables atouts lors des sorties. Il propose en saison des conférences d'une heure et demie au Camion Blanc sur le thème des mammifères marins et le lagon. Un centre et une ambiance à découvrir absolument !

© MAYOTTE DÉCOUVERTE

© MAYOTTE DÉCOUVERTE

SEA BLUE SAFARI

Ponton de Mamoudzou
✆ 06 39 69 13 87
www.seabluesafari.com

Les tarifs individuels selon les safaris varient entre 80 € et 90 € par personne. Tarifs de groupes et tarifs enfants.

Nils est passionné et spécialiste du monde marin, il a transmis le virus à ses deux frères, Mathias et Cédric. Spécialisés dans l'écotourisme, ils proposent des sorties baleines de juillet à octobre, des safaris dauphins toute l'année, et raies manta de février à avril. Découverte des beautés du lagon : îlots de sable blanc, réserve de la passe en « S », cascade Soulou, îlots du Nord, incursion dans la mangrove, barrière de corail, etc. Le déjeuner est compris avec une collation le matin (café, viennoiseries) à bord du bateau. Nombreuses sorties thématiques.

© SEABLUE SAFARI

© SEABLUE SAFARI

LES NATURALISTES

14 rue Mamawé
✆ 0269 63 04 81
www.naturalistesmayotte.fr

Adhésion 10 € à l'année, sortie à 5 € pour les adultes et 3 € pour les enfants. Suppléments pour certaines activités.

Le meilleur moyen de randonner en toute sécurité à Mayotte est de le faire en groupe. C'est le crédo de l'association Les Naturalistes de Mayotte créée en 1999 qui propose des sorties guidées sur toute l'île à échéances régulières. Au-delà de la sécurité, les organisateurs sont avant tout des mines d'or d'informations pour en apprendre plus sur l'île, sa faune et sa flore, mais aussi sur les enjeux sociaux et la vie locale, avec de belles rencontres. Le programme des sorties est disponible sur leur site et leur page Facebook à chaque début de mois. Que vous soyez résident ou de passage, il suffit d'adhérer à l'association (sur place ou au siège) pour pouvoir participer. Des volontaires vous emmènent sur les sentiers qu'ils connaissent sur le bout des doigts, agrémentant la randonnée d'informations sur la faune, la flore, la géologie ou encore l'histoire de Mayotte. Réservez vite, les places sont chères ! Un petit conseil : inscrivez-vous à la newsletter pour avoir le programme en avant-première. Parmi les randonnées que nous avons testées pour vous : les belles crêtes de Bandrélé, la pointe Saziley et ses somptueux baobabs et l'incontournable mont Choungui. A noter que Les Naturalistes proposent désormais des sorties en mer ou palmes-masque-tuba et sont les seuls autorisés à vous emmener découvrir l'îlot M'bouzi qui est une réserve naturelle. Enfin, l'association organise régulièrement des cafés et rencontres autour de thématiques liées à l'environnement et notamment la préservation des espèces locales.

BIBLIOTHÈQUE DÉPARTEMENTALE DE PRÊT

Rue du Stade
✆ 0269 64 93 50

Ouverte de 9h à 17h mardi, mercredi et vendredi ; de 13h à 16h le jeudi et de 9h à 13h le samedi. Fermée le lundi.

L'inscription est gratuite, on peut y emprunter jusqu'à 5 livres pour 5 semaines maximum. La bibliothèque propose des animations lecture le samedi à 10h30 pour les petits, mais également des ateliers d'écriture, slams, heure de contes et multimédia, des projections de films... Elle accueille également un espace numérique avec des ordinateurs libres d'usage. La bibliothèque joue un rôle central auprès d'une population jeune et avec un fort taux d'illettrisme.

© PLANÈTE BLEUE MAYOTTE

© PLANÈTE BLEUE MAYOTTE

© PLANÈTE BLEUE MAYOTTE

PLANÈTE BLEUE

Ponton de Mamoudzou ✆ 06 39 28 33 51
www.pbmayotte.yt

Sortie journée 95 €, 75 € pour les moins de 12 ans, gratuit pour les moins de 3 ans. Petit-déjeuner et déjeuner compris.

La tant attendue *Kaéna*, somptueux catamaran Lagoon 450S, est enfin arrivée dans le lagon mahorais après un périple autour du monde. Cyrille, son capitaine aguerri, est un plongeur passionné par les mammifères qui organise des sorties dans le lagon à la journée, au coucher de soleil ou sur des journées XXL (9h-19h). Au programme : paysages de rêve, détente et délicieux repas, le tout dans la bienveillance. Cyrille sait créer une intimité pendant la journée qu'il valorise par ses interventions pédagogiques et ses connaissances sur la faune et l'environnement marins.

© PLANÈTE BLEUE MAYOTTE

© PLANÈTE BLEUE MAYOTTE

SORTIR

Mamoudzou n'est certes pas une ville réputée pour sa vie nocturne, mais quelques bars suffisent pour animer les soirées et passer de bons moments entre amis. Vous pourrez commencer la soirée autour de la barge et profiter des terrasses pour admirer le coucher du soleil. Pour la suite, il est possible de rejoindre d'autres bars comme le Barakili où l'ambiance est agréable, avant de filer vers les quelques discothèques ouvertes du mercredi soir au samedi soir. On y vient danser sur du zouk, du reggae, de la dance et du saleg, danse malgache très envoûtante… L'entrée tourne autour de 10/15 € avec consommation pour les garçons, mais c'est moins cher, voire gratuit, pour les filles… alors, messieurs, faites péter les perruques ! Sur Petite-Terre, le restaurant Le Faré organise aussi régulièrement des soirées. Beaucoup de bars proposent désormais des soirées salsa, bachata ou kizomba tous niveaux.

LE BARFLY

15 rue Mahabou

✆ 06 39 26 28 27

Ouvert uniquement pour les soirées vendredi et samedi.

Longtemps tenu par les pionniers de la *night* à Mayotte, l'établissement a été vendu en 2014. Bien situé sur le port de Mamoudzou, un décor mahorais sans prétention, des murs peints comme un lagon. Cette ancienne institution continue à prospérer, Le Barfly est un bon endroit pour débuter la soirée, ou même y passer la nuit le vendredi, avec la soirée DJ à partir de 21h et une petite piste pour danser faisant face au maestro de la cérémonie ! Il ne vous reste plus qu'à monter les marches depuis le parking pour y accéder, c'est raide.

CHEZ COUSIN

Rond point du baobab

✆ 0269 61 33 88

Ouvert tous les jours de 6h à 22h et le dimanche de 8h à 15h.

Chez Cousin est bien plus qu'un restaurant-pizzeria, c'est un lieu animé où la jeunesse mahoraise et métropolitaine se retrouve le soir venu pour boire une bière, écouter de la bonne musique et pourquoi pas danser. Des soirées à thème y sont régulièrement organisées : showroom, beach party, afrika party, anniversaires, karaoké. La programmation est détaillée sur la page Facebook du restaurant ou sur celle de What's up Mayotte. L'ambiance est bonne, simple et conviviale, on est loin des boîtes de nuit guindées. Repas possible sur place.

LE MAHABA CLUB

Place du Marché

✆ 0269 61 16 89

Ouvert tous les vendredis et samedis soir de 22h à 5h du matin. Entrée avec une consommation : 12 € tarif unique.

La boîte « classy » de l'île. *Mahaba* signifie littéralement « l'amour ». Un grand bar en entrant sur votre droite, une piste qui est pleine dès minuit. C'est véritablement la boîte de Mayotte, autant par sa taille que par sa clientèle, branchée, que son ambiance, décontractée. L'établissement propose régulièrement des soirées à thème, des concerts avec DJ ou des cours de kizomba – voir la programmation sur la page Facebook. Fermé lors de notre passage, on souhaite à l'établissement de surmonter la crise du Covid et sa longue fermeture.

LE M'BIWI CAFÉ

Espace Canopia

✆ 0269 64 77 77

Ouvert tous les jours du matin au soir. Cocktail à partir de 6 €. Wifi disponible, CB acceptée.

Le 44 est la brasserie du M'biwi, moderne, elle est ouverte tous les soirs même le week-end. Apéro concert tous les vendredis, des expositions d'artistes locaux y sont organisées régulièrement, tous les lundis *after work* « le 5 à 7 », diffusion de matchs de foot et brunch copieux le dimanche matin. Des soirées jeux de société y sont régulièrement organisées, les dates sont sur la page Facebook. En novembre festival Culture Bar-Bar à ne pas rater. Une adresse vivante et institutionnelle à Mayotte, qui heureusement a pu repartir de plus belle après la crise.

KOROPA
OCÉAN INDIEN
DANS UN CADRE AGRÉABLE
À QUELQUES MINUTES
DE MAMOUDZOU
◆Bungalows
◆Piscine
◆Restaurant
◆Snack
◆Discothèque
◆Tennis
Tél : (0269) 60 41 00 Fax : (0269) 60 41 99
E-mail : piscine.koropa@wanadoo.fr

MAJICAVO KOROPA ★ ...

Nous voici aux portes du Nord juste à la sortie de Mamoudzou, le Jumbo Score et la station Total (très pratique : distributeur automatique de carburant 24h/24) de Majicavo Lamir font frontière. Majicavo signifie en shimahorais « là où il n'y a pas d'eau ». On accède ensuite à Majicavo Koropa, où se trouve le complexe de Koropa, avec son bar-restaurant piscine, sa discothèque et son club de tennis. Ces deux villages ne présentent que peu d'intérêt touristique mais disposent de beaux hébergements pour des personnes souhaitant allier cadre, confort et proximité avec Mamoudzou. A prendre en compte cependant : les bouchons aux heures de travail.

LE KOROPA BAR RESTAURANT & BUNGALOWS €

Majicavo Koropa ✆ 0269 60 41 00

Restaurant ouvert tous les midis. Entrée entre 10 et 16 €, plat entre 12 et 20 €.

Dans ce grand complexe, vous pourrez profiter de la piscine surveillée qui est connue par tous les M'zungus de l'île, surtout ceux qui sortent en famille le week-end. C'est une belle piscine, face à la mer, à côté de laquelle est aménagé un bar semi-immergé. Une bonne adresse aussi pour déguster un filet de bœuf sauce poivre vert, un poisson du jour sauce rougail, coco, épices et beurre citronné ou une côte de bœuf en admirant le lagon ou en début de soirée.

VILLA D'Ô €€

26 et 27 allée des verres vides

✆ 06 39 69 90 97

Entre 90 € et 160 € selon la chambre et le nombre de personnes. Lit supplémentaire 15 €.

Bienvenue chez vous ! Un couple de Mzungus très sympathique et amoureux de l'île vous reçoit dans deux belles maisons sur les hauteurs de Majicavo à flanc de colline. Chacune dispose d'une piscine et d'une vue imprenable sur la mer depuis la terrasse. Table et chaises en bois sur la terrasse pour prendre ses repas, mobilier extérieur et piscine dans un jardin tropical pour se détendre, que demander de plus. Les chambres portent des noms évocateurs : indig'ô, bord'ô, du'ô... Elles sont impeccables, spacieuses, lumineuses et ont toutes leur propre salle de bain.

WELCOME BROCHETTI €

Juste derrière la mosquée de la route principale.

✆ 06 39 23 06 40

Quelques centimes la brochette.

Voici une adresse 100 % locale : au menu brochettis et plats traditionnels. La vente se fait sur place et à emporter. L'intérieur est un peu kitsch avec vue sur la petite cuisine où s'affairent les cuisiniers, mais ce n'est pas dérangeant. Le lieu est fréquenté essentiellement par les Mahorais et quelques habitués Mzungus qui viennent chercher un repas peu coûteux et sans prétention. Ici, pas de carte mais un ou deux plats proposés chaque jour, comme le classique pilao, recette à base de viande. Ils peuvent aussi préparer du mataba sur demande.

GRANDE-TERRE

© LAURENT BOSCHERO

Vue sur Majicavo-Koropa.

EBENA BY FRANK S.

Galerie marchande
✆ 0269 62 71 37
Ouvert du lundi au samedi de 8h30 à 18h30. Avec ou sans rendez-vous.

Frank Servel est le coiffeur de référence sur l'île, avec sa fine équipe il vous reçoit avec le sourire dans son salon désormais situé dans la galerie marchande du Jumbo Score. Le salon propose des coiffures classiques, coiffures afro, un espace boutique avec produits capillaires et beauté mais c'est aussi le seul barbier de l'île. Maîtrise parfaite des techniques de mèches, extensions, tissages, tresses, afro et xtenso. Chaque année, Frank met son art à la disposition des beautés de Mayotte, puisqu'il est également responsable du comité Miss Mayotte.

PISCINE DE KOROPA

Pointe de Koropa
✆ 0269 60 41 00
koropa.fr/koropa-piscine
La piscine de Koropa est ouverte de 11h à 19h en semaine et à partir de 10h les week-ends. Entrée 6 €.

Idéale pour se rafraîchir ou faire des longueurs avec vue sur la mer, la piscine du complexe de Koropa est ouverte toute la semaine. C'est le lieu incontournable des métropolitains installés sur l'archipel qui s'y retrouvent pour nager, discuter, profiter d'un beau coucher de soleil, suivre des cours de natation, d'aquabike ou encore de danse (salsa cubaine, kizomba, bachata sensuel, danse afro) ! Possibilité de restauration sur place et animations régulières. Une formule 10 entrées permet d'en profiter largement pendant son séjour.

TENNIS CLUB DE KOROPA (ASCUGRE)

Site de Majicavo Koropa
✆ 06 39 03 60 29
Permanence téléphonique de 14h à 18h du lundi au vendredi et de 9h à 11h et de 16h à 18h samedi.

Pour des vacances sportives : 3 courts extérieurs en dur, un mini-tennis et un club-house. Fiche d'inscription disponible sur le site du club. Un adhérent peut inviter un non-adhérent (un touriste par exemple) les week-ends et en semaine après 20h. Cours collectifs de 2, 3 ou 4 joueurs, leçons individuelles et stages pendant les vacances scolaires. Cours de beach tennis tous les mercredis de 18h à 19h30 (débutants) et de 19h30 à 21h pour le perfectionnement.

KOROPA CLUB

✆ 0269 60 41 00
Ouvert mercredi, vendredi, samedi et les veilles de jours fériés, de 22h à 5h. Comptez 10 € l'entrée pour les hommes.

A une dizaine de minutes de Kawéni, prendre le chemin sur la droite au niveau du grand panneau qui indique l'entrée du temple de la nuit mahoraise. Ambiance afro-electrico-sensual, du M'godro à la salsa en passant par des rythmes plus actuels, le Koropa est l'endroit idéal pour perdre son statut d'*Homo erectus* et retrouver ses instincts primaires... Le bar sera votre grand ami ce soir-là ! La gendarmerie veille au carrefour certains soirs comme partout ailleurs, Alcootest dans les poches. Concerts, spectacles, cours selon la programmation.

KOUNGOU ★

Koungou est la deuxième commune la plus étendue et la plus importante après Mamoudzou. Elle compte environ 32 150 habitants répartis sur plusieurs petits villages : Majicavo Lamir (aussi appelé Majicavo 1), Majicavo Koropa (aussi appelé Majicavo 2), puis Koungou village et ensuite Trévani. C'est en ayant quitté le village de Majicavo Lamir que vous pourrez commencer à apprécier les beaux paysages sur votre droite donnant sur le lagon. La ville se situant près de la passe nord, beaucoup de personnes en situation irrégulière y arrivent et s'y installent. On ne peut que le constater en voyant les maisonnettes faites de bric et de broc le long de la côte. Koungou représente aussi le point d'arrivée du GR au départ de la Convalescence. Juste à côté de la mosquée se trouve la mairie désormais annexe, de style alsacien, héritage d'un jumelage avec une région du Haut-Rhin. Toutefois, une mairie moderne domine la localité. La ville se développe rapidement, bénéficiant de sa proximité avec Mamoudzou, les bâtiments neufs remplaçant petit à petit la tôle. Plusieurs options d'hébergement et de restauration de qualité sont disponibles sur les hauteurs ou en bord de mer.

Transports

Il faut d'abord s'échapper de Mamoudzou en empruntant la nationale qui traverse la ZI Kawéni. Une fois quitté Kawéni et laissé la grande surface sur notre gauche, on nous souhaite immédiatement la bienvenue dans la commune de Koungou.

TRÉVANI-KANGANI ★

Après le collège de Koungou et les récentes résidences immobilières, on arrive à Trévani Village et ses jolies maisonnettes SIM (logements sociaux). Trévani se trouve à environ 12 km au nord de Mamoudzou, la route se fait ensuite plus sinueuse, elle embrasse une côte découpée et s'ouvre sur le petit village de Kangani face à la mangrove, à quelques encablures du port marchand en eaux profondes de Longoni. Lui faisant face, l'île Blanche et son petit phare font office de sentinelle. Un peu plus loin se cache le hameau Longoni. En continuant vers le nord le long de la côte en direction de M'tsamboro, on croise quelques localités et sites intéressants.

VILLA MAORA €€

Quartier des Makis
✆ 0269 62 74 40
www.villamaora.com

Certifié 4 Ylangs. Comptez 89 € la nuit pour deux personnes. Prix dégressif à partir de 4 nuits. Table d'hôtes à 27 €.

Au milieu du village prendre à gauche et tourner au niveau du stade. Vous ferez la rencontre d'une famille adorable dans une ambiance calme et conviviale qui propose quatre chambres d'hôtes. Bien équipées, les chambres disposent de la climatisation, d'une salle de bains privée, coffre-fort, de la télévision écran plat avec 20 chaînes, et partagent un salon et frigo. Une terrasse commune avec piscine à disposition et son faré traditionnel, idéal pour un dîner table d'hôte. Il y a également un gîte de 2 chambres climatisées, tout équipé disponible à la location.

LE TRÉVANI MAYOTTE €€

Plage de Trévani
✆ 0269 60 13 83

90 € pour la chambre double avec petit déjeuner, 150 € pour deux en demi-pension. Base nautique sur place.

A l'écart, dans un endroit calme sur la plage de sable fin gris clair de Chimatsoa, le Trévani fait partie des incontournables de Mayotte, de par sa capacité (plus de 30 bungalows et chambres tout confort avec terrasse, climatisation, télévision et pour certains baignoire) et par ses animations (concerts, soirées VIP, grande piscine, réalité virtuelle, base nautique avec bateaux et kayaks). Le restaurant ainsi que le bar sont très fréquentés le dimanche par les gens de Mamoudzou qui profitent du week-end pour venir se baigner ou lézarder autour de la piscine.

VILLA TI BEN LAGON €€

Rue Pentagone
✆ 0269 62 30 92
www.apparthotel-mayotte.fr

Certifié 3 Ylangs. Comptez à partir de 99 € pour un couple dans l'un des 3 appartements équipés.

Sur les hauteurs de Kangani, dans un quartier calme, la villa propose une chambre et trois appartements de 45 à 65 m² chacun, propres et confortables. La chambre est équipée d'un mini-réfrigérateur, micro-ondes et bouilloire. L'intérieur n'est pas chargé mais joliment décoré, spacieux avec une pièce de vie en bas et une cuisine aménagée. Terrasses indépendantes pour les appartements Ylang et Chocolat. Le propriétaire qui travaille sur l'île depuis une dizaine d'années se fera un plaisir de vous donner les bons plans pour profiter au maximum de votre séjour.

GRANDE-TERRE

© STÉPHAN SZEREMETA

Plage de Trévani.

LONGONI

Bâti sur un cap, le port en eaux profondes de Longoni se situe à une quinzaine de kilomètres au nord de Mamoudzou. Il a été inauguré en 1992, ce qui a permis de désenclaver l'île. On peut y voir de gros cargos qui chaque semaine déversent les marchandises importées vitales pour l'économie de l'île. Le développement de cette zone portuaire évolue rapidement si bien qu'un second quai à conteneurs de 223 mètres de long venant au secours des flux et de l'engorgement a été mis en service en janvier 2010, avec une extension de l'aire de stockage des conteneurs, un terminal gazier et un quai pour les pétroliers. De nombreuses entreprises sont venues s'installer à Longoni, comme Total pour le stockage de carburant, Electricité de Mayotte (EDM) a construit une station de production, etc. C'est depuis ce « cœur névralgique » de l'île qu'une grève en 2010 a paralysé le pays ; les syndicats CGT Ma et UTFO, entre autres, ont obtenu une augmentation de 8,8 % sur la grille des salaires. A terme, c'est ici qu'accosteront les croisières touristiques.

Tourisme

Après Longoni, la route s'enfonce à l'intérieur des terres, en passant dans un premier temps sur l'une des plus belles et des plus grandes mangroves de l'île, la mangrove de Dzoumogné. N'hésitez pas à vous y arrêter pour mieux comprendre cet univers étrange fait de palétuviers, d'eau salée... Ensuite, c'est une belle forêt de bambous et de raphias qui borde la côte.

GRANDE-TERRE

© EVGENY SHULIN - SHUTTERSTOCK.COM

Vue du port de Longoni du Mont M'sapere.

DOCK'S CAFÉ €

Port de Longoni

✆ 0269 64 87 67

Ouvert du lundi au samedi midi et soir. Plat à la carte : compter de 12 à 18 €.

Après avoir passé le bar, direction un joli toit de palmes en terrasse, chaise en résine et belle vue mer en prime. L'attente peut être longue mais la cuisine est bonne. Salade de camembert, tartare de thon rouge, brochettes de poulet, de poisson et de magret, pavé de thon, filet de mérou et dorade, crevettes flambées, la carte est étoffée. En accompagnement frites, riz ou légumes. En dessert de bonnes glaces aux fruits, des tartes, de la salade de fruits et même un café gourmand. Des cocktails et événements y sont régulièrement organisés.

BOUYOUNI

Juste avant Dzoumogné, vous découvrirez le petit village de Bouyouni. En y entrant, sur votre gauche juste après le pont, part une piste qui permet de traverser par l'intérieur des terres et d'accéder à Combani, jusqu'à sa magnifique retenue collinaire. Après le village de Bouyouni vous trouverez quelques maisons en *trotro* ou en *mtsevé* encore traditionnelles et un « forgeron » (cherchez le panneau qui l'indique). N'hésitez pas à aller voir le fundi forgeron, il vous montrera comment il fabrique le *tchombo*, outil indispensable à tout Mahorais qui se respecte, c'est quasiment son couteau suisse, il sert à tout : couper, déraciner, planter, etc.

Tourisme

La piste de Bouyouni à Combani descend du nord au centre et peut être découverte en voiture, mais seulement lors de la saison sèche, à moins d'avoir un 4x4 (à pied compter deux heures). Vous longerez toute la rivière de Bouyouni, avec les femmes qui lavent leur linge, les enfants qui s'amusent, les hommes rentrant des champs avec bananes vertes sur la tête. Des orgues basaltiques forment une petite cascade, très peu pentue, quelques mètres avant la pompe de la Sogéa, avant de pénétrer dans de belles plantations d'ylang-ylang. Rien d'étonnant à ce que vous trouviez, sur le passage, quelques makis perdus dans des manguiers géants. Arrivée après trois quarts d'heure de voiture à Combani par la retenue collinaire non loin des bambous géants. Il est envisagé de bitumer cette piste dans les années à venir, ce qui lui enlèverait beaucoup de cachet !

DZOUMOGNÉ ★

Avant d'entrer dans le village en arrivant de Mamoudzou, un rond-point vous laisse deux options : à gauche la RD2 rejoint M'tsangamouji en un quart d'heure seulement, au travers d'une belle forêt. A droite la RN1 poursuit sa route à travers le village puis le long de la côte nord jusqu'à rejoindre l'ouest. Dzoumogné recèle les vestiges du domaine sucrier avec sa cheminée blanche. Le collège a été construit tout autour de ceux-ci. L'usine sucrière de Dzoumogné a quasi été la dernière à fermer ses portes en 1955. En 1867, elle employait 400 personnes et produisait 500 tonnes de sucre par an. C'est ici qu'est installée la dernière station-service avant de gagner le nord. En quittant Dzoumogné par la route du nord, on traverse rapidement Bandraboua, charmant village bien entretenu et fleuri avec deux belles mosquées.

Dans les environs. Par le nord après Bandraboua, la mangrove ne sera plus présente sur toute la pointe nord de l'île. En continuant, M'tsangamboua avec ses beaux îlots constitue un avant-goût de ce qui vous attend un peu plus loin... On arrive rapidement sur les villages de la côte nord-est, bordée de plages étincelantes. C'est l'une des parties les plus belles de la côte, entourée de superbes bandes de sable, plus ou moins isolées : M'tsanga Jiva, M'tsanga Fany ou Fanou (M'tsanga voulant dire tout simplement « sable » en mahorais). Cette dernière est superbe et accessible depuis le village de Bandraboua après 30 minutes de marche dans des sentiers non balisés entre brousse et ruisseau. On suit le lagon jusqu'à Handrema et sa belle baie bien protégée, coin idyllique pour les plaisanciers. L'îlot Handrema brille au soleil, quand on arrive sur la pointe de M'kadijou. La route s'accroche à flanc de colline avec en contrebas les cocotiers, bananiers et plantations de manioc, cernés par le lagon et ses plus belles nuances de bleu dominés par le sommet du Dziani Bolé. De là, on bascule petit à petit vers la côte nord-ouest pour rejoindre le village de M'tsahara, où est implantée la plus grande coopérative de pêche. Prévoyez d'y faire un tour pour voir tous les poissons pêchés. Sur la route, un très beau collège trône sur un à-pic et donne envie de redevenir élève afin de pouvoir profiter du panorama extraordinaire qui s'offre durant les cours.

MONT DZIANI BOLÉ ★

Une piste que l'on prend juste avant le collège de Dzoumogné, en passant devant la seule locomotive de l'île, mène au mont Dziani Bolé, haut de 472 m. La piste est accessible en 4x4 ou à pied. Il est préférable d'y monter tôt le matin pour arriver là-haut à marée basse et découvrir la barrière de corail. On passe devant des plantations d'ylang-ylang, des distilleries ; on traverse des *padzas*, puis on s'élève à travers la forêt Hachiroungou. On finit l'ascension par 170 marches. De là par temps dégagé on peut distinguer Anjouan, l'île comorienne, distante de 75 km.

PLAGE DU PRÉFET ★

Située sur le versant ouest de la pointe d'Handréma tout au nord, la plage du Préfet est l'une des plus belles de l'île. Cependant l'accès pédestre est désormais déconseillé pour des raisons de sécurité. L'astuce est donc de s'y rendre par bateau pour en profiter pleinement. L'histoire dit que l'un des préfets de Mayotte affectionnait tout particulièrement cet endroit ainsi que la douceur de vivre de l'île ! L'eau est cristalline, des tortues côtoient régulièrement le site, les amateurs de snorkeling peuvent profiter d'un tombant exceptionnel et des coraux.

M'TSAMBORO ★★

M'tsamboro est un joli village traditionnel de pêcheurs, tranquille, c'est aussi la capitale de l'orange à Mayotte, ne ratez pas la fête éponyme en juillet. Ainsi il ne sera pas rare pendant la saison sèche de pouvoir acheter quelques agrumes toujours plutôt verts, mais qui sont particulièrement juteux et sucrés. Le village est aussi un haut lieu archéologique, chargé de légendes et d'histoire. Ce fut l'ancienne capitale de l'île avant l'arrivée des Chiraziens au XVIe siècle. On y trouve les ruines d'un palais royal et des tombes, dans le quartier Mjikura. Après M'tsamboro, un superbe point de vue donne sur les caps de la côte ouest. Le belvédère installé au niveau du virage permet d'avoir un aperçu magnifique sur le nord de l'île, avec les îlots Choizil qui sont deux petits îlots reliés par une bande de sable blanc à marée basse. Ainsi on peut s'y reposer avant de filer vers l'îlot Mtsamboro. Des deux côtés de ce cap, les plages M'tsanga Tsoha, accessibles par un chemin assez pentu, et M'tsanga Chifouni, que l'on rejoint plutôt par la mer. La commune a conservé son authenticité, et les quelques plages et îlots baignés dans la nature bien préservée renforcent la magie de l'endroit. De la route, on peut voir par temps clair la silhouette d'Anjouan, située à 80 km.

Tourisme

Le GR part du village pour rejoindre M'tsangamouji. Prévoir environ une journée de marche dans un cadre peu ombragé, il faut prendre de l'eau. Le chemin suit le versant et on domine les différents villages avant d'arriver à un immense padza.

L'îlot de M'Tsamboro (ou Choizil) est l'un des sites les plus réputés au nord de Mayotte.

ÎLOT DE M'TSAMBORO ★★★

Cet îlot que l'on découvre après le cap de la pointe nord est superbe. Ce n'est d'ailleurs pas un îlot, mais une vraie île de plusieurs kilomètres carrés qu'il est possible de découvrir et sur laquelle on peut pique-niquer. Les habitants de Grande Terre y ont installé des jardins mahorais pour cultiver, notamment, agrumes et bananes. Le caillou M'tsamboro possède plusieurs plages de chaque côté avec des fonds superbes et une eau cristalline. Faisant face à l'îlot M'tsamboro, selon les marées, un bel îlot de sable blanc apparaît… paysage de carte postale garanti.

ILOTS CHOIZIL

Aussi appelés « îlots Choazil », ces deux rochers sont reliés par une langue de sable blanc qui ne se découvre qu'à marée basse. Le plus petit des deux rochers s'escalade facilement pour admirer la vue du sommet, et quelle vue ! Côté Grande Terre on aperçoit les minarets des villages de Hamjago et M'tsamboro, surplombés de belles montagnes verdoyantes, et côté large on distingue plusieurs îlots de sable blanc à marée basse, l'îlot M'tsamboro, et par temps clair l'île d'Anjouan. La plupart des opérateurs nautiques y font un arrêt apéro ou pique-nique bien apprécié.

SENTIER YLANG YLANG

Durée : 3 heures. Difficulté : moyenne. Départ : depuis le village de M'tsamboro, rejoindre le GR1.

Un autre parfum, un autre sentier… Partez à la découverte de l'ylang-ylang et de son parfum suave. Sa fleur jaune en forme d'étoile est l'un des symboles de Mayotte et donne une huile essentielle à la base de nombreux grands parfums. La boucle passe par le mont Dziani Bolé et ses 472 mètres. La boucle est aussi accessible en partant de la nouvelle maternité de Dzoumogné et en passant par la retenue collinaire (gare aux moustiques !). Comme toujours à Mayotte, mieux vaut partir en groupe ou dans le cadre d'une visite guidée.

GRANDE-TERRE

Banc de sable de Choizil.

COCO LODGE €€

5 rue Madiana ✆ 06 39 39 51 00
www.cocolodgemayotte.com
Compter de 65 € à 90 € pour deux en fonction de la chambre, 50 € en yourte. Les 3 chambres sont situées côté lagon.

Un panorama superbe pour la seule maison d'hôtes digne de ce nom du nord de l'île ! A 5 minutes du GR, l'établissement est simple et propose des chambres climatisées. Une chambre est équipée d'une douche, les autres douches et toilettes sont en commun. 3 chambres donnent directement sur la terrasse. Tenue avec beaucoup du goût, décoration minimale où le bois est à l'honneur, et une perpétuelle recherche de lumière. Restaurant le soir uniquement, le menu est élaboré en fonction de l'arrivage du poisson et des produits du marché. Repris par Mama Jo en 2020.

LE CHOIZIL €

Rue Principale
✆ 06 39 66 54 64
Ouvert de 8h à 19h. Plat autour de 12 €. Excursion bateau 20 € par personne, 10 € supplémentaires pour le repas.

Une des adresses préférées des locaux sur la côte nord, ce petit restaurant de cuisine mahoraise au bord de la plage du village offre un cadre agréable pour une journée détente. La carte n'est pas très étoffée mais il y a souvent du poisson frais, du bœuf ou du poulet accompagnés de fruits à pain et de manioc. Busch le propriétaire est également pêcheur et guide à ses heures, il peut vous organiser une journée en bateau avec collation sur les îlots Choizil qui font face au restaurant, M'tsamboro et l'îlot de sable blanc, à ne pas manquer.

COCO LODGE €€

5 rue Madiana
✆ 06 39 39 51 00
www.cocolodgemayotte.com
Ouvert du mardi au samedi soir.

La terrasse panoramique et sa somptueuse vue sur les îlots Choizil et M'tsamboro pourraient déjà à elles seules vous convaincre d'aller dîner au Coco Lodge. A cela s'ajoutent une ambiance conviviale (tournois de coinche organisés régulièrement, bons vins, concerts, jeudis burgers, cocolloween, cocoberfest...) et une bonne cuisine à consonance tantôt nordique (welsh, choucroute), tantôt des îles (salade tahitienne, tartare de thon) accompagnée d'une bonne Mzuri, la bière mahoraise. N'oubliez pas de venir tôt pour profiter du coucher du soleil avant le repas.

M'TSANGADOUA ★

Entre M'tsamboro et Acoua, on trouve le sympathique village de M'tsangadoua qui signifie « la plage aux fleurs blanches ». C'est un site où vous pourrez admirer l'art du *banga* ; en effet, les jeunes du village ont décoré certains de leurs *bangas* d'une façon très originale et très photogénique. Un chemin longeant le collège mène à une belle plage à environ 300 m. Sinon, une autre belle plage, M'tsanga Fanou, est située plus loin, en contrebas de la pointe Kahirimtrou. Pour y accéder, il faut prendre un chemin qui part de M'tsangadoua en suivant le lagon. Comptez une demi-heure de marche. Attention, du fait de son isolement, il est conseillé de ne pas s'y rendre seul(e).

© STÉPHAN SZEREMETA

Le petit village de M'tsangadoua.

MTSANGA FANOU

Durée : 30 min. Difficulté : facile. Départ : depuis le terrain de foot du village de M'tsangadoua.

Magnifique randonnée au départ de M'tsangadoua, n'hésitez pas à demander votre chemin, les villageois apprécient de vous accompagner... Un bon moyen de faire connaissance avec la population locale. Une balade à travers la brousse, avec bananiers, manguiers, cocotiers, pour découvrir une plage de sable blanc avec vue sur les îlots Choizil et M'tsamboro. Un beau tombant et un petit air de carte postale ! Depuis septembre 2018, un sentier sous-marin a été inauguré avec des balises et des panneaux explicatifs pour en apprendre davantage sur les fonds marins.

LE BERCEAU DU NORD €

Rue du Collège
✆ 06 39 97 29 30
A partir de 50 €.

Une maison colorée sur deux niveaux, une adresse simple, locale et propre. Des efforts de décoration dans les 4 chambres équipées d'un téléviseur, avec WC et douche, et un petit réfrigérateur. Cela dépanne dans cette région de l'île désertée par les hôteliers mais qui s'avère une belle base pour des sorties sur les îlots Choizil, la randonnée d'Acoua ou encore les sorties en palmes-masque-tuba sur les différents tombants des plages de la côte nord-ouest. A noter toutefois que le contact par mail ou téléphone est très difficile, n'attendez pas le dernier moment.

PLAGE DE M'TSANGA HAPONDRA ★

2 km après le village, on peut accéder à la jolie plage de Hapondra, en garant sa voiture juste après le virage avant une grande descente. Comptez une bonne demi-heure de marche au milieu des arbres fruitiers. Une fois arrivé à la bananeraie prenez à droite. Après une rude descente, vous verrez un *banga* construit en bord de plage. Le tombant est à 100/150 m de la plage, orienté Ouest il est riche et bien conservé. A marée haute, des tortues viennent brouter l'herbe en bord de plage.

ACOUA ★

Bienvenue au village d'Acoua, un peu moins de 5 200 habitants, fondé par des Malgaches du temps des razzias. L'histoire dit qu'il doit son nom aux Portugais ayant débarqué dans ce village en réclamant de l'eau (*aqua*) à ses habitants. C'est un petit village de pêcheurs enserré dans une baie profonde. On peut voir les enfants jouer au foot sur la plage, les vieux jouer au *m'ra*, les jeunes discuter à l'ombre des grands arbres et les femmes réunies au lavoir. Ce village paisible est un bon point de départ pour faire une sortie kayak, explorer le beau tombant situé sur la rive sud de la plage ou encore monter les fameuses marches pour profiter de la rue.

LA MARINE - CHEZ MAMA JO €

Sur la plage ✆ 06 39 25 77 11
Ouvert midi et soir. Plat du jour autour de 12 €. Bungalow pour deux à partir de 55 € la nuit en semaine.

On est reçu par Mama Jo, un personnage charismatique d'Acoua. Une bonne adresse en toute simplicité, les pieds dans le sable, pour manger des produits frais de la mer. Langoustes et poulpes au rendez-vous, selon l'arrivage, et plats traditionnels accompagnés de riz, fruits à pain ou frites. Bonne ambiance le dimanche, des concerts sound system sont parfois organisés. Mama Jo loue aussi quatre bungalows confort et spacieux à même la plage (réservation bien à l'avance). Nous y avons particulièrement apprécié la baignoire vue mer !

LES 210 MARCHES D'ACOUA

Durée : 2h30. Difficulté : difficile, beaucoup de marches.

Une belle et longue randonnée qui traverse la réserve forestière de Dzoumogné, offrant de beaux points de vue sur les villages et les hauteurs du nord de la grande île, avec une flore envahissante et odorante. Par beau temps, l'île d'Anjouan est visible à l'horizon, ainsi que les petits îlots du Nord et les beaux fonds marins qui se devinent en transparence. Attention cependant, plusieurs agressions ont eu lieu sur ce site, il est préférable d'y aller en groupe et sans objets de valeur. Les naturalistes y organisent régulièrement des sorties.

LES ORCHIDÉES €€

Quartier lotissement Marou Vato
✆ 06 39 94 87 74
Compter autour de 20 € pour un plat et une boisson.

Situé légèrement sur les hauteurs d'Acoua, la terrasse des Orchidées offre une très belle vue sur le village et sa longue plage de sable. Dans l'assiette du poisson grillé ou en brochette selon les arrivages, servi avec une sauce vanille maison et accompagné de riz et haricots. Quant à la spécialité du patron, c'est bien sûr la langouste en saison. Elle est servie avec de la salade en entrée ou grillée au four en plat principal. Pensez à appeler pour la réserver à l'avance, les quantités disponibles varient selon les pêches.

MLIHA ★★

Un peu plus loin après Acoua, alors que la route traverse longtemps la forêt, une autre bifurque sur la droite vers le village de Mliha. Un petit panneau indique le chemin mais il faut souvent passer deux fois pour le voir lorsqu'on vient du nord. Le village s'ouvre sur une jolie plage où l'on profite de la vue sur le mont Choungui (sommet du sud de l'île) faisant face. Le centre de plongée Happy Divers s'est posé ici en 2010. Juste à côté de la plage se dresse l'un des rares baobabs du nord de l'île, différents de ceux du sud, et quelques beaux spécimens de vacoas avec leurs racines aériennes. Le week-end, l'endroit est très convivial.

LA TÊTE RAIDE €

Rue de la plage

✆ +262 639 67 61 77

Ouvert tous les jours midi et soir. Compter entre 8 et 14 € le plat.

La seule adresse de Mliha : la Tête raide est un petit restaurant local avec terrasse au bord de l'eau, avant le centre de plongée. Au menu : kangué (ragoût de bœuf bouilli), cari poisson, cari poulpe, ou encore émincé de volaille avec un très bon gratin de pommes à la cannelle en accompagnement. Vente de bières. Le restaurant accueille régulièrement des concerts (reggae, DJ...) et des beach parties pour des soirées animées. Programmation à découvrir sur la page Facebook. Le restaurant a mis en place des livraisons pendant les confinements.

SEA LOCATION

Plage de Tanaraki

✆ 06 39 06 01 21

Kayak et paddle à 8 € de l'heure ou 25 € la journée. Planche à voile 12 € de l'heure, catamaran 50 €, paddle géant 20 €.

Nassuf met en location kayaks, paddles, planches à voile ou catamarans sur la plage de Tanaraki. Idéal pour découvrir les plages secrètes environnantes, difficilement accessibles à pied et fréquentées par des tortues. Les débutants pourront profiter de séances d'initiation avant de se lancer en solo. Pour les plus aguerris, possibilité de partir à la découverte des îlots du nord. Enfin, Nassuf propose un service de restauration sur place, pour les groupes qui souhaitent passer la journée sur la plage, sur réservation uniquement.

HAPPY DIVERS

Plage de Mliha

✆ 06 39 69 29 38

www.diving-mayotte.com

Exploration encadrée avec matériel du club 58 €, baptême adulte 68 €. Chambre double à partir de 60 €, dortoir 30 €.

Happy Divers sont les seuls à proposer des plongées dans cette partie sauvage de l'île, avec des sites dont les îlots du Nord et leurs tombants recouverts de gorgones géantes, très poissonneux, Fusiliers point et « l'Archipel du bout du monde » ou encore la passe Acoua avec sa myriade de spots, qui vont du sable blanc en passant par un jardin corallien jusqu'au tombant descendant « profond ». L'eau y est généralement très claire et la visibilité excellente. Ils vous feront découvrir également leurs spots secrets pour approcher les requins nourrices, pélagiques et raies. Il y a de tout, même sur la pente externe, et pour tous les niveaux : du platier à la passe qui descend tranquillement de la surface à 20 m (sable, patates, jardin corallien), jusqu'au premier tombant de 20 à 40 m, où l'on va croiser du poisson de passage, pour terminer sur un très beau second tombant de 40 à 60 m, site magique pour sa verticalité et ses grandes gorgones. Une équipe charmante, pro et sans prise de tête. A l'issue de la plongée, profitez d'un débriefing en bord de mer dans le jardin fleuri et ombragé juxtaposant le centre de plongée. Bonne humeur garantie ! En 2022 le site se dotera d'un gite avec 2 dortoirs de 6 personnes et 3 chambres doubles et d'un restaurant avec cuisine à tendance asiatique et italienne préparée à partir d'ingrédients locaux. Côté activités, le club proposera un jardin pédagogique en visite libre et des cours de yoga, taekwondo et boxe coréenne. De quoi profiter d'un séjour complet sur site.

MUTSUMBATSU ★

En contournant le gîte de la plage de Mliha, derrière le village, un sentier mène au village complètement hors du temps de Mutsumbatsu en une demi-heure. C'est isolé, près d'une plage blanche, de l'autre côté de la pointe : un vrai petit paradis avec une plage aux eaux claires pour nager avec palmes, masque et tuba. Non loin de là se trouvent quelques spots d'escalade pour les passionnés. Attention toutefois, l'endroit est très isolé, n'y allez pas seul ou avec des objets de valeur, privilégiez les explorations en groupe ou lors de journées spéciales organisées par des associations (les Naturalistes par exemple) ou la commune (journées du patrimoine, randonnée...).

M'TSANGAMOUJI

Juste avant d'arriver dans le village de M'tsangamouji, au niveau du virage, un peu en hauteur à flanc d'une butte sur la gauche, il reste quelques *bangas* construits par les jeunes garçons en passe de devenir des adultes. Au centre, un bureau de poste et la mairie où vous pourrez demander un plan pour une petite promenade aménagée par la commune autour du village sur le thème de l'ylang-ylang, des songes et de l'histoire de la canne à sucre. En escaladant les hauteurs, on a un point de vue panoramique sur le village et sur le lagon. On est à proximité des GR vers Acoua, les îlots du nord et la lagune de palétuviers protégés et vers Soulou au sud.

Tourisme

A la sortie de la ville, vous trouverez l'intersection avec la RD2 qui repart vers le nord en direction de Dzoumonyé. Cette jolie route traverse un paysage abondant en arbres fruitiers, le Bandrandzia, un des plateaux les plus arrosés de l'île avec plus de 2 000 millimètres de pluie sur 5 mois. L'autre option consiste à prendre la RN1 en direction de Tsingoni. En continuant sur celle-ci, vous passerez devant l'ancienne usine sucrière de Soulou construite en 1856 et désormais cachée dans la végétation, ce qui donne un certain charme au bâtiment. Si vous voulez en savoir plus, les Naturalistes organisent régulièrement des visites de l'usine, du débarcadère, de la maison de maître sur les hauteurs et du village des ouvriers dans la forêt. Un opérateur de réalité virtuelle proposera prochainement des visites de l'usine avec une reconstitution virtuelle du bâtiment.

CASCADE DE SOULOU ★★

Pour atteindre la cascade, il faut suivre la direction de Combani, un petit panneau indique son chemin. Vous rejoindrez ensuite la plage et sa cascade après 20 minutes de marche dans une bambouseraie, où les bambous les plus hauts peuvent atteindre 40 m. Si l'on ne fait pas trop de bruit, on apercevra des lémuriens qui nous regardent passer, espérant quelques bananes. Arrivé sur la plage, la cascade est sur votre gauche. L'endroit est paradisiaque, une cascade d'eau douce tombe directement sur la plage, ou dans la mer à marée haute. Une douche naturelle pour se dessaler après un bain ! La plage est elle aussi agréable et appréciée des tortues. Attention tout de même, de nombreux vols sont signalés au niveau du parking. Aussi nous vous conseillons de laisser votre véhicule plutôt à Tsingoni et de rejoindre Soulou en stop ou par le GR à pied (45 min aller), plutôt que de laisser votre voiture sans surveillance ! Attention à la marée dans cette mangrove. A noter également que la cascade est un lieu de rituels : l'eau douce est utilisée pour chasser les mauvais esprits des personnes habitées, esprits qui sont redirigés vers des poulets apportés pour l'occasion. Si vous arrivez sur la plage lors d'un rituel, vous ne serez pas chassé mais veuillez respecter le déroulement de la cérémonie en gardant vos distances. Plusieurs opérateurs nautiques proposent d'accéder à la plage par la mer, le temps d'une pause pique-nique ou d'un punch coco dans une journée tour de l'île ou lors d'une sortie nord-nord-ouest.

GRANDE-TERRE

BANGA PIZZA €

Route Nationale
✆ 0269 60 10 05
Ouvert du jeudi au dimanche de 18h à 22h.
Sur place ou à emporter. De 8 à 14 €, supplément calzone 2 €.

Des tables et des chaises en aluminium qui ne font pas rêver mais les pizzas sont bonnes et la bonne humeur est de mise, c'est le principal. Hygiène au rendez-vous en cuisine et en salle. Au menu les incontournables royale, 4 fromages, napolitaine, mais aussi des pizzas originales comme la chembé (poulet fumé et merguez), la boucané ou encore la tchanga (merguez-poivron). Petite attention locale, les pizzas qui contiennent du porc sont indiquées en rouge sur la carte. Toutes les pizzas sont transformables en chausson (calzone) avec un petit supplément.

LA BOISSONNERIE €

44 Boulevard Amir Ridjal
✆ +262 639 60 99 57
Plats entre 10 et 15 €.

Plutôt calme en journée, ce petit bar de plage à l'ambiance reggae accueille régulièrement des artistes locaux ou de l'océan Indien pour se produire en soirée (tropical beach party ou encore reggae beach party sont fréquentes ! une contribution est généralement demandée). Sa situation en fait aussi un endroit idéal pour se désaltérer après une journée sur la plage d'Ambato. Il y a aussi une des rares tables de billard sur l'île, on y va surtout pour l'ambiance et pour la simplicité du lieu. La programmation est à suivre sur la page Facebook.

Cascade de Soulou.

TSINGONI ★

Tsingoni, berceau de l'islam mahorais et ancienne capitale du sultanat de Mayotte, possède la mosquée la plus ancienne de l'île, datant du XVIe siècle, qui est aussi la mosquée en activité la plus ancienne de France. Il est possible d'y voir des tombes shiraziennes. Dominé par un minaret et surplombant une jolie baie, Tsingoni est peut-être le prototype des futurs villages mahorais. Les cases en tôle y laissent la place à de petites maisons à un étage avec un balcon. Les couleurs n'en sont pas absentes, ce qui leur donne un réel charme. Il faut monter le plus haut possible dans le village pour admirer la forêt qui l'entoure et le lagon.

MOSQUÉE DE TSINGONI

La mosquée de Tsingoni mérite amplement un détour, il s'agit là de la plus ancienne mosquée de l'île, datée d'au moins 1538. Classé monument historique depuis 2015, le bâtiment est toujours utilisé et bien conservé. Son minaret rappelle que Tsingoni était la capitale du sultanat shirazien au XVIe siècle, dont l'influence rayonnait sur l'archipel des Comores dans son ensemble. La mosquée est devenue un lieu sacré pour les habitants car elle abrite trois tombes qui conserveraient les dépouilles du sultan Haïssa dit « le premier Arabe », de sa femme et de sa fille.

BALADE DE TSINGONI À LA PLAGE DE SOHOA ★

Facile. Durée : 2h aller-retour. Point de départ : ressortir du village et prendre la RN1 en direction de Combani.

À quelques pas du village de Tsingoni, ce tronçon du GR1 vous permet de rejoindre la plage de Sohoa en environ une heure. La balade est agréable par les panoramas qu'elle offre sur la baie et les rencontres surprenantes avec les makis et autres zébus. La végétation tropicale est aussi abondante, les abords du chemin regorgent de bananes, mangues, ananas et même des pousses de vanille. Arrivé à la plage, il ne vous reste plus qu'à piquer une tête avant de faire demi-tour.

© STÉPHAN SZEREMETA

La mosquée de Tsingoni.

GRANDE-TERRE

GEPOMAY

✆ 06 39 03 16 20
www.gepomay.fr
Adhésion à l'année 5 €, sortie sur prix libre.

Gepomay est une association spécialisée dans le recensement des espèces présentes à Mayotte, suivis scientifiques, action de protection des espèces menacées, de restauration d'habitats, actions de sensibilisation auprès du jeune public, éducation à l'environnement, etc. L'association organise une dizaine de sorties par mois sur des thématiques ou pour aller observer une espèce sur un site spécifique. Pour participer, il suffit d'adhérer à l'association (5 euros), les sorties sont ensuite sur participation libre. Bénévolat bienvenu.

BAMBOU GRILL €

Rond point de Tsingoni
✆ 0269 60 34 25
Plat à partir de 5 €.

Situé sur le rond-point qui mène à Tsingoni depuis la route principale qui relie le nord à Combani, la grilladerie le Bambou Grill est une petite adresse sans prétention (végétariens s'abstenir !) où il fait bon s'arrêter pour manger local en bonne compagnie. Sur l'ardoise : du poulet grillé servi avec du riz ou du manioc grillé, le traditionnel kangué (ragoût de bœuf) ou encore du mataba. Le service est rapide et convivial. Le propriétaire organise régulièrement des petits concerts de musique locale le vendredi soir, ça change du cadre habituel.

TOUR DU LAC NATUREL KARIANI ★

Sur la CCD1, prendre sur la droite en venant de Tsingoni, à environ 1 kilomètre du rond-point du Collège.

Durée : 50 minutes. Difficulté : facile.

Point de départ : en quittant Tsingoni sur la RN1 en direction de Combani, vous apercevrez le stade de foot de Hachénoua. Le sentier débute environ 400 mètres après, sur la droite, sur une piste en terre. Difficile de s'imposer quand on est un lac d'eau douce sur une île où le lagon est roi ! Alors oui, cette retenue d'eau douce (l'une des rares dont l'île dispose !) ne présente pas de couleurs éclatantes et enchanteresses, mais elle abrite une faune et une flore abondantes. C'est le plus grand lac naturel de Grande-Terre, mais il est bien plus petit que celui de Petite-Terre. En saison sèche, il est trois fois plus petit qu'en saison des pluies. Les ornithologues amateurs pourront tester leurs connaissances en observant les nombreux oiseaux venus nicher dans ces champs poreux, certains y vivent même à l'année. C'est le jardin des aigrettes, des hérons et des échassiers mais aussi d'espèces menacées comme le crabier blanc. Le lac tire d'ailleurs son nom de la poule d'eau, très présente sur le site, qui s'appelle Kariha en shimaore. Tandis que les botanistes en herbe pourront admirer la diversité des espèces végétales qui s'alimentent avec l'eau du lac, tapissé de nénuphars. Cette faune et cette flore sont toutefois mises à mal par l'agriculture et le déboisement sur les flancs du lac. Une balade conseillée à la saison des pluies, car l'étendue se réduit considérablement quand la chaleur monte. Un abri en bois permet d'observer la vie sauvage en toute discrétion.

CHICONI

Chiconi est un petit village vivant de l'agriculture et de la pêche, et encore quelque peu de la culture de la vanille. La commune est très portée vers la musique du fait des nombreux artistes qui y résident et du célèbre festival Milatsika qui y a lieu chaque année au mois d'octobre, accueillant sur plusieurs jours des musiciens locaux et de l'océan Indien. En fin d'année se déroule également le Festival du geste et du savoir-faire, valorisant les métiers d'artisanat (bijouterie, menuiserie, ébénisterie...) en présence de créateurs de toute l'île. On y trouve la dernière potière de Mayotte, fabriquant ses pièces à partir de sable et de terre argileuse.

SENTIER VANILLE

Durée : 3h30. Difficulté : moyenne. Point de départ : parking de la coopérative vanille de Coconi.

A l'est de l'île, le sentier Vanille sillonne dans les champs traditionnels de vanille et vous fait découvrir la transformation des gousses vertes à la coopérative de la vanille. Parcours de 13,5 km qui surplombe par moments la mangrove avant de se rapprocher du bord de mer. La boucle permet de prendre le pouls de la vie locale : l'effervescence du (tout) début de journée, le calme des chaudes après-midi puis le départ en mer des pêcheurs en pirogues. Les plus sportifs pourront parcourir le sentier à l'occasion des marathons organisés par la commune de Chiconi.

MAY WILD PAINTBALL

Route de Soulou (CCD1)

✆ 06 39 67 74 97

www.maywildpb.com

Ouvert samedi et dimanche, réservation obligatoire. Age mini 8 ans. A partir de 22 €.

L'unique paintball de Mayotte se trouve à la sortie de Tsingoni en direction de Soulou, avec 2 hectares pour s'affronter par équipe et récupérer le drapeau, rigolades et adrénaline garanties ! May wild Paintball propose une douzaine de scénarios différents qui incluent des vols de drapeaux, des traitres infiltrés dans vos équipes, des médecins au pouvoir de réanimation, un château à défendre ou encore une bombe prête à exploser. De quoi revenir plusieurs fois ! Masque, plastron, gants et protège-coudes inclus dans la session. Supplément pour les nocturnes.

LE MARGUERITTA €€

Carrefour de Kavani

✆ 06 39 22 15 19

Plat entre 10 et 15 €, petite pizza entre 7 et 9 €, grande pizza entre 9 et 14 €. Ouvert du mardi au dimanche.

Nouvelle adresse à Chiconi, le Margueritta propose une cuisine locale et européenne, et des pizzas sur place ou à emporter. Côté plats locaux on trouve du carry ou pavé de thon, du shop suey poulet, de la bavette aux oignons ou encore du magret de canard selon l'arrivage. Petit coup de cœur pour le millefeuille de thon à la papaye verte. Côté pizzas, la carte propose les classiques 3 fromages et niçoise mais aussi des pizzas plus couleur locale comme la mahoraise (viande hachée, poulet, oignons) ou la margueritta (poulet, merguez, viande hachée).

GRANDE-TERRE

SOHOA ★★

De Chiconi, on peut faire un crochet par Sohoa, petit village avec certainement le plus charmant accès à la plage de Mayotte. Quelques pirogues à balanciers, des habitants accueillants, une plage animée le week-end, populaire et familiale, on aime Sohoa pour ça. Auparavant, Sohoa était réputée pour son centre d'initiation à la pirogue à balancier (construction et navigation) et pour sa poterie, malheureusement ces savoir-faire disparaissent au fur et à mesure. Au niveau de l'ancienne poterie du village, à côté de l'épicerie, une route mène à une jolie plage de sable fin, parsemée de farés et très appréciée des Mahorais les week-ends pour les voulés !

SADA ★★

Sada la fière – où s'étagent les maisons qui dévalent la colline jusqu'à la plage et le centre – est dominée par un minaret. Sada est fière, car de nombreuses familles se disent descendantes des Sharifs, de la lignée du Prophète, premiers Arabes venus islamiser l'île. Cette superbe ville construite à flanc de colline mérite que l'on s'y arrête ; descendez au cœur de la ville, une partie de l'esprit de Mayotte se trouve ici, entre le minaret, la plage et les nombreux artisans. Une association artisanale s'est spécialisée dans la vannerie, avec entre autres les fameux chapeaux de Sada qu'il est possible d'acheter et qui sont bien pratiques pour se protéger du soleil. Vous pouvez également visiter quelques ateliers de bijouteries où les bijoux sont confectionnés à base d'or provenant de La Mecque et ramenés par les *hadjs*. Ils constituent bien souvent la dot lors des grands mariages… N'hésitez pas à demander aux villageois de vous les indiquer, car ils sont rarement signalés. Un conseil pour les personnes peu à l'aise avec la route, pour éviter de se retrouver piégé dans les petites ruelles de Sada qui tantôt se transforment en impasse tantôt se révèlent être à sens unique : mieux vaut laisser la voiture à l'entrée de la ville et la parcourir à pied. Une autre alternative est de laisser le centre-ville sur votre droite et de longer plutôt une belle route donnant sur ses hauteurs, où vous pourrez admirer son bel îlot faisant face à la plage et d'où l'on peut parfois voir Anjouan au loin à l'horizon.

LE CHISSIOUA €€

Sur la R1 au sud de Tahiti Plage
✆ 06 39 20 24 61
www.chissioua-mayotte.com
Bungalow double à 80 €, petit-déjeuner 12 €. Restaurant les midis du jeudi au dimanche et vendredi et samedi soir.

© LE CHISSIOUA ECO-GÎTES

Caché dans la nature, le Chissioua est à la fois un gîte, un restaurant et un salon de thé. Ses quatre bangas doubles sont construits dans un style traditionnel et possèdent chacun leur histoire et leur symbolique, que le propriétaire se fera un plaisir de vous conter. On apprécie le côté nature, la proximité avec la plage et la simplicité du lieu. Que vous y passiez la nuit ou simplement la journée, régalez-vous des jus de fruits frais et pâtisseries faites maison pendant que les enfants profitent de l'aire de jeu aménagée dans le jardin. Boutique d'artisanat.

ÎLOT SADA

Symbole de la ville, ce petit cône de 200 mètres de hauteur posé sur l'eau est accessible à pied une fois toutes les deux semaines lors des grandes marées. Mieux vaut prévoir les baskets car le chemin est pavé de rochers et la végétation sur l'île est très sèche. C'est l'occasion de s'y promener et de profiter de la vue depuis son sommet avant de partir en exploration avec le masque et le tuba. Attention à respecter les horaires de marée pour le retour, vous risqueriez de vous y retrouver coincé jusqu'à la prochaine grande marée !

GRANDE-TERRE

Coucher de soleil sur la plage de Sohoa.

TAHITI PLAGE ★

Tahiti Beach, un nom qui attise la curiosité, et il est mérité. Au menu : beau sable doré, roches noires polies par l'océan, et panorama sur la péninsule de Bouéni et le relief emblématique du mont Choungui. Sous l'eau, le tombant n'est pas très loin, et les tortues vertes aiment s'y promener, à vos masques ! Un petit snack de plage permet de se restaurer sur place et un gîte permet d'y passer la nuit. Comme toutes les plages à Mayotte, veillez à ne rien laisser de valeur sur le sable pendant que vous avez la tête sous l'eau.

TATA GNAGNA €€

Place de la Mairie

✆ 0269 64 79 92

Certifié 3 Ylangs. A partir de 55 € la chambre double, autour de 12 € le plat. Parking.

On est reçu dans une famille charmante où l'éducation est une priorité. Chamsia Dahalani propose 3 chambres climatisées à l'étage de la maison familiale avec salle de bains privative, télé écran plat et coin cuisine, à quelques mètres de la plage. Les chambres disposent d'un balcon commun, l'idéal pour se rencontrer et converser avec ses voisins. Possibilité de dîner sur place en formule demi-pension ou pension complète. Animaux de compagnie acceptés, wifi, TV câblée, machine à laver, sèche-linge. Chambres disponibles sur Airbnb.

NASSO NA BISSO €

Route du lycée

✆ 06 39 07 95 11

Ouvert du lundi au samedi de 11h à 15h et de 19h à 22h. Compter une vingtaine d'euros pour un plat + un dessert.

Tenu par un jeune Comorien qui a fait ses classes avec Abdou du Zam Zam puis au Sakouli. Très sympa et motivé, il vous propose une cuisine locale et des salades succulentes, des sandwichs, des burgers et des tartines de qualité. Carpaccio de thon, pavé de thon mi-cuit, accompagné de légumes karib, poulet coco avec gratin de papaye et purée de fruits à pain, filet de poisson à la vanille... la présentation est soignée et la préparation digne d'un grand restaurant. Nous sommes heureux pour lui que son affaire tourne, il le mérite. Une adresse sûre.

CHISSIOUA €€

Tahiti Plage. Route Nationale - M'Tsagnougni. Entre Tahiti Plage et Jimawéni ✆ 06 39 20 24 61

www.chissioua-mayotte.com

Ouvert le midi du jeudi au dimanche et vendredi et samedi soir sur réservation. Menu à la carte. Salon de thé.

Installée au bord de la plage de Mtsanga dzienguizi, la terrasse du Chissioua est idéale pour une pause gourmande. Avant de commencer, laissez-vous tenter par un jus de fruit frais maison, confectionné à partir des fruits du jardin (coco, citron, mangue...). Poursuivez ensuite par un poisson mariné aux aromates du jardin ou grillé, selon la pêche du jour. En saison la carte s'agrémente de langoustes (sur réservation). En dessert vous aurez le choix, notamment, entre la tarte au citron (du jardin !) meringuée et la tarte Tatin à la mangue... du jardin bien sûr !

MAISON DE L'ARTISANAT

Vers la boulangerie

✆ 0269 60 32 10

Ouvert du mardi au samedi de 9h à 12h et de 14h à 17h.

Créée par l'association Maouoi en 1994, qui occupe la maison artisanale de Sada pour promouvoir le savoir-faire de la commune. Broderie, vannerie, sculpture et différents objets traditionnels confectionnés par les *bouénis* de la zone. De bonnes idées de cadeaux pour les amis ou la famille, confitures, mortier et pilon, achards, du *Made in* Mayotte. On trouve également le surprenant chapeau de Sada, inventé pour se protéger du soleil ou des regards curieux... Un partenariat a été mis en place avec la société Aromaoré pour des ateliers récolte ou tressage les samedis.

MAY VOILE

Plage de M'Tsangabeach

✆ +262 639 76 31 11

Location kayak simple 15 € la demi-journée, 20 € le double. Paddle 1h à 8 €, planche à voile 25 €, Hobie cat 35 €.

Ouverte en avril 2021, May Voile est une école de voile associative située sur la plage de M'tsangabeach. La base nautique dispose de hobie cats (15 et 16), kayaks, paddles et planches à voile. Possibilité de faire de la location simple ou de prendre des cours. Des stages enfants et adultes sont proposés pendant les vacances scolaires. Le bon plan : louer un kayak pour se rendre à l'îlot Karoni, moins connu que celui de Bandrélé mais tout aussi beau. Attention toutefois aux horaires de marées, certaines heures sont plus propices à la navigation.

JIMAWÉNI

Vers le sud, à quelques petits kilomètres après Sada, un panneau indique l'écomusée de l'ylang-ylang et de la vanille qui n'est malheureusement plus animé. Vous voici arrivé à Jimawéni. Empruntez cette route en fin d'après-midi, quand les couleurs commencent à se mélanger, et vous connaîtrez des moments inoubliables. Quelques plages parsèment la côte, jamais très loin de la route. Avant Poroani, la très populaire M'tsangabeach est une jolie plage privée où différentes manifestations sportives, éducatives et culturelles se déroulent tout au long de l'année. Elle accueille aussi une base nautique avec kayak, paddle et planche à voile.

ANANTSIKA €

Quartier Magnassini
© 06 39 68 51 62
Chambre à partir de 40 €.

Anantsika vous accueille en toute simplicité à Poroani dans sa petite maison typique de Mayotte. Les quatre chambres sont simples mais climatisées et équipées de moustiquaires, détail non négligeable à certaines périodes de l'année. Les invités partagent un salon commun avec table et canapé pour plus de convivialité. On apprécie également la très jolie vue sur la baie et la presqu'île de Bouéni. Possibilité de manger sur place et notamment découvrir des spécialités malgaches, comme le romazava, plat à base de brèdes accompagné de poisson ou poulet.

LE JIMAWENI €

A 1 km au sud de Tahiti Plage
© 06 39 39 02 35
Ouvert midi et soir, réservation obligatoire.
Plat autour de 17 €.

La brochetterie Jimaweni fait partie des adresses qu'il faut connaître pour trouver ! Sur la RN1 en direction de sud depuis Tahiti Plage, cherchez le panneau avec des illustrations de langoustes. De là, empruntez la route en terre qui part en direction de la plage. C'est dans ce décor de carte postale que se trouve la terrasse du Jimaweni et ses quelques tables. Un régal pour les yeux et pour les papilles : la spécialité de la maison est bien évidemment la langouste. Attention, on ne vient pas au Jimaweni à l'improviste, les repas doivent être réservés à l'avance.

MIRÉRÉNI

Toujours en descendant vers le sud, après quelques kilomètres, on traverse Miréréni ; la route arrive au carrefour de Chirongui sur Mramadoudou avec à l'horizon le mont Choungui, dominant fièrement le sud de l'île. Tout droit, Chirongui ; à gauche, on parvient très rapidement au col de Chirongui, l'endroit le plus étroit de l'île. Juste avant le carrefour, une pharmacie, un médecin et un distributeur automatique (au niveau de l'école) sont installés. C'est un point de départ de la randonnée du célèbre mont Bénéra, le plus haut sommet de l'île de Mayotte, avec ses 660 m, et c'est aussi une étape du GR1 qui traverse l'île en 7 jours de marche.

POROANI

Localité d'origine malgache, les premiers habitants venant de la région de Majunga, on y entend plus fréquemment parler le shibushi que le shimaore ! Vous verrez sa belle mosquée sur votre gauche en descendant de Jimawéni. Poroani a été un lieu de résistance et de révolte anticolonialiste dans les années 1850 alors que l'essor des premières plantations conduisait à la multiplication du travail forcé. Les vestiges de l'ancien village sont toujours visibles sur le bord de mer, les habitants ayant dû abandonner leurs habitations pour être relogés, jusque dans les années 1990, le lieu étant considéré trop risqué face aux phénomènes de grandes marées.

LE MONT BÉNARA

Compter 5h. Difficulté : facile.

Le plus haut sommet de l'île de Mayotte, avec ses 660 m. Cette randonnée est très agréable, une vraie randonnée avec des sous-bois, des montées ardues, un chemin de crêtes et la possibilité de découvrir des sentiers hors fléchage. Boucle de 12,7 km au départ de Miréréni. Possibilité également de la commencer à Bandrélé en suivant le chemin des crêtes dans un premier temps, ou de Tsaranoro (plus long). Pour atteindre le sentier il faut rejoindre le GR1 depuis Miréréni. N'oubliez pas de lever la tête pour apercevoir les makis, ils sont nombreux au centre de l'île.

COMBANI ★★

« *Là où il y a des makis* », c'est ce que veut dire Combani, gros village enfoui dans la forêt et dominé par le mont Combani (477 m). Ancien cœur agricole de l'île, il reste encore de vieilles machines qui servaient à l'exploitation sucrière. Aujourd'hui, c'est un village agréable et important avec quelques restaurants, une caserne pour le service militaire adapté, une poste, un supermarché. A seulement trente minutes de Mamoudzou, le village, parfois animé, peut être un bon point de départ pour découvrir l'île. Les options d'hébergement y sont nombreuses et surtout reposantes, et les activités diverses : randonnées, golf, ou encore visite de plantations. C'est là que se trouve l'ancien domaine d'ylang-ylang de Jean-Paul Guerlain, grand nom de la parfumerie mondiale.

Transports

De Combani à Mamoudzou par l'intérieur. La route allant de Combani à Mamoudzou est une très belle route à parcourir absolument ! A droite, un peu avant le village de Vahibé, une piste monte au mont Combani où sont installés un relais de télévision et deux gîtes. Petite promenade agréable dans une végétation luxuriante. Un peu plus loin en descendant, vous profiterez des magnifiques points de vue sur Petite-Terre et la passe en « S », qui est l'ancien lit d'une rivière. L'idéal est de faire cette route lors de la marée basse afin de pouvoir observer au mieux les nuances contrastées du lagon et du corail. Vahibé est un gros village dont l'activité principale est la culture et la distillation de l'ylang-ylang. On y voit d'ailleurs plusieurs alambics à l'entrée du village. La route redescend ensuite et se termine, entre Vahibé et Passamainty, par une route en lacets, bordée de grands manguiers centenaires et de champs d'ylang-ylang. Sur la gauche, le mont M'tsapéré domine la vallée. C'est peut-être le plus beau et le plus agréable tronçon de l'île, idéal à parcourir en moto, surtout en fin d'après-midi quand les multiples effluves parfument l'air.

De Combani à Sada par l'intérieur. Vers le sud, la route de Combani à Sada traverse le minuscule village de Kahani avec en son centre un lycée professionnel et la maternité du centre de l'île. Au croisement du village on peut poursuivre sa route vers Coconi en passant devant la maternité pour déboucher sur le SEF (Service des Eaux et Forêts) et son village très verdoyant, ou tourner à droite pour rejoindre Chiconi.

OFFICE DE TOURISME

✆ 0269 61 59 72

Ouvert du lundi au vendredi de 8h à 16h.

L'interco 3CO comprend les communes de Tsingoni (dont Combani fait partie), Sada, Chiconi, Ouangani et Mtsangamouji et est à ce stade la plus avancée dans sa structuration. Installé dans les beaux bâtiments de la Maison des Services Publics de Combani, l'office de tourisme accueille le public pour des conseils, renseignements et expositions d'artisanat dans ses locaux. Des journées de sensibilisation sont déjà organisées avec VTT, courses de pirogue ou encore randonnées pour amener la population locale à prendre conscience de la richesse de son patrimoine.

LE JARDIN D'IMANY

✆ 06 39 65 59 79

lejardindimany.com

Compter 40 € la journée pour les adultes, 20 € pour les 3-11 ans. Les mercredis et dimanches uniquement.

De retour sur son île natale, Anwar a repris la distillerie familiale pour se découvrir une véritable passion pour l'ylang et les épices mahoraises qu'il cultive en respectant la tradition du jardin mahorais, sans produits chimiques et sans abîmer les sols. En période de récolte (juin-décembre), Anwar organise des journées immersion : matinée récolte des fleurs précieuses, pesée et distillation, suivie d'un atelier tressage et d'un grand repas partagé et d'une balade pour découvrir les autres plantes et épices cultivées (curcuma, cannelle, café, mandarine...).

LES ARTISTES €

Route de Kahani

✆ 0269 62 53 91

Du lundi au samedi de 8h à 22h. Tous les jeudis soirée afro latino et initiation à la kizomba. Snack autour de 8 €.

Située sur la route qui mène à Coconi, la terrasse des Artistes affiche fièrement ses couleurs chaleureuses : rouge, jaune et bleu. Ici on maîtrise le coup de pinceau ! L'accueil est lui aussi chaleureux, l'équipe est jeune et dynamique et le service rapide. Sur l'ardoise, plusieurs plats qui changent tous les jours alliant cuisine européenne, créole et mahoraise. Des concerts sont régulièrement organisés en soirée, donnant la parole à des artistes locaux, programmation à suivre sur la page Facebook. Une bonne adresse, livraison possible.

GÎTE DU MONT COMBANI €€

Sur le mont Combani
✆ 06 39 69 37 04
www.gitedumontcombani.com

Banga à 70 € pour deux avec petit-déjeuner, chambre en dur à partir de 85 € et bungalows 100 €. Repas du soir 25 €.

Une adresse au charme fou qui se mérite : une fois la piste terminée, vous n'aurez pas envie de repartir tout de suite ! Et ça tombe bien car ce havre de paix quasi monastique invite à rester au calme et permet de profiter de la vue depuis les hamacs. Depuis près de 20 ans, Annie, assistée de Mbae et Lionel, accueille les visiteurs dans de beaux bungalows de conception originale et végétale. Les repas se prennent sur une belle terrasse vue lagon, devant les ylangs. Brunch à volonté tous les dimanches matin, massage, fondue au chocolat, dîner et minigolf !

© LAURENT BOSCHERO

© LAURENT BOSCHERO

JIJI SNACK €

En face de l'école primaire
✆ 06 39 03 04 89

Situé à côté du stade de Combani, le restaurant est ouvert midi et soir en semaine. De 9 à 15 € le plat. Wifi gratuit.

Un extérieur couvert et une grande terrasse avec bananiers qui fait l'unanimité des locaux et des travailleurs du coin. Les gérants ont amélioré le site, les bangas ont disparu, il y de beaux graviers et une barrière pour plus d'intimité, des tables et chaises en plastique bleu, une télévision et un canapé, l'ambiance est relax et l'adresse agréable. Dans l'assiette, couscous, souris d'agneau, poisson grillé, plats mahorais (*kange*, *mstolola*), le menu change tous les jours. De bonnes portions, c'est bon, le poisson entier est difficile à terminer.

JOHN & OKAMA'S

Route du RSMA ✆ 06 39 25 35 33
www.johnandokama.com

Ouvert du mardi au samedi de 11h30 à 19h30. Livraison de 15h à 16h. Brunch le dimanche matin.

Le salon de thé de John et Okama est tout récent (2019). Ayant déjà un salon de thé sur Mangajou, leur réputation n'est plus à faire auprès des résidents qui attendaient avec impatience l'ouverture de ce deuxième salon. Leur spécialité : les cupcakes. Aussi élégants que bons, les parfums varient selon les jours : noix, café, ananas, courge, fruit de la passion, beurre de cacahuète, ou encore citron, un régal. John et Okama proposent aussi des cookies, des brownies, des donuts et d'autres gourmandises, accompagnés de thés et de tisanes choisis avec soin.

TOUCH'DU BOIS

✆ 06 39 61 75 17
www.touchdubois.com

L'atelier est ouvert sur rendez-vous, selon disponibilité. Présent le premier samedi du mois au marché de Coconi.

Marlène, jeune chef d'entreprise, réalise des pièces uniques et travaille à partir des différents bois de l'océan Indien (cocotier, jaquier, takamaka, m'chélélé, litchi...). Avec Massondi, son chef bijoutier spécialisé dans la réalisation de bijoux en argent 925, ils vous attendent tous les deux à l'atelier, comme à la maison. Des idées-cadeaux originales et des réalisations qui comblent de bonheur les heureux propriétaires.Touch'du bois organise des ateliers pour initier le public, où les enfants sont toujours les bienvenus.

GRANDE-TERRE

LE DIWAN €€

A gauche sur la route principale en quittant Combani vers Coconi. ✆ 0639 21 01 33

Plat entre 14 et 19 €, entrée autour de 13 € et dessert autour de 7 €. Formule petit-déjeuner à 10 €.

Daniel Martial Henry travaille depuis plusieurs années maintenant à l'ouverture de l'élégant Diwan Hôtel-restaurant sur les hauteurs de Combani. Il s'est inspiré de l'épopée sultane (diwan signifie *cour royale*) avec sa substance et sa noblesse qui se dessinent dans l'architecture des bâtiments, la bienveillance des hôtes, la somptuosité du paysage (2 hectares de jardin luxuriant où poussent cannelle, girofle, vanille et ylang) mais aussi à travers la gastronomie empreinte d'arômes locaux. Restaurant et bungalows sont opérationnels depuis novembre 2021.

LE RELAIS FORESTIER €€

Sur le Mont Combani
✆ 06 39 69 25 20
www.giteamayotte.com

Compter 90 € pour deux personnes. Petit déjeuner à 10 €. Dîner à 25 € (entrée, plat et dessert).

Sylvia et Julien sont désormais les heureux propriétaires du domaine de 2 ha du Relais forestier. Ils y ont apporté leur touche personnelle en effectuant un virage prononcé vers un tourisme éco-durable privilégiant les circuits courts. Les 5 bungalows sont spacieux et bien tenus avec terrasses couvertes et coin zen. La grande terrasse, qui sert aussi d'espace commun (bibliothèque, jeux de sociétés, hamacs), offre une vue sur la plantation d'ylangs-ylangs et d'agrumes, et une vue mer aussi. Soula propose des balades guidées dans la vanilleraie et la forêt primaire.

© LE RELAIS FORESTIER MAYOTTE

© LE RELAIS FORESTIER MAYOTTE

GOLF CLUB DES YLANGS

Route du Golf
✆ 0269 62 01 20
www.golflesylangs.fr

Ouvert du lundi au dimanche de 8h à 18h30. Initiation gratuite le dimanche.

Le seul et unique golf 9 trous, un par 66 de 4 464 m qui se déploie sur 16 ha le long des ylangs-ylangs. Un niveau assez élevé est exigé pour éviter de quitter les fairways nichés au cœur des plantations d'ylangs. Les buttes et les bunkers requièrent de l'adresse, un second coup précis. Initiation et cours avec l'école de golf le mercredi et le samedi, avec les makis comme spectateurs. Une terrasse abritée autour des ylangs est prévue pour l'espace détente avec son bar. Si vous n'avez pas la carte verte, vous pouvez la passer directement dans cette structure.

MINI-GOLF DU GITE DU MONT COMBANI

Gîte du Mont Combani
✆ 0269 62 91 42
www.gitedumontcombani.com

5 € l'heure, 3,50 € pour les enfants.

Le mini-golf du gîte du Mont Combani peut s'avérer une bonne initiation avant de partir faire ses preuves au golf des Ylangs. Les parcours sont illustrés sur des thèmes propres à Mayotte : les dauphins, la plage de Moya, la Passe en S, le Mont Choungui, la rue du Commerce. Pour profiter du lieu au maximum, demandez au gîte de rester pour un repas du midi, avec possibilité de réserver un massage ou profiter du coin hamacs. M'baé peut également vous programmer une balade.

COCONI

À l'intersection de Coconi, un panneau mentionne Mamoudzou à 22 km et permet de traverser l'île par Ongounjou. Sur la droite, on rentre au cœur de Coconi et sa zone de développement agricole avec son lycée et son jardin des Epices à votre gauche. Un joli marché paysan a lieu tous les premiers samedis matin du mois, à l'entrée de l'enceinte du lycée, il est le rendez-vous incontestable des locaux comme des mzungus. Depuis 2019, le projet d'ouvrir une coopérative face du lycée agricole pour permettre aux agriculteurs d'y exposer vanille, ylang-ylang, cannelle ou encore girofle, et aux visiteurs de venir acheter des produits 100 % locaux est en cours.

JARDIN DES ÉPICES ★★

Entrée libre, fermé le dimanche. Le jardin des épices est attenant au lycée agricole.

Juxtaposé au jardin botanique de Coconi, le jardin des épices est bien entretenu. Spécialisé dans les épices, sans surprises, le lieu est idéal pour parfaire ses connaissances et découvrir cacaoyer, poivrier, vanille, vétiver, citronnelle, giroflier et 4 épices… par contre pas d'indications sur les espèces, mais l'équipe sur place est compétente et collaborative. A faire le jour du marché de Coconi par exemple. Plusieurs ressources en ligne permettent de scanner les plantes que vous observez pour obtenir des informations, très utiles pour les visites libres.

MARCHÉ PAYSAN DE COCONI

LPA Coconi

✆ 0269 62 17 79

Tous les premiers samedis du mois.

C'est le rendez-vous mensuel incontournable sur l'île : les meilleurs artisans, producteurs et maraîchers bio sont présents. Les bouénis cuisinent sur place des plats locaux que l'on peut également emporter, d'autres confectionnent des paniers. Produits de beauté, huiles et essences de vanille (Aromaore), fabrication artisanale d'objets en bois de Mayotte et bijoux en argent (Touch du bois), peintures sur porcelaine et verre (Moon Créations)… Un marché en extérieur vivant qui attire autochtones, mzungus et touristes de passage.

OUANGANI ★★

Après Coconi, on bascule peu à peu vers la côte ouest en traversant le petit village de Barakani (« la baraka » en shimaore). D'ici, on peut choisir la route qui s'enfonce dans les terres vers la seule commune de l'île qui n'accède pas à la mer et qui n'a pas de littoral : Ouangani. Elle a été élue par le comité du tourisme en 2008 « commune la plus accueillante ». A l'est de Ouangani se trouve le site des parfums d'ylang à Ansacoua sur la route de Benara. Des journées découvertes et des ateliers distillation d'huiles essentielles y sont régulièrement organisés pour tout savoir sur cette plante qui a fait la renommée de l'île aux parfums à l'international.

AGROTOURISME AVEC AROMAORE ★★

✆ 06 39 23 94 07

https://aromaore.com

Le mercredi de 9h à 14h, samedi et dimanche de 8h30 à 14h. Sur réservation uniquement. Activités entre 15 et 45 €.

Hassani est un homme charmant, il s'occupe du domaine hérité de sa famille depuis plus de quinze ans. Il développe une gamme de produits cosmétiques naturels disponibles sur place ou par la boutique en ligne (huiles essentielles, curcuma sauvage en poudre, huile de massage à la vanille…), et une activité de pépiniériste. C'est dans son exploitation (le rendez-vous se fait devant la mairie de Ouangani) qu'il vous invite à passer un moment unique en immersion les mercredis, samedis et dimanches. Hassani et sa famille se battent depuis sept générations pour faire vivre la tradition de l'ylang. Des « journées Ylang-Ylang », des formules « famille » et plusieurs ateliers sont au programme, la visite est ludique et séduit tous les âges. Masque de beauté avec une hôtesse, chants traditionnels, petit déjeuner avec fruits et gâteaux mahorais. Pour le côté didactique, apprentissage du tressage des feuilles de cocotier pour fabriquer les paniers appelés « KANGA », apprentissage de la fécondation des fleurs de vanille, de la plantation des boutures et distillation entrecoupée d'exposés, ou encore randonnées sur les sommets. Tout cela se termine par un grand buffet local avec *mataba* (brèdes de manioc, cocos, oignons, gousses d'ail, et éventuellement piments et poisson frit). Les amateurs de bien-être pourront s'orienter vers le TOP gommage, fait avec du henné et de la noix de coco râpée, une douceur habituellement réservée aux mariés pendant la semaine qui précède le grand jour. Pour les sportifs, deux sorties randonnées sont désormais proposées le samedi : le TOP Bénara (6h, bons marcheurs) ou le TOP Rando sur la crête de Ouangani (4h, bons marcheurs). Toutes les activités sont ouvertes aux enfants et disponibles à la réservation sur le site Internet (règlement, choix de la date, du nombre de personnes). Parmi les projets d'Hassani pour 2022 : relancer les soirées contes, créer un parcours de visite libre dans le jardin, construire une boutique et proposer des ateliers autour des épices, mais également développer des activités autour de la danse traditionnelle de Mayotte et de la construction de bangas en matériaux naturels pour une immersion complète dans la culture. A ce titre Hassani fait partie des 15 porteurs de projets mahorais sélectionnés par l'Agence d'attractivité et de Développement touristique de Mayotte pour recevoir une formation spécifique sur les séjours immersifs. De très beaux projets que l'on attend avec joie !

M'TSAPÉRÉ ★

Dominé par un minaret, M'tsapéré était encore en 2000 un joli village au bord de l'eau. La petite route, qui longeait le lagon entre les maisons et la mangrove jusqu'à la mosquée au bord de l'eau, était auparavant la seule et c'était bien le problème. Avec le développement de Mamoudzou, M'tsapéré était devenue une banlieue de plus en plus difficile à traverser aux heures d'arrivée et de départ des bureaux. Aujourd'hui, la mangrove a disparu, car le lagon a été remblayé et un vaste terre-plein a largement agrandi le village et permis une déviation, où l'on circule beaucoup mieux, c'est la nouvelle rocade. Sur votre gauche, jolies vues sur Petite-Terre et son rocher, puis Pamandzi avec son aéroport et l'îlot Bouzi qui vous fait face. C'est sur celui-ci qu'il est possible de voir des makis en semi-captivité puisque bloqués par les eaux, mais libres sur près de 85 hectares de forêt sèche. Dès que vous pénétrerez cette brousse, vous les verrez sans problème ! Bouzi est aujourd'hui une réserve naturelle gérée par les naturalistes. Plusieurs hôtels et restaurants ont su profiter de cette proximité avec Mamoudzou pour se développer et trouver une clientèle régulière et fidèle. C'est une bonne alternative pour être plus au calme, profiter de belles vues sur le lagon tout en n'étant pas très loin pour aller travailler le matin ou rejoindre une activité nautique au départ du ponton nord.

Transports

De Mamoudzou, au rond-point de Cavani, vous longerez la MJC pour accéder à la rocade et au village de M'tsapéré.

RÉSERVE NATURELLE ÎLOT M'BOUZI ★★★

✆ 0269 63 04 81

www.naturalistesmayotte.fr

La réserve est gérée par les Naturalistes de Mayotte.

Ce site classé depuis 2007 fait partie des 348 réserves naturelles de France et peut se visiter, il est situé face à M'tsapéré et Tsoundzou. Propriété du Conseil général, la réserve est gérée par l'association des Naturalistes de Mayotte, qui mène régulièrement des actions de nettoyage et de sensibilisation. Fait rare pour une réserve naturelle, elle possède une partie terrestre (82 hectares) et une marine (60 hectares). 27 habitats sont recensés sur la partie terrestre et 17 sur la partie marine. Parmi les espèces terrestres : 214 végétales, 9 reptiles, 2 batraciens, 23 oiseaux, 125 insectes, 9 arachnides et 7 mammifères. Parmi les espèces marines : 191 poissons, 25 crustacés, 161 mollusques, 4 mammifères et 25 échinodermes. La réserve a même permis de découvrir deux nouvelles espèces marines en 2015. L'île aurait accueilli également des malades ou nouveaux arrivants pendant plusieurs années, comme en témoignent les vestiges de l'ancienne léproserie. Enfin, la légende raconte qu'une passionnée aurait décidé il y a quelques années de faire de l'îlot une réserve pour les makis et les y aurait amenés depuis la Grande-Terre. La population une fois sur place se serait multipliée, en l'absence de prédateurs, jusqu'à atteindre les 800 individus, avant de s'autoréguler par manque de nourriture pour ne compter aujourd'hui qu'une centaine de lémuriens. L'occasion de croiser des makis à l'état sauvage. Attention, seuls les Naturalistes ont l'autorisation de vous y amener.

BANGANI €

RN2

✆ 06 39 66 08 98

Snack ouvert du lundi au vendredi de 8h à 14h30. Plats entre 8 € et 14 €. Plats sur commande le week-end.

Chez « 15 ans », on est reçu avec le sourire. 15 ans est un rasta très sympa qui propose des poulets gros piments et une myriade de sandwichs chauds et frais bien préparés, des sandwichs avec achards, kebab à l'agneau, en sandwich ou à l'assiette. Bangani aussi appelé banga cuisine signifie en mahorais la cuisine indépendante du bâti principal. 15 ans organise de temps en temps des concerts et fait partie du collectif des « Tontons Bringueurs », il participe à ce titre au festival « Culture Bar-Bar », qui a diminué en intensité mais continue d'exister.

MANGROVE €

1 € les deux ou trois brochettes. Fermé le lundi.

Incontournable à M'tsapéré, le Mangrove est le point de rendez-vous des Mahorais et Mzungus le soir venu pour déguster des brochettis dans une ambiance 100 % locale. Son succès est tel qu'il faut désormais y être vers 18h30, 19h au plus tard, pour espérer avoir encore des brochettes. Accompagnement : manioc, riz, banane ou fruit à pain selon la saison. Pas d'adresse à proprement parler, juste un brasero et quelques tables en plastique, mais tout le monde connaît et pourra vous indiquer le chemin à suivre. Ouvert le soir uniquement.

MANUREVA €€

RN2

✆ 0269 61 52 27

Ouvert tous les soirs à partir de 19h, fermé le mardi. Plat entre 10 et 15 €.

Pizzeria et cuisine internationale, Jean-Paul, le propriétaire, vous reçoit à la bonne franquette, la carte est variée, pas très étoffée, mais c'est suffisant, les pizzas sont bonnes ! Également des salades, entrecôtes, pâtes ou encore lasagnes faites maison. Une terrasse à l'entrée et derrière une cour intérieure, agréable, et le vendredi et le samedi soir, le service est prolongé. Si besoin, vous pouvez emporter les pizzas. Depuis la crise covid le Manureva propose un service à emporter ou livraison à domicile pour un euro supplémentaire.

L'ARABESQUE GALERIE D'ART

118 ancienne RN2

✆ 06 39 23 12 44

Cours d'aquarelle, comptez 20 € la séance. Pensez à téléphoner avant de venir sur place.

Gil est une figure de Mayotte : élève spirituel de Gauguin, il expose régulièrement des aquarelles réalistes, et des peintures à l'huile de toute beauté ! Son travail iconographique est énorme. Ses œuvres sont disponibles à la vente. Il propose des cours d'aquarelle le matin (de 9h à midi) ou l'après-midi (de 14h à 17h) sur réservation, pour une bonne session de trois heures pour améliorer votre coup de pinceau. D'autres artistes amateurs ou professionnels sont exposés ici.

CAP'TAIN ALANDOR

Rond-point du Collège de Doujani

✆ 0269 62 19 91

Ouvert du mardi au vendredi de 8h30 à 16h30, jusqu'à 15h30 le samedi. Pêcheur, poissonnier, mareyeur et traiteur.

Vente de poisson frais et de préparations à base de poisson. C'est en 1880 que l'aventure a commencé avec Gilles Alandor Masseaux dit Jules Alandor, puis Léopold, Henri-Corneille, Charles-Auguste et enfin Régis Masseaux, la 5e génération. Vous êtes entre de bonnes mains, Régis voue une véritable passion pour la mer, et a toujours œuvré pour le développement de la pêche sur l'île. En 2007 il crée le Syndicat Maritime des pêcheurs professionnels mahorais, il en est actuellement le président, et en 2014 il est décoré de l'Ordre national du Mérite Maritime.

PASSAMAINTY ★

Depuis M'tsapéré, les constructions s'alignent jusqu'à Tsoundzou, et le coin présente peu d'intérêt hormis la belle vue sur la mangrove et sur Petite-Terre. On débouche sur le rond-point de Passamainty, où il est possible de quitter la côte et entamer la traversée de l'île par Vahibé. Passamainty a su jouer de sa proximité avec Mamoudzou pour développer son offre d'hôtellerie et de restauration, avec de très belles adresses qui, juchées sur les hauteurs, disposent de vues panoramiques sur les montagnes environnantes et sur le beau lagon. On trouve également sur place un pharmacien, un médecin, un collège, une belle librairie et un bureau de poste.

MAHAZATRA €

Rue principale

✆ 06 39 19 96 91

Ouvert tous les jours midi et soir, vendredi et mercredi soirée karaoké à partir de 19h.

Mahazatra signifie « endroit habituel » en malgache, le restaurant créé par Florent en 2012 est tenu par une équipe de jeunes qui savent travailler. Brochettes et plats malgaches à la carte, ils sont également les gérants du restaurant Mon Chéri à Dembéni. On est servi rapidement et avec le sourire. Depuis 2021, possibilité de venir prendre son petit-déjeuner dès 6h du matin, avec au choix viennoiseries ou gâteaux faits maison. Soirées karaoké vendredi et mercredi, concerts les samedis, l'ambiance est là. Programmation sur la page Facebook.

CHEZ MARIE €

En venant de la route côtière, entrez dans Passamainty. Passez le rond-point de la poste et c'est la première à gauche.

✆ 06 39 24 47 47

10 € par personne avec entrée + plat. Sur réservation uniquement.

Bien cachée dans les ruelles du village, Chez Marie est une adresse qui se mérite ! Marie et sa famille vous accueillent à domicile en toute simplicité. Au menu : poisson ou viande, un choix qui sera décliné sur plusieurs plats et accompagnements. Par exemple, en choisissant « poisson » nous avons eu des brochettes de poisson, du romazava de poisson et une salade de poisson, accompagnés de bananes grillées, manioc, fruit à pain et salade de papaye. Réservation obligatoire, profitez-en pour demander comment y accéder en détail. Plats à emporter également.

LE PASSAMAINTY LODGE €€

6 Rue les hauts de Doujani
✆ 0692 73 26 19

140 € la chambre double avec petit déjeuner, 220 € la suite pour 4 adultes. Chambres à 60 € pour 2 adultes et 1 enfant.

Situé sur les hauteurs de Passamainty, le Relais des Indes devient en 2021 le Passamainty Lodge. Racheté par Jérôme, chef de la célèbre Table de Jérôme à La Réunion, le site fait peau neuve pour accueillir les touristes et le personnel médical en déplacement à Mayotte, le Lodge n'étant qu'à quelques kilomètres de Mamoudzou. Idéal pour se ressourcer en fin de journée : ambiance riad autour de la grande piscine et salle de restaurant avec vue sur mer et cuisine gastronomique. Le site se dote également de nouveaux bungalows balinais de 40 m². A découvrir absolument.

L'EFFET MER €€

Route de Vahibé

✆ 06 39 69 49 49

Du mercredi au samedi soir de 19h à 23h, sur réservation. 35 € pour un repas complet. Chambre double 70 € pour deux.

Gaël et Fatima ont transformé le Toit de May'hote en Effet Mer en juillet 2020. Le restaurant, sur réservation, propose désormais des plats à la carte (spécialité de poissons) et des options variées selon les jours : repas gastronomique le mercredi, soirée spéciale sushis le jeudi, soirée tapas et scène ouverte le vendredi et le samedi, mais aussi salon de thé de 15h à 18h du mercredi au samedi et afterwork de 15h à 18h. Originalité : l'Effet Mer propose aussi l'option CBD ! Il se marie aux pâtisseries comme aux Saint-Jacques, original. 3 chambres sur place.

LE PASSAMAINTY LODGE €€

6 Rue les hauts de Doujani

✆ 0692 73 26 19

Entrée à partir de 14 €, plats autour de 20 €. Ouvert le week-end uniquement pour le grand public.

Très connu des gourmets réunionnais, Jérôme vous attend désormais au Passamainty Lodge. Les repas sont servis au bord de la belle piscine, un cadre enchanteur pour une cuisine délicieuse : en entrée vous aurez notamment le choix entre une assiette de fois gras, chutney et pain d'épices ou une salade de saumon fumé, gambas et crème aigrelette. Côté plats, on retrouve le filet de bœuf Rossini et ses patates douces, le risotto de noix de Saint-Jacques, gambas, chips de chorizo et bisque de crustacé ou encore le Pad Thaï poulet-crevette. La carte change régulièrement.

LA BOUQUINERIE DE PASSAMAINTY

15 Route de Vahibé

✆ 02 69 61 11 78

Ouvert du lundi au samedi de 9h à 17h30. Fermeture entre 12h30 et 15h.

Isabelle et son équipe vous accueillent avec passion dans cette petite librairie au début de la route de Passamainty en quittant la route du bord de mer. Soutenant la création locale, la librairie propose toute une sélection d'ouvrages écrits par des auteurs mahorais : roman, bande dessinée, essai ou encore poésie, vous aurez l'embarras du choix. L'équipe organise régulièrement des rencontres, conférences et dédicaces avec les auteurs, scénaristes ou illustrateurs.

TSOUNDZOU 1 ET 2 ★

Situés à moins de 6 km de Mamoudzou, les deux villages de Tsoundzou (1 et 2) s'atteignent en longeant la côte. Après Passamainty, l'horizon se dégage, on traverse une belle forêt de manguiers et les habitations se raréfient, ce qui laisse présager de l'ambiance plus traditionnelle des villages suivants. Les deux villages de Tsoundzou sont séparés par la rivière Kwalé. Au bord de l'eau se trouve le lieu d'animation principal du village : le stade de foot, sur lequel les jeunes se réunissent tandis que les plus âgés papotent. Une fois qu'on a quitté Tzoundzou en descendant vers le sud, on accède à une très belle mangrove avant de gagner Tsararano.

LES BANGAS €€

Route Nationale Dembeni

✆ 0269 60 54 24

www.lesbangas.com

Classé 5 Ylangs. A partir de 115 € le petit chalet par nuit. Tarif dégressif dès la 2ème nuit.

Une très belle structure au milieu d'un parc arboré proche de la mer. 6 des bungalows d'une surface de 55 m² disposent d'une chambre séparée ventilée, salon, cuisine équipée et terrasse. Dans les 4 autres de 35 m², la chambre n'est pas séparée, mais le confort et la propreté restent également exceptionnels. Pour les familles nombreuses et les groupes d'amis, un chalet récent et entièrement climatisé peut accueillir 6 personnes avec ses trois chambres. Très belle piscine. Yasmina et Stéfano sont toujours disponibles sans pour autant déranger les clients.

LOULOU GÎTE €€

La Palmeraie

✆ 06 39 03 94 93

www.loulou-gite.com

Compter 50 € en chambre standard, 60 € en chambre confort. Petit déjeuner 8 € par personne.

Depuis 2011, LouLou Gîte propose dans un cadre verdoyant des chambres et appartements pour les courts et longs séjours. Pas moins de 13 chambres (doubles avec possibilité de rajouter un lit simple) et un grand appartement avec deux chambres, une douche privative dans une chambre et une douche extérieure pour l'autre chambre, avec salon et cuisine commune (possibilité de louer une seule partie). Un espace commun et une cuisine à disposition des clients permettent de côtoyer les autres clients et d'échanger dans une ambiance très relax. Piscine et wifi.

GRANDE-TERRE

TSARARANO ★

Tsararano signifie en malgache « où l'eau est bonne ». Ancien village de gratte ou tobé, lorsque la route n'existait pas. Saandati Saidi, une chanteuse connue à Mayotte dans le milieu du deba (danse traditionnelle de l'île réservée exclusivement aux femmes), est originaire de ce village. On n'est qu'à une douzaine de kilomètres au sud de Mamoudzou finalement. Au croisement de Tsararano, vous trouverez une boulangerie et quelques bouénis vendant leurs fruits et légumes. Vous y trouverez également des épiceries locales « douka » dans la plupart des rues comme cela se fait beaucoup à Mayotte. Il est possible de rejoindre par cette route transversale le col d'Ongoujou pour accéder à Coconi ou Sada. Cette route nationale permet de traverser des champs de bananiers et d'ylangs-ylangs et de letchis. Au col d'Ongoujou, il peut être intéressant de monter pour respirer l'ambiance. On peut y acheter de l'eau de coco en bouteille de 1,5 litre, mais on y trouve aussi des oranges, bananes, tomates…

Tourisme

▸ **De Tsaranano,** on peut prendre le GR pour l'ascension du point culminant de Mayotte, le mont Bénara (660 m), d'où il est possible de descendre sur Bandrélé ou sur Poroani. Comptez 6 heures de marche sur 14 km avec de bonnes chaussures ; c'est parmi l'une des plus difficiles randonnées de l'île. Par temps de pluie, cette randonnée peut devenir dangereuse.

▸ **La piste forestière de Mavingoni** commence environ 2 km après Tsaranano ; on traverse d'abord une réserve forestière et des plantations de badamiers. Passé le col d'Andilabé en suivant la ligne de crête, on atteint le sommet du mont Bénara, d'où un superbe panorama se dévoile sur le mont M'tsapéré, la baie de Bouéni, jusqu'à la pointe nord-est de Mayotte. La descente se fait par la forêt du versant sud. On traverse des champs de padzas, avec de beaux points de vue sur Petite-Terre. Arrivée à Bandrélé au niveau du dispensaire.

Transports

Tsararano s'est dotée d'un beau rond-point pour assurer la circulation entre la route du nord qui monte vers Mamoudzou, celle du sud qui continue vers Dembéni et celle de l'ouest qui traverse l'île en direction de Coconi, Sada et Ouangani. Malgré cette belle initiative, le carrefour reste un haut lieu d'embouteillages le matin et le soir.

DEMBÉNI ★★

C'est un petit village, relativement vivant, avec sur sa place publique une jolie mosquée toute rose faisant face au marché, à la poste et à son terrain de basket tout coloré, où il est agréable de flâner. De jolies cases très colorées bordent la route qui mène au nouveau collège d'Iloni et à la seule université de Mayotte. Des stands de *bouénis* sont installés tout le long du village avec fruits, légumes, brochettes, de quoi refaire le plein. La route continue par la suite vers Hajangoua et sa carrière avec un beau point de vue sur Petite-Terre à votre gauche et les premiers baobabs qui apparaissent, vous signalant l'entrée du sud de l'île.

ASSOCIATION L'ÎLE AUX NIDS

Ruelle Mamouridi
✆ 07 49 59 54 36

Présidée par Ouwéis Al Quarni et animée par l'artiste Mouhamadi Bacari plus connu sous le nom de « Confli », l'association l'Ile aux Nids basée à Iloni, quartier proche de Dembéni, propose des activités culturelles basées sur la transmission des savoirs : tressage coco, sculpture, randonnées ethnobotanique… L'association œuvre activement pour la jeunesse, l'idéal pour découvrir les richesses de l'île tout en étant en immersion dans la vie locale. Programme sur la page Facebook.

HIP HOP EVOLUTION

Gite le Paradis des Makis
✆ 06 39 69 12 10

Installée à Iloni dans le lieu au doux nom de « Paradis des Makis », l'association Hip hop évolution œuvre pour la promotion de la danse éponyme et par l'insertion sociale par le hip-hop. Touchant plus de 5 000 enfants et adolescents sur toute l'île, l'association soutient la structuration des crews qui se rencontrent ensuite dans des stages ou des battles, dont le plus célèbre est le Battle of the Year qui permet aux gagnants de s'envoler vers l'Europe pour la suite de la compétition. L'association propose régulièrement des stages et spectacles sur l'île.

HAJANGOUA ★

Il s'agissait de l'un des anciens grands domaines sucriers de l'île et ses vestiges sont encore visibles sur votre droite le long de la rivière. Au détour du virage, on aperçoit quelques cases traditionnelles avec la belle terre rouge et, en contrebas, le petit marché de fruits et légumes tenu par les *bouénis*. A côté, les hommes vous proposeront quelques bambous travaillés ou sculptés.
En continuant ainsi tout droit, avant d'arriver à Hamouro, c'est là qu'immédiatement la forêt sèche contraste avec les verts dominants que vous aurez vus précédemment. Des vues superbes vers les îlots !

HAMOURO ★

Après Hajangoua, on traverse alors le village de Hamouro où se trouvait auparavant un village traditionnel au bord de la plage. C'est sur ce même site que l'on projette de créer un musée de l'habitat traditionnel. Hamouro est aussi l'un des derniers villages à vivre essentiellement de la pêche. D'ailleurs, les pêcheurs vendent leurs poissons suspendus à des bambous, sur le bord de la route. Vous pouvez aller faire un tour vers la plage avec une belle vue sur Petite-Terre et des baobabs qui délimitent cette baie bien protégée. L'histoire du village a fait l'objet d'un roman éponyme publié par Salim Hatubou publié aux éditions L'Harmattan.

PLAGE DE SAKOULI ★★★

Entre Hamouro et Nyambadao, la plage de Sakouli, au sable marron et bordée par les baobabs qui poussent tout près de l'eau, est très agréable. Elle fait face au très bel îlot Bandrélé. Il est d'ailleurs possible de le rejoindre en kayak pour profiter de ses petites plages désertes. Sa situation géographique la rend privilégiée pour pratiquer la voile, le paddle et le kayak. On est au vent de mai à septembre pendant la saison sèche ; le vent est plutôt du nord avec de belles journées ; et pendant la saison des pluies, de janvier à avril, le fait d'être sous le vent permet d'éviter les gros grains qui sévissent sur l'île et de ne pas prendre tout de face.

ILOT BANDRÉLÉ ★

Accessible en kayak depuis la plage de Sakouli, l'îlot Bandrélé est à 2,5 km du rivage. Il faut compter 40-50 minutes pour les parcourir, voire un peu plus selon les courants et vos biceps ! En chemin vous surplomberez le tombant et peut-être quelques tortues. L'idéal pour jouer les Robinson seul sur un îlot inhabité. L'îlot dispose de deux jolis tombants, un au niveau de la plage de sable qui fait face à Sakouli, et un de l'autre côté de l'île, face au large. Pensez donc à prendre vos palmes, masque et tuba. Comptez 3 heures minimum pour profiter du trajet et se laisser du temps sur place en tenant compte toutefois qu'à marée basse il est impossible de faire le trajet, sous peine de ramener votre kayak rétréci de quelques centimètres sur le fond. Le mot d'ordre est donc de ne pas être pressé, si votre emploi du temps vous le permet choisissez d'y passer la journée entière avec de quoi pique-niquer, sans oublier la crème solaire, les lunettes et une casquette. Depuis l'îlot, vous profiterez d'une belle vue sur la plage de Sakouli et ses majestueux baobabs. Gardez toujours un point de repère pour faire le trajet retour sans dériver. Plusieurs hôtels proposent des kayaks en location avec une formule sandwich pour le midi, et tout le matériel de sécurité (sifflet, sac imperméable, lumière, carte topographique), de quoi partir serein. Les loueurs conseillent d'appeler la veille pour les horaires et le matin même pour vérifier les conditions météorologiques avant de se lancer dans l'aventure.

O'LOLO HOTEL €

Plage de Sakouli ✆ 0269 61 49 46
www.ololo-hotel.com
Compter à partir de 118 € la chambre double et 9,90 € par personne le petit déjeuner, 150 € en bungalow.

Ouverts en 2017, ces superbes bungalows sont posés sur la plage, au pied des baobabs. Les quatre belles structures en bois et en dur sont reliées par une passerelle en bois avec sur chaque terrasse un filet pour la sieste, ambiance catamaran. On déconnecte immédiatement. Une offre idéale pour les couples et les familles. Côté snack, il est ouvert sur la plage, très agréable avec un joli bar et une petite terrasse dans le prolongement de la varangue, pour un apéro-sunset d'anthologie. Possibilité également de se faire livrer dans le bungalow pour plus d'intimité.

GRANDE-TERRE

Plage de Sakouli.

HÔTEL SAKOULI €€€

Plage de Sakouli
© 0269 60 63 63
www.hotelsakouli.com

Compter de 135 à 190 € selon le type de bungalow (détente, confort ou premium). Petit-déjeuner buffet en supplément.

Entre route et lagon, 30 bungalows aux toits de cocotier orientés vers le lagon, avec une ou deux chambres qui peuvent accueillir jusqu'à quatre personnes. Climatisation, bonne literie (certains ont un lit à baldaquin), baignoire, coffre-fort et terrasse privée. Les prix sont un peu élevés par rapport au service mais la vue et l'emplacement valent le détour, notamment pour le buffet du dimanche (formule barbecue avec entrée et dessert à volonté de 12h à 14h) au bord de la sublime piscine. Des soirées mahoraises y sont également régulièrement organisées le samedi.

O'LOLO HOTEL €€

Plage de Sakouli
© 0269 61 49 46
www.ololo-hotel.com

Ouvert tous les jours de 8h à 19h en service continu, jusqu'à 23h le vendredi et le samedi.

Situé sur la plage de Sakouli, le snack O'lolo est un arrêt incontournable le week-end pour les métropolitains installés à Mayotte. Large choix de sandwichs, du végétarien au poisson fumé ou au jambon cru, chèvre et crudités. Salade végétarienne, campagnarde, poisson, poulpe ou chèvre. Assiettes de frites et salade réunionnaise et sambos… c'est bon ça ! Pour les gourmand(e)s, crêpes, fondant chocolat (of course !) et glaces. En accompagnement des jus de fruits frais, on conseille le jus de baobab ! Le tout dans un lieu agréable, convivial et bien décoré.

JOLLY ROGER 976 €

En contrebas de l'hôtel Sakouli. © 06 39 39 11 33
planetemayotte.com

Ouvert tous les jours de 9h à 17h et vendredi et samedi soir. Spécialités des produits de la mer de 15 à 23 €.

Le 23 est une très belle adresse éco-responsable. La terrasse en bois nichée entre les baobabs est ouverte sur la mer. Philippe travaille avec du poisson frais et donne la priorité aux bons produits : ceviche de mérou, tahitienne de mahi-mahi, poulpe en persillade, queues de gambas et mayo, une grande assiette découverte, sandwichs, salades et jus de fruits frais. Le 23, c'est aussi un lieu participatif, de rencontre et d'échange. Projection de films à vocation humanitaire et écodurable, concerts toutes les 3 semaines et jeux sur la plage. On recommande !

JOLLY ROGER 976

En contrebas de l'hôtel Sakouli. © 06 39 39 11 33
planetemayotte.com

Baptême 65 €, plongée explo avec matériel 60 €, plongée de nuit 55 €. Location de kayak ou paddle 12 € de l'heure.

Les moniteurs du Jolly Roger 976 vous accompagnent pour une sortie plongée à la journée, avec des formations jusqu'au niveau 3, des stages de biodiversité, des stages photo et des plongées nocturnes. Pour ceux qui ne souhaitent pas plonger en bouteilles, des initiations à l'apnée ou des sorties PMT avec mise à l'eau sont au programme. Des randonnées palmées sont également organisées pour découvrir les fonds marins en groupe, avec petit-déjeuner, apéro et repas. Une équipe dynamique et accueillante, qui se démène pour faire de votre journée un moment inoubliable.

BANDRÉLÉ ★★

Bandrélé vient du mot bandra qui veut dire « plat » en mahorais, pour preuve allez jeter un œil à la topographie devant la SNIE. On accède au gros bourg de Bandrélé (10 282 habitants) avec l'écomusée du sel qui se situe en direction du terrain de foot. Vous pourrez y découvrir les mamas shingos qui se transmettent un savoir ancestral de mère en fille et qui obtiennent, à partir de la vase de la mangrove, un beau sel, ou shingo, tout blanc grâce à un procédé d'évaporation. Le bourg s'est beaucoup développé et présente des installations modernes, des boutiques de vêtements ainsi qu'un très bon restaurant. De là partent deux importants sentiers de randonnée qui escaladent le mont Bénara (660 m), point culminant de l'île. Celle-ci offre un superbe panorama sur la baie de Bouéni, le mont Choungui, la pointe Sazilé. Plus loin, on accède à la fameuse plage de Musical Plage très prisée le week-end par tous les Mahorais pour des voulés géants. L'un des plus gros baobabs de l'île y constitue l'une des curiosités de l'endroit ! Il aurait au minimum 600 ans pour une circonférence de plus de 28 mètres… Cette jolie plage au sable foncé fait front à l'îlot Bambo et permet d'observer, à marée basse, sur votre droite en prolongement de la pointe de Sazilé, le désormais célèbre îlot de Sable-Blanc, accessible par bateau uniquement.

Transports

En cheminant après Bandrélé, la route longe la côte jusqu'à Bambo Est et sa magnifique plage bordée de cocotiers.

LES CRÊTES DE BANDRÉLÉ

Durée : 2h30. Difficulté : facile, peut être glissant par temps de pluie. Point de départ : hôtel de ville de Bandrélé.

Au départ de la mairie de Bandrélé, cette boucle très bien fléchée offre de beaux paysages sur les côtes est et ouest. Le sentier commence dans les plantations de bananiers et les jardins mahorais, avant de prendre de la hauteur pour arriver jusqu'aux crêtes en découvrant les padzas. Traversée de plusieurs types de forêts avec makis au rendez-vous. Possibilité de continuer sur le Mont Bénara, le point culminant de l'île. Comme toujours à Mayotte, privilégiez les randonnées en groupe et sans objets de valeur. Les Naturalistes proposent régulièrement cette sortie.

MUSICAL PLAGE

En quittant Bandrélé vers le sud.

En quittant Bandrélé sur la route du sud, on ne peut que s'arrêter à Musical Plage qui s'anime chaque week-end au rythme des voulés qui réunissent les Mahorais pour des moments de pure convivialité. L'un des plus gros baobabs de l'île y constitue l'une des curiosités de l'endroit ! Il aurait au minimum 600 ans pour une circonférence de plus de 28 mètres… Cette jolie plage au sable foncé fait front à l'îlot Bambo et permet d'observer, à marée basse, sur votre droite en prolongement de la pointe de Sazilé, le désormais célèbre îlot de Sable-Blanc.

GRANDE-TERRE

Village de Bandrélé.

Musée consacré au sel de Brandélé.

ÉCO MUSÉE DU SEL ★★

A gauche après la mairie, un petit panneau indique le musée.

✆ 06 39 60 00 26

Ouvert de mai à novembre du lundi au vendredi de 8h à 12h et de 13h30 à 16h30, samedi et dimanche occasionnellement.

L'ANPCBA, à l'origine une association qui assurait le nettoyage de la plage de Bandrélé, a ouvert ce petit musée du Sel afin de mettre en valeur le travail des « mamas shingos ». La production de sel à partir du limon est une activité ancestrale transmise d'une génération à l'autre, d'ailleurs un timbre émis par La Poste de Mayotte le 1er juin 2002 rend hommage à cette activité. Ce sel est produit par les femmes de Bandrélé que l'on surnomme les « mamas shingos », ce qui veut dire en mahorais les « mamans du sel ». Malheureusement, il n'y a plus de production conséquente, mais les rentrées de pécules servent à financer le fonctionnement du musée. Bon accueil et n'hésitez pas à acheter un paquet de sel pour le goûter, son goût est différent des sels habituels (pas de traitement et de rinçage ici, le sel est chauffé au feu de bois !), il est recommandé par les médecins de l'île pour la tension. Un site qui mérite d'être mis plus en valeur ! Une signalétique a été installée à l'intérieur du petit musée pour expliquer les différentes phases de fabrication du sel : récolte du limon, filtrage, évaporation de l'eau jusqu'à la récolte. Sur place, les mamas shingos ne parlent pas toujours le français, appelez Asma au numéro indiqué pour la visite. Au mois d'octobre, la commune de Bandrélé organise chaque année la fête du sel sur le stade de foot, pour rendre hommage aux mamas et à leur savoir-faire précieux. Au programme : concerts, danses traditionnelles, discours, théâtre et dégustations bien sûr !

LES BAOBABS €€

Pointe Mougnendre

✆ 0269 60 40 75

lesbaobabs.cleasite.fr

Chambre double 100 € la nuit. Petit déjeuner 10 € par personne. Internet en accès libre partout et parking fermé.

L'endroit a une vue imprenable sur les îlots, le lagon et le mont Choungui. Les 4 chambres ont chacune une couleur prédominante et une belle déco. Elles disposent de l'air conditionné, mini frigo et une salle de bains spacieuse. Toutes donnent sur la piscine et le jardin. La partie commune invite à l'apéro-détente du soir et aux discussions interminables sur fond sonore ; roussettes, drongos et martinets s'invitent à la danse. C'est également à l'ombre de la superbe varangue, habillée de boiseries, que l'on prend le petit déjeuner, face au lagon... *So chic* !

CARREFOUR BROCHETTIS €

Route Nationale

✆ 06 39 00 82 17

Compter autour de 12 € le plat. Ouvert du lundi au samedi midi et soir.

Ouvert depuis l'été 2014, un brochetti qui a déjà la cote. Tous les jours au menu 4, 5 types différents de plats, le tout bien préparé. Des brochettes marinées, du poisson, des cuisses de poulet au four accompagnés de fruit à pain, carottes vichy, haricots verts, du riz et la petite salade qui va bien. Le restaurant appartient au coach de l'équipe de football de Bandrélé. Depuis quelque temps il s'est lancé dans l'accueil de grands groupes et dans les plats à emporter, covid oblige : une adresse simple pour un repas équilibré.

LE M'HAJU - CHEZ NIDOU €

Musical Plage

✆ 0269 64 53 19

Ouvert du mercredi au dimanche de 10h à 18h. Le soir sur réservation. Plats entre 9 € et 15 €.

Un resto-bar de plage qui a la cote auprès des expatriés et de la jeunesse mahoraise. La petite terrasse est agréable avec vue sur la mer. Des plats préparés avec beaucoup de soin. Assiette de sambos, poulet caramélisé, darne de barracuda grillé... L'ambiance est à son comble le week-end, surtout le dimanche soir où les mzungus se réunissent pour assister à des concerts. Des soirées danse en plein air sont également organisées (bachata, kizomba...), c'est aussi ici qu'à lieu chaque année le festival Fest'karam. Une adresse qui a le vent en poupe.

RESTAURANT ZAM-ZAM €

Rue à droite de l'hôtel de ville

✆ 0269 62 23 30

Ouvert tous les soirs du mardi au dimanche, le midi également le week-end. Compter de 9 € à 16 € le plat.

Référence en matière de cuisine mahoraise, le restaurant Zam-Zam est tenu par le sympathique Abdou, qui propose en fait un mélange de culture métro et locale. En plats mahorais, *mataba* et *pilaou* sont à l'honneur. Les amateurs de viande trouveront du magret de canard, poulet citron, ou le fameux poulet Guerlain (aubergine, crème fraîche, sauce soja). Côté mer le choix se fait entre des poissons à la vanille ou au combava, du poulpe coco ou une fricassée de crabe. Le week-end, il y a beaucoup de monde, pensez à réserver. Une adresse qui reste numéro 1 à Bandrélé.

SNACK LE METIS €

Route Nationale

✆ 06 39 39 43 06

Plats autour de 12 €. Ouvert tous les jours midi et soir, fermé le dimanche.

Une petite adresse ouverte depuis 2012, tenue par un couple franco-mahorais. Ambiance paisible le soir, nappes en plastique aux motifs fruits et chaises de jardin ! Pour commencer, sambos ou boulettes de fruit à pain, salade de thon ou crevettes. Plus consistant le crabe sauce armoricaine, le poisson du jour sauce vanille (souvent du barracuda. Qui s'en plaindra ?), accompagné de frites, de riz ou du fameux gratin de papaye ! Entrecôte ou faux-filet, poulet coco, bourguignon, assiette kebab, *ambrevade* (pois-congo) aux fruits de mer, rougail de saucisse, etc.

MAYFUN

Route Nationale 1

✆ 06 39 23 41 48

www.mayfun.fr

Location de jet-ski à la journée 9h à 16h et demi-journée 9h à 12h ou 13h à 16h. Compter de 220 à 250 €. Quads.

Un panneau sur la route principale indique la discrète base nautique Mayfun, dissimulée en bord de mer sous une multitude de cocotiers. La base dispose de jet-skis 110cv et 160cv, attention il faut un permis mer pour les louer. La base peut elle aussi être louée pour camper et/ou pique-niquer, avec des bungalows, un trampoline et un espace concert. Enfin, côté terre, Mayfun loue des quads de 200 à 400 cm^3 et des buggys pour s'amuser sur un circuit fermé. Le prix est donc fixé au tour à des prix plus que raisonnables. Original !

COL DE CHIRONGUI

Après Bambo Est, la route s'élève dans la montagne jusqu'au col de Chiroungui qui délimite les rives de l'est et de l'ouest de l'île. C'est ici l'endroit le plus étroit de l'île. Vous profiterez, en vous retournant, du paysage de la pointe Sazilé et son îlot. Puis, en basculant vers la côte ouest, l'un des plus beaux panoramas de Mayotte : la baie de Bouéni et le mont Choungui à plus de 594 mètres d'altitude qui domine ainsi fièrement son sud tel un gardien. Si on le regarde de plus près, on devine les traces d'un ancien volcan en activité avec sa cheminée se trouvant au niveau du mont Choungui. Mystique, ce mont est de loin le préféré des vacanciers qui ne tardent pas à le gravir pour profiter de la vue depuis son sommet. Attention toutefois, cette randonnée n'est pas accessible aux débutants ou par temps de pluie car elle comprend une partie presque à la verticale. La baie de Bouéni correspond quant à elle à son cratère désormais effondré, disparaissant au fur et à mesure dans le lagon. Les plus poètes diront que la presqu'île de Bouéni évoque quant à elle le visage de profil d'une femme, surtout au coucher du soleil. Romantisme garanti. Au milieu du plan d'eau, l'îlot Karoni, avec, sur la droite, une côte de mangrove qui remonte à Sada... De cette intersection, on peut partir à gauche et suivre une petite route qui fait tout le tour de la main du Sud passant par Mtsamoudou, Dapani, puis N'Gouja et Mzouazia. Du col de Chirongui, on accède immédiatement au village de Chirongui.

CHIRONGUI ★★

Chirongui est un petit village avec quelques artisans et plusieurs épiceries au fond de la baie de Bouéni. La seule station-service du sud est ici, pensez-y si vous voulez faire le tour sans encombres. En 2021, un nouveau centre culturel avec salle de cinéma a été inauguré et propose une belle programmation mélangeant artistes locaux et internationaux. La ville a également élaboré de belles brochures sur le patrimoine et les savoir-faire du territoire, à lire absolument. Le village est aussi dynamique par son hôpital et ses lycées qui attirent Mzungus et locaux. Enfin, son point d'attrait principal est l'ascension de l'iconique mont Choungui.

Transports

Après le village de Tsimkoura, deux kilomètres après Chirongui, une route part sur la gauche en lacets (attention aux nids de poule, ou d'autruche comme on dit à Mayotte) et monte jusqu'à la base du mont Choungui, au pied duquel est installé le village du même nom. De cette route, vous pourrez bifurquer sur la droite direction Kani-Kéli. Choungui est perché à 300 m, c'est le seul village d'altitude de Mayotte. C'est d'ici que part l'ascension du mont, que l'on fait en une heure et demie seulement de marche aller-retour. En restant sur la côte, on arrive à Majiméouni, un village à l'entrée de la presqu'île de Bouéni. Possibilité de tourner à ce moment pour découvrir la presqu'île de Bouéni. On traverse le village pour arriver à M'zouazia, de l'autre côté de la grande baie, à peine à 800 m. La localité possède une brigade de gendarmerie nationale.

ASCENSION DU MONT CHOUNGUI ★★★

Durée : environ 2 heures aller-retour. Difficulté : moyenne. Accessible uniquement pendant la saison sèche.

Le départ de la randonnée est facile à trouver : depuis Chirongui suivez la route en direction du village de Choungui. Au niveau du col, à 300 m d'altitude, un grand parking marque le départ du sentier, en face d'une grosse citerne à eau. Le sentier est large et plat au début, il traverse la forêt où vous pourrez apercevoir des makis et des tangues (ainsi qu'une multitude de moustiques, couvrez vous !) ; il grimpe ensuite de plus en plus fort ; on voit la taille de la végétation diminuer progressivement. Les 30 dernières minutes de montée sont épuisantes et s'apparentent à de l'escalade (sans filet de sécurité !), mais l'arrivée en vaut la chandelle. Au sommet, l'un des plus beaux panoramas de l'île s'expose à vous : dominant l'île et la forêt, la vue est époustouflante, vue sur le village de Choungui en contrebas, sur toute la baie de Bouéni et les côtes découpées du sud qui donnent à cette partie de l'île sa forme de main, ainsi que la pointe Sazilé qui s'étend vers l'est. Le lagon révèle ses lignes turquoise que l'on aimerait tant pouvoir apercevoir depuis la plage, et les îlots se découpent à l'horizon, vous rappelant l'immensité de l'Océan. Les 2h de marche et la raideur de la pente sont récompensées. Attention, si le temps se gâte ou s'il a plu la veille, rebroussez chemin car la terre rouge du sommet se transforme en patinoire et les racines en savonnettes ! On peut aussi partir de Dapani, compter alors une heure et demie, ou depuis le village même de Choungui.

HELLO PIZZA €

Rue de la mosquée de vendredi
✆ 06 39 69 26 25
https://hello-pizza.yt/
Ouvert du lundi au vendredi de 9h à 14h et de 17h30 à 21h45, le samedi jusqu'à 22h. Pizza entre 9 et 13 €.

Hello Pizza est ouvert tous les soirs sauf le dimanche. Très correcte, cette petite pizzeria livre sur toute la commune gratuitement et à partir de deux pizzas achetées jusqu'à Bouéni et Bandrélé. Mieux vaut commander tôt pour être livré à l'heure du repas, les commandes sont nombreuses. On peut également manger sur place, au menu par exemple pizza trois fromages, double-face, pizza smiley et même une pizza spéciale Chatouilleuses ! Boissons et jus de fruits naturels. Hello Pizza est aussi présent à Iloni, Tsimkoura et Chiconi.

AU FIL DU KALAME

Rue du commerce
✆ 0269 61 57 07
Ouvert du lundi au vendredi de 8h30 à 12h30 et de 13h30 à 17h. Le samedi de 8h30 à 12h30.

Fatima et sa fille tiennent une petite librairie sur la rue principale de Chirongui, à quelques mètres du nouveau Pôle culturel. Vous y trouverez les ouvrages classiques (à noter malheureusement un surcoût du prix du livre dans les outremers) mais aussi des éditions régionales avec de très beaux romans, recueils de poésies ou albums photographiques sur Mayotte et l'archipel des Comores. Egalement sur place du matériel de papeterie et d'arts créatifs. Enfin, Fatima organise régulièrement des rencontres et séances de dédicace avec les auteurs de l'île.

CINÉMA DE CHIRONGUI

425 avenue Saïd VITTA
✆ 06 39 231271
http://cinemachirongui.com
Place plein tarif 7,50 €, tarif réduit 5 €.

Nouveauté 2021 : la salle de spectacle du Pôle culturel de Chirongui est aussi une salle de cinéma. La programmation est gérée par l'association Ciné Musafiri. Des films sont diffusés trois semaines par mois, en soirée pendant la semaine et en journée également le week-end. La programmation allie les films en français et les films en version originale sous-titrée. L'achat du billet peut se faire directement sur place avant la séance. Les horaires et informations sur les films diffusés sont mis en ligne chaque semaine sur le site Internet du cinéma.

PÔLE CULTUREL DE CHIRONGUI

425 rue Saïd VITTA ✆ +262 639 68 51 00
www.polecultureldechirongui.com
Entrée plein tarif 10 €, tarif interco et sud 7 €, tarif réduit 5 €. Ouvert du mardi au vendredi de 9h30 à 18h.

Inauguré quelques mois seulement avant la pandémie, le pôle culturel a dû patienter pour lancer sa programmation qui repart sur les chapeaux de roues avec la réouverture des lieux culturels. Au rythme de deux à trois spectacles par mois, la programmation allie la valorisation des artistes locaux avec une ouverture culturelle sur l'océan Indien et le monde en général, mêlant danse, chant, théâtre ou encore humour. Il reçoit également des expositions temporaires et des conférences.

PRESQU'ÎLE DE BOUÉNI ★★

La presqu'île de Bouéni est un endroit magique, surtout sa côte ouest ! Avant d'être française, mais après avoir été mahoraise, la presqu'île de Bouéni, à l'ouest de la presqu'île que forme le sud, a longtemps été un refuge lors des invasions malgaches.
La route qui vient de Majiméouni suit la baie de Bouéni jusqu'à Hagnoundrou, un village où des fouilles archéologiques ont attesté le plus ancien peuplement de l'île, vers l'an mille. On traverse ensuite le village de Moinatrindri (littéralement « petit bananier »), qui a été reconstruit depuis qu'un glissement de terrain l'a emporté. Puis on arrive enfin au village de Bouéni. L'ambiance sur la presqu'île est particulièrement familiale, les troubles de Mamoudzou semblent bien loin. Les habitants sont fiers du maintien de leurs coutumes et traditions et savent les mettre en valeur. La route goudronnée fait le tour de l'île, on peut la faire dans un sens ou dans l'autre, et pourquoi pas dans les deux car les points de vue changent en fonction et les paysages sont toujours agréables.

Tourisme

A la presqu'île de Bouéni, un sentier part dans la montagne entre Majiméouni et Hagnoundrou. Une balade de deux à trois heures peut être intéressante, cette partie de l'île étant le reste d'une coulée volcanique jeune de deux millions d'années. Roches volcaniques, torrents de pierres et phonolites (pierres qui sonnent), parfois nues, parfois recouvertes d'une végétation exubérante, en compagnie des makis. Comptez deux à trois heures de marche.

LE CHATO CAFÉ

4 rue de la Fraternité
✆ 06 39 21 36 31
Ouvert du mercredi au vendredi de 16h30 à 22h, le samedi à partir de midi et le dimanche de midi à 20h. Plat 14-18 €.

Situé à Moinatrindrin sur la route du tour de la presqu'île de Bouéni, le Chato café est une nouvelle adresse qui a la cote. Et pour cause : un accueil chaleureux, une belle terrasse en bois face aux montagnes, un espace concert et des jeux de société et surtout des plats faits maison, jusqu'au pain ! Chose rare sur l'île ! L'adresse ravit les expatriés en quête de nouveauté et d'une option alternative à la plage. Chaque premier dimanche du mois c'est après-midi jeu, et concerts en fin de semaine. Possibilité de commander à emporter. On aime !

BOUÉNI ★★★

La ville du poulpe est une bonne base pour découvrir cette région authentique tout en bénéficiant de prestations touristiques de qualité. Bouéni signifie en shimaore « femme », avec une certaine notion de respect. Mais dans ce pays où les mots comptent beaucoup, Bouéni ne tire pas son nom des femmes, qui sont pourtant réputées pour être particulièrement belles dans le sud, ni des formes évocatrices de la presqu'île ou du mont Choungui. Certains disent qu'à l'époque où les Mahorais se réfugiaient à Bouéni pour résister aux invasions malgaches, on a attribué au nom du village celui d'un royaume sakalave du Bouéni. Enfin, troisième interprétation : le village, doucement disposé au bord du lagon, est bordé par une plage de sable orangé où est posé un énorme rocher sous lequel on peut passer et où les enfants jouent. Bouéni est « le lieu où se trouve un rocher », en vieux shimaore.

Bouéni est réputée pour le travail du bois et la broderie des femmes. Elles excellent au point « récélé » à l'aide duquel elles élaborent des calligraphies musulmanes sophistiquées pour les *kofias*, destinés aux fidèles. Certains exigent des semaines de travail. Il y a aussi de la poterie. Allez voir Taambati pour en savoir plus sur la culture mahoraise. Côté infrastructures, on trouvera un bureau de poste et quelques maisons d'hôtes dont le nombre tend malheureusement à diminuer. En 2019, Bouéni s'est dotée d'un tout nouveau collège avec une section SEGPA, de quoi dynamiser la ville.

LES PIEDS DANS L'EAU €

Quartier Bouéjou Plage ✆ 0269 62 56 69
www.gite-lespiedsdansleau.com
Compter à partir de 40 € la chambre double avec petit déjeuner, 60 € pour la chambre familiale. Wifi.

Les 5 chambres sont toutes climatisées et réparties dans cette maison mahoraise typique habitée par les propriétaires Chakir et Nafouanti. Ambiance locale et décontractée, la terrasse invite aux rencontres, sans parler de la proximité de la plage. Plusieurs catégories de chambres, certaines sont plus petites mais l'ensemble est très propre. Un T2 posé dans le jardin est en location de la nuitée à la longue durée, il est meublé avec cuisine et machine à laver. Possibilité de déjeuner sur réservation. Un bon rapport qualité-prix et une bonne situation géographique.

LE SANTAL LOGIS €

Rue du Jardin
✆ 0269 62 60 13
Compter 30 € la chambre + demi-pension, 25 € pour un repas + atelier. Chiens et alcools interdits.

A l'entrée de Bouéni, un gîte-pension plutôt modeste, pas de climatisation ni de frigo, tenu par Taambati, une figure locale très investie dans le développement de Mayotte. Une option intéressante en demi-pension pour la cuisine locale, avec des plats locaux de poisson cru, de poulet coco, etc. Des animations et démonstrations de la culture traditionnelle sont parfois organisées (masque de beauté, *salouva*, jasmin) et même des ateliers cuisine avec râpage de la coco, épluchage de papaye, malaxage du tamarin, pilage des épices, etc. Instructif et jovial !

Plage à Bouéni.

© WWW.CASE-ROBINSON.COM

LA CASE ROBINSON €€

70 Boulevard des tortues

✆ +262 269 62 49 42 - www.case-robinson.com

Bungalow double 155 €, triple 215 €, petit-déjeuner buffet inclus. Demi-pension 35 €. Transfert depuis l'aéroport 80 €.

Située au bord d'une plage appréciée des tortues et à 150 m de la passe, l'éco-lodge La Case Robinson n'aurait pas pu mieux choisir son emplacement. Eric et sa fille Charline ont lancé le projet en janvier 2017 pour faire éclore 10 bungalows bien équipés, spacieux et lumineux sur le bord de mer. Ici pas de grillage, le lieu est calme et sécurisé. Les clients peuvent profiter des paddles, canoës et équipement de snorkeling à disposition. Boutique d'artisanat local sur site avec savon, huile, crème, doudou, vêtements et bijoux à base de coco. Aussi un restaurant.

© WWW.CASE-ROBINSON.COM

BAMBO BEACH SNACK €

CCD6

✆ +262 639 69 95 99

Comptez autour de 8 à 12 € le plat.

Ce tout nouvel établissement est idéalement situé en face du collège de Bouéni, en bord de mer adossé à un magnifique baobab. Le cadre est idyllique à toute heure de la journée, et la plage est animée du passage des enfants qui jouent et des pêcheurs qui sortent en mer quand la marée le permet. Au menu, des jus de fruits frais (de baobab *of course*) et des plats locaux : carry poulpe, romazava mafana, kangué, salade de poisson fumé ou encore tartare de thon. Les locaux adorent, signe que la nourriture est authentique. On ne peut que recommander vivement.

LA CASE ROBINSON €€

70 Boulevard des tortues

✆ +262 269 62 49 42

www.case-robinson.com

Plat entre 16 et 25 €, dessert 10 €.

La belle terrasse de l'hôtel La Case Robinson accueille les visiteurs pour un repas en toute sérénité, bercé par le clapotis des vagues et la douceur des baobabs. Au menu, un mélange de produits locaux et d'influences européennes : poisson grillé dans sa feuille de bananier, magret de canard, tartare de poisson, carry de poulpe ou encore mi-cuit de thon sauce passion, un régal. Pour les gourmands, vous aurez le choix entre mousse au chocolat, crumble exotique, banane caramélisée à la vanille ou encore le célèbre blanc-manger coco, à réserver dès votre arrivée !

SNACK LES MAKIS €

Hôtel Le Jardin Maoré

✆ 0269 60 14 19

http://hotel-jardin-maore.com/

Ouvert en continu le week-end. Sandwich 10 €, salade 11 €.

Le snack Les Makis est une alternative idéale pour les petits budgets qui souhaiteraient profiter de la belle terrasse ou de la plage du Jardin Maoré sans trop dépenser. A la carte : des sandwichs poulet, jambon ou rillettes de poisson (on recommande) mais aussi des hamburgers et hot-dogs. Le snack porte bien son nom car la curiosité des makis est grande et ils n'hésiteront pas à chaparder quelques frites si vous n'êtes pas vigilant ! Attention à ne pas les caresser, car aussi mignons soient-ils (et à l'aise sur votre table) ils restent des animaux sauvages.

LA CASE ROBINSON

70 Boulevard des tortues

✆ +262 269 62 49 42

www.case-robinson.com

Location de paddle et kayak 1 place 8 € l'heure, 25 € la demi-journée. Location de kayak 2 places 10 €. PMT 10 € les 2h.

La Case Robinson propose du matériel nautique en location (gratuit pour les résidents de l'hôtel). Au choix : des paddles et des kayaks une ou deux places, l'idéal pour partir à la découverte du tombant qui peut paraître un peu loin à la nage (150 mètres du bord). Le paddle est aussi idéal pour observer les tortues sans les déranger. Pensez à appeler à l'avance pour retenir votre créneau horaire et vous renseigner sur les conditions météorologiques et la marée avant de vous déplacer. Et s'il faut attendre que la marée monte, la carte des desserts vous attend !

LE SOLEIL COUCHANT €

A l'entrée de Bouéni, après la pancarte marquant l'entrée en ville.

✆ 0269 61 18 75

Restaurant ouvert du jeudi au dimanche. Plat à partir de 8/10 €, poulet coco ou poisson à moins de 15 €.

Un cadre sympa avec vue sur le lagon, un accueil « à la malgache » très chaleureux de Ninie, une cuisine axée sur la mer avec des produits frais. Tartare, carpaccio, poisson à la tahitienne. Goûtez le cari de poulpe, de crabe ou de poulet. Punch au citron vert pour digérer et avant de vous coucher un petit shot de rhum arrangé, direction les bras de Morphée ! Ninie fabrique quelques pièces d'artisanats originales, de bonnes idées cadeaux. Trois bungalows rustiques sur place pour ceux qui ne voudraient pas reprendre la route après un bon repas.

VIA FERRATA

à 500 m de l'hôtel La case Robinson

Kit via ferrata à 15 € par personne.

Les amateurs de via ferrata pourront tester la nouvelle voie montée par un professeur à 500 m de l'hôtel. Une marque vous indique le départ du sentier pour l'atteindre. Comptez 15 à 20 minutes de marche en forêt. Une fois arrivé sur site, le parcours se fait en autonomie et ne présente aucun danger. Prévoyez entre 30 minutes et une heure avec des enfants. Le matériel (baudrier, casque...) est à louer à l'hôtel la Case Robinson en contrebas. Une activité originale à faire en famille, au plus près de la végétation luxuriante de Mayotte.

M'ZOUAZIA ★★

Cette belle baie située sur la côte sud entre Bouéni et Kani-Kéli abrite un petit village où le temps semble suspendu. Et surtout une belle plage où les enfants ramassent les crabes et pêchent les crevettes avec les *bouénis*. C'est la que les deux côtes de la presqu'île sont au plus près, à quelques pas seulement. Le village ne présente pas de raisons spécifiques de s'y arrêter hormis une pharmacie et un snack-restaurant nommé Facebook qui confère au lieu comme un sentiment d'anachronisme, on apprécie l'humour des propriétaires. Les amateurs de plongée y trouveront le club Abalone Plongée pour des sorties en mer au départ du sud de l'île.

M'BOUANATSA ★

En continuant vers le sud après M'zouazia, la route qui longe le lagon abonde en points de vue tous plus beaux les uns que les autres. La plage de M'bouanatsa avec ses trois baobabs vous offre une jolie vue sur la baie et un endroit moins fréquenté que la plage de N'gouja. Si vous avez le temps de vous y poser pour le coucher de soleil, vous ne serez pas déçu, le spectacle débute vers 17h30-17h40 et dure 25 minutes... Le week-end, la plage est très fréquentée par les familles qui viennent y faire leur fameux voulé, le traditionnel pique-nique en grand comité avec musique et animation. Bonne ambiance garantie. La plage a même une page Facebook !

LES TROIS BAOBABS €

A deux kilomètres au nord de la plage de N'Gouja.
✆ 06 39 27 80 54
Fermé le lundi et pendant le mois du ramadan.
Compter autour de 10 € le plat.

Une jolie terrasse à deux pas de la belle plage des Trois Baobabs de M'bouanatsa et une bonne cuisine pour découvrir des brochettes de poissons et les plats traditionnels : *mataba*, *mtsolola*, poulet coco et *pilao*... Bon rapport qualité-prix. La structure est toute petite et le menu dépend entièrement des arrivages, n'hésitez pas à appeler le matin pour vérifier que le restaurant est ouvert et passer une commande pour le plat de votre choix, surtout si vous êtes nombreux. Simplicité et authenticité sont les maîtres mots aux Trois Baobabs.

KANI KÉLI - PLAGE DE N'GOUJA ★★★

On vient à la plage de N'Gouja pour y voir les tortues évoluer tranquillement au fond de l'eau ou bien découvrir son tombant. C'est ici que vous aurez le plus de chances d'en voir à Mayotte. Une multitude de baobabs centenaires, plus gros et bizarres les uns que les autres, donnent au site un aspect magique et paradisiaque. Historique, le Jardin Maoré pour être un des plus anciens hôtels touristiques de l'île a ouvert comme chambre d'hôtes en 1978, à une époque où il n'y avait ni eau, ni électricité, ni route. Les clients arrivaient en pirogue, dans un coin absolument sauvage. Hormis la route et une ligne électrique qui la suit, cela n'a guère changé, la nature est toujours aussi vierge et les makis et les roussettes s'y cachent. Pensez à respecter les consignes pour éviter de les déranger ! Il faut dire que la plage, avec ses grands baobabs et le tombant visible depuis la plage, permet de voir les tortues avec une facilité déconcertante. L'hôtel, s'il dispose aujourd'hui du confort moderne, reste parfaitement intégré au cadre, utilisant avec brio des matériaux naturels innovants et locaux pour la décoration intérieure des bungalows. Le village qui se rattache à N'Gouja est Kani-Kéli, il signifie « petit Kani ». Kani-Bé, ou « grand Kani », existe à côté, mais Kani-Kéli est devenu plus grand que son grand frère : la preuve, on y a installé un bureau de poste. On y trouve une mairie de conception originale, ainsi que des broderies artisanales.

Transports

Toujours en direction du sud après M'zouazia et M'bouénasta, vous trouverez la fameuse plage de N'Gouja. On y accède par l'hôtel Jardin Maoré, qui est installé au bord de cette plage ombragée par de gros baobabs qui lui donnent un aspect magique. Attention, le week-end un gardien contrôle l'accès au parking. Il vous demandera de payer 20 € qui, échangés contre un bon, pourront ensuite être dépensés au bar, au restaurant ou pour louer des kayaks et paddles dans l'hôtel. Passé le cap, on arrive sur les profondes baies des côtes du sud qui abritent, tout au fond, de petites plages ombragées au bord de villages bariolés. La première des échancrures que forme la mer abrite les villages de Kani-Kéli et Kani-Bé. Kani signifie « canne » : on produisait du sucre ici. Plus loin, c'est une côte à grand spectacle qui se dévoile sous vos yeux. De cap en vallée, on découvre les villages de M'ronabéja, Passi-Kéli, M'bouini, Kadjifoutcheni...

LE LAGON MAORÉ

Plage de N'Gouja
✆ 06 39 09 09 01
www.lagonmaore.com

Ouvert 7j/7. Plongée à partir de 50 €. Boutique plongée. Location PMT, kayak, paddle.

Sur la plage de N'Gouja, au cœur de l'écolodge Jardin Maoré, le centre nautique le Lagon Maoré est la base idéale pour explorer les sites de plongée du sud. L'équipe propose des plongées encadrées ou en autonomie au Nitrox pour tous niveaux, formations et spécialités. Deux bateaux à coque rigide pour des sorties confortables, le matin en simple ou double bloc vers les passes ou les tombants externes du sud, l'après-midi sur les récifs du lagon. Excursions à la journée et plongées sur les sites emblématiques au nord-ouest et à l'est de Mayotte aussi organisées.

LE JARDIN MAORÉ €€€

Plage de N'Gouja
✆ 0269 60 14 19
www.hotel-jardin-maore.com

Bungalows supérieurs à partir de 212 €. Chambre double terrasse (après 10/2022) à partir de 110 €. Demi-pension : 52 €.

Situé sur la plage de N'Gouja, emblématique sanctuaire pour l'observation de tortues, voici l'incontournable Jardin Maoré ! En symbiose avec la nature environnante, l'écolodge fait peau neuve à partir d'octobre 2022, proposant 7 nouveaux bungalows supérieurs, 20 chambres doubles, un restaurant avec vue plongeante sur le lagon, un tout nouveau centre nautique - le Lagon Maoré -, point de départ idéal pour découvrir les plus beaux sites de plongée. Les chambres disposent d'une climatisation. Ici pas de télé, on est là pour se couper du monde et se ressourcer.

LE N'GOUJA €€

Plage de N'gouja
✆ 0269 60 14 19
www.hotel-jardin-maore.com

Ouvert 7j/7, du petit déjeuner au dîner. Buffet tous les samedis soir (réservation conseillée).

À partir d'octobre 2022, le Jardin Maoré se dote d'un tout nouveau restaurant avec une vue imprenable sur le lagon, accessible depuis l'emblématique plage de N'Gouja. Proposant une cuisine allant du snack à des mets plus élaborés, le chef aime composer avec les produits frais de l'île et des inspirations venues de tout l'océan Indien. Le N'Gouja risque bien d'allonger vos journées à la plage. À l'heure du coucher du soleil, le spot est idéal pour siroter l'un des cocktails du bar. À proximité, l'historique restaurant Le Baobab va entamer une rénovation complète.

LA CITRONNELLE €

2 Avenue de Mroni Zalahi
✆ 06 39 65 93 61
www.restaurantlacitronnelle.fr

Ouvert du lundi au dimanche de midi à 15h, sauf le vendredi. Plat entre 15 et 20 €.

Idéalement situé pour se récompenser de l'ascension ardue du mont Choungui, le restaurant La Citronnelle propose des plats originaux sur le thème de... la citronnelle ! La plante phare se retrouve dans les boissons avec le rafraîchissant cocktail à la citronnelle, dans les plats, notamment dans la sauce qui accompagne le mérou, mais aussi dans les desserts : flan à la citronnelle, gâteau à la citronnelle... Attention toutefois, du fait de son isolement, mieux vaut appeler à l'avance pour vérifier que le restaurant est ouvert et pour éviter une trop longue attente.

DAPANI ★★

Cette région, située à l'extrémité du sud-est, ressemble à une main, superbe par tous les somptueux paysages devant lesquels on peut passer des heures à rêver. La route en venant de M'bouini est parsemée de quelques belvédères qui offrent de merveilleux points de vue sur le lagon et les baies. Juste derrière, le village de Dapani, ancien domaine agricole, peut être un point de départ pour escalader le mont Choungui. En repartant de Dapani, la route grimpe et passe par l'intérieur pour rejoindre M'tsamoudou, laissant la pointe Sazilé à droite, avec le début du sentier menant à cette réserve naturelle.

PERLE DU SUD €

Quartier Foumbouini
✆ 0269 61 59 13
www.perledusud.fr

Restaurant sur réservation. 10-15 € le plat. Chambres à 55 € la nuit, petit déjeuner compris ou 45 € sans.

A quelques dizaines de mètres de la plage, loin du tumulte de Mamoudzou, une adresse paisible pour déjeuner et dîner. Repris par Didar, un ancien d'Ironi Be, avec un nouveau chef aussi pour la cuisine. La Perle vous propose des spécialités locales, gratin à base de fruit à pain, de brèdes mafane, poulpe et poisson au lait de coco. La grande terrasse domine la baie de Kani, très agréable. Possibilité de loger sur place, les chambres sont simples, lavabo et douche dans la même pièce mais propres. Par contre il est difficile de réserver, la réponse est aléatoire.

ULM vers Dapani.

GRANDE-TERRE

DÉSERT ROUGE DES PADZAS DE DAPANI ★★

Durée 30 minutes. Difficulté facile. Point de départ sur la route principale entre Dapani et M'bouini, panneau en bois.

À la sortie de Dapani, les padzas vous offrent un spectacle haut en couleur : par beau temps, le bleu du ciel ravive alors le rouge de la terre et le lagon dévoile ses eaux turquoise. Ce « désert rouge » est l'une de ces merveilles que seule la nature sait produire, mais d'un point de vue écologique, l'érosion féroce de ces terrains est plutôt un danger pour le lagon. Des panneaux explicatifs vous informent sur la formation de ces sols et les projets de réhabilitation en cours.

M'TSAMOUDOU ★

Ce village au sud-est abrite une population de 1 500 âmes environ, au doux mélange malgache, chimaore et chidzouani. Le village est construit sur une pente que l'on descend pour aller à la plage. Une *mama-brochetti* commence à attiser son charbon vers 18h, tandis qu'une promenade dans le village permet de découvrir un *banga* qui n'est pas une invitation au mariage : « Vive la vie de célibataire ! » Le matin de bonne heure, vous entendrez peut-être des enfants chanter des versets : il y a plusieurs écoles coraniques dans le village.

Tourisme

C'est d'ici que partent les balades vers la pointe de Sazilé, notamment le long sentier des baobabs qui, comme son nom l'indique, présente des curiosités naturelles, et des bivouacs d'observation des tortues marines. On y accède par Dapani au sud ou par le nord puisque qu'après le village, la route remonte jusqu'au col de Chirongui. Il est également possible de prendre une embarcation depuis M'tsamoudou pour l'îlot de Sable-Blanc, Saziley, ou Bambo. Expérience et ambiance locales. En général les autochtones facturent 8 € par personne le repas, et 80 € maxi la barque de 5 personnes. Départ vers 8h-9h le matin, retour à 16h (plus flexible). Attention si vous vous rendez sur l'îlot Sable Blanc, sachez qu'il disparaît avec la marée montante, renseignez-vous sur les horaires de marée et demandez au pêcheur de vous attendre pour éviter qu'il ne vous y oublie !

POINTE SAZILÉ ★★

Au départ de M'tsamoudou ou de Dapani.

Environ 3h pour le sentier des plages, difficulté : facile. Même durée pour le sentier des crêtes mais plus de dénivelé.

La pointe Sazilé, que l'on ne rejoint qu'à pied, peut être l'occasion d'une belle balade. Deux options rando s'offrent à vous :

- **Sentier des plages :** 5,8 km aller-retour. Ce sentier facile longe les différentes plages de la péninsule depuis la plage de M'tsamoudou jusqu'à la plage de Sazilé où vous pourrez profiter du tombant en palmes-masque-tuba. Le sentier passe devant des baobabs centenaires aux formes aussi étranges que captivantes. Vous pourrez observer de nombreuses padzas, fruits de l'érosion et de la déforestation. Les plages traversées sont des hauts lieux de ponte pour les tortues marines. Veillez à ne pas les déranger si vous avez la chance de les voir hors de l'eau. Randonnée idéale en famille ou pour une journée avec pique-nique et baignade.
- **Sentier des crêtes :** depuis le parking à la sortie de M'samoudou, le sentier des crêtes permet de découvrir la jungle aux multiples essences et les jardins mahorais à flanc de colline. Il n'est d'ailleurs pas rare de croiser les habitants portant sur leurs têtes de lourdes corbeilles emplies de pommes cannelle, bananes ou racines. Le sentier est relativement plat, hormis la descente finale pour rejoindre la plage, et offre de superbes panoramas sur la baie de Dapani, les îlots de l'Est et bien sûr l'îlot de Sable-Blanc qui apparaît ou disparaît au gré des marées.
- **L'idéal est d'avoir deux voitures** pour commencer par le sentier des crêtes puis revenir par le sentier des plages, évitant ainsi la remontée après la plage.
- **Option bivouac.** L'association Les Naturalistes organise des bivouacs au bout de la péninsule, avec observation des pontes. Les participants font la randonnée dans l'après-midi, établissent leur camp et dînent sur la plage puis attendent les tortues. Les tortues viennent pondre à marée haute, dès que la nuit est tombée. Si vous assistez à un tel spectacle, sachez que la tortue vient de parcourir plusieurs centaines de kilomètres pour retrouver la plage de sa naissance, qu'elle s'épuise à remonter la plage alors qu'elle passe sa vie dans l'eau et qu'elle doit creuser un trou, qui peut atteindre parfois 1,50 m de profondeur, pour y déposer ses œufs. Vous comprendrez que la pauvre demande à ce qu'on la laisse en paix, et qu'il est interdit de monter dessus ou de la photographier quand elle pond. Ne marchez pas à côté, elle sent les vibrations. Le groupe repart le matin par les crêtes.
- **Sécurité.** Comme partout ailleurs, n'allez pas bivouaquer seul sur les plages pour économiser quelques euros, c'est le groupe qui assure votre sécurité.

L'îlot de Sable Blanc (Mtsanga Tsoholé).

PASSEPORT

ORGANISER SON SÉJOUR

Organiser un voyage à Mayotte s'avère chose facile : l'archipel a l'avantage considérable d'être dépaysant tout en étant un département français. L'administration fonctionne donc de la même façon : une carte d'identité valide suffit pour séjourner sur l'île ainsi qu'un permis de conduire en règle pour louer une voiture. Les banques sont les mêmes qu'en métropole, il est toutefois préférable de signaler votre déplacement à votre conseiller pour éviter toute surprise. De même, les opérateurs téléphoniques français fonctionnent sur l'archipel, avec parfois une limitation de la consommation des données mobiles, pensez à vous renseigner avant votre départ. Enfin, les hôteliers et restaurateurs parlent généralement français. Pensez à réserver à l'avance car les structures ne sont pas grandes ni nombreuses et peuvent vite être remplies. De même pour les activités nautiques qui sont plébiscitées par les expatriés chaque week-end.

ARGENT

Mayotte est en France, donc en Europe : l'euro y est en vigueur depuis le 1er janvier 2002. Celui-ci remplace le franc français, ce dernier ayant remplacé le franc comorien lors de l'indépendance des Comores en 1975. Il est idéal de prévoir toujours un peu de liquide (pièces ou billets de 5 ou 10 €) pour faire sans problème quelques achats de fruits, légumes ou autres dans les marchés ou petites boutiques qui n'acceptent ni chèques, ni cartes bancaires (même si cela commence à évoluer un peu). La plupart des prestataires nautiques acceptent les chèques et espèces mais pas les cartes bancaires, renseignez-vous avant de monter à bord. Des distributeurs automatiques de billets en libre accès sont désormais présents dans toutes les villes et la plupart des banques de métropole sont présentes à Mayotte (BRED, Crédit Agricole, BNP, Banque de France, BFC, Caisse d'épargne) pratique ! Vous pourrez retirer au guichet sans taxe particulière et payer en carte bleue avec ou sans contact. Veillez à vérifier vos plafonds avant de partir (retraits, paiements en ligne...) pour éviter les mauvaises surprises. A noter qu'il arrive assez fréquemment que les distributeurs de billets soient vides (début de mois ou fin de semaine), n'attendez donc pas le dernier moment pour retirer du liquide.

BUDGET / BONS PLANS

Le niveau de vie des Mahorais reste encore faible par rapport à la métropole ou même par rapport à la Réunion. Mayotte est devenue certes un département en mars 2011, elle demeure fort éloignée des standards départementaux sur de nombreux points. Depuis 2011, l'augmentation du SMIC intervient chaque année au 1er janvier et non plus au 1er juillet, celui versé à Mayotte se rapproche désormais de celui de la métropole mais la différence est toujours là : 1 199,68 € bruts mensuels à Mayotte au 1er octobre 2021 contre 1 589,70 € en Métropole ou à la Réunion. Les Mahorais essaient pour beaucoup de s'auto-subvenir, étant pour la plupart propriétaires de leur maison et de leur lopin de terre (foncier quand tu nous tiens !) ; ils consomment beaucoup de légumes et fruits (bananes vertes, manioc, brèdes...) de leur verger-potager et de poissons grâce au lagon généreux. Mais comme Mayotte se trouve très éloignée de la métropole et qu'elle ne vit essentiellement que par les importations, beaucoup de produits sont chers. Ainsi, tous les biens de consommation se trouvent en général être plus onéreux qu'en métropole. C'est pourquoi il est difficile de dire que Mayotte est une destination bon marché par rapport aux îles voisines telles que les Comores ou Madagascar qui sont toutefois des pays en développement. Mayotte étant un petit bout de terre française, on y retrouve le même coût de la vie. En 2018, on estime que les courses à Mayotte coûtent 73 % plus cher qu'en métropole, contre 66 % en moyenne dans les Outre-mers. Cependant, pour les touristes, le prix des supermarchés impacte souvent moins, et heureusement un repas au restaurant n'est pas toujours plus cher qu'en métropole (environ 15 € le plat) et on peut s'en sortir pour moins de 5 € par repas en mangeant local dans les brochettis.

- **Il est possible de trouver des chambres à petit budget** (au confort rudimentaire, environ 50 € pour deux la nuit), de manger chez les « mamas brochettis ». Installées dans chaque village, elles vous régaleront d'ailes de poulet, brochettes de bœuf pour environ 30 centimes d'euro par pièce.
- **Comptez une trentaine d'euros supplémentaires** pour deux personnes pour un hébergement plus confortable et 15 € pour un repas au restaurant ou snack.
- **Enfin comptez de 100 à 150 €** voire plus pour une chambre double avec petit déjeuner en bord de mer dans des cadres exceptionnels. Comptez 30 € pour un bon restaurant avec entrée + plat ou plat + dessert.

PASSEPORT ET VISAS

Toute personne de nationalité française peut entrer et sortir de Mayotte à sa guise, et y rester autant qu'elle le souhaite, à condition de présenter sa carte d'identité. Les ressortissants de l'Union européenne doivent présenter un passeport, leur séjour est limité à trois mois, comme pour la métropole. Hors de l'Union européenne, la limite est d'une durée d'un mois. La douane française à Mayotte ne pose pas de souci particulier. Mayotte, désormais Région ultrapériphérique (RUP), fait partie de l'Union européenne, par contre les DOM (qui sont des RUP) ne font partie de l'espace Schengen et ils ont une fiscalité différente de celle qui s'applique en métropole et dans l'UE. L'octroi de mer externe et l'octroi de mer régional ont une imposition spécifique sur les produits importés sur le territoire. Ces taxes sont une manne financière pour les collectivités locales, le taux de celles-ci varie de 7 à 90 % pour l'octroi de mer, et s'élève à 2,5 % pour l'octroi de mer régional. La TVA n'est pas applicable à Mayotte.

L'ASSURANCE VOYAGE, LE MEILLEUR MOYEN POUR PROTÉGER SA SANTÉ À L'ÉTRANGER

avec le DR MICHEL NAHON, directeur médical d'Allianz Travel

En cas de souci de santé sur place, que faut-il faire ?

Si l'on se trouve dans une situation urgente (accident grave, morsure d'animaux...), il est conseillé d'appeler les numéros d'urgence locaux. Une fois à l'hôpital, appeler son assisteur pour déclencher les procédures de prise en charge.

Est-il possible d'entrer en contact avec un professionnel de santé en cas de besoin ?

Allianz Travel dispose d'un service de téléconsultation médicale accessible en visio qui permet de s'entretenir avec un médecin français 24h/24, 7 jours sur 7. La consultation se fait en français et des conseils sont donnés sur les démarches à effectuer. Une ordonnance peut également être délivrée.

S'agissant des frais médicaux, est-on forcément couvert par son assurance maladie et sa mutuelle à l'étranger ?

La sécurité sociale et la mutuelle fonctionnent en France et dans les pays de la Communauté économique européenne, à condition d'avoir fait une demande d'extension de garantie avec la carte européenne d'assurance maladie (CEAM). Il est malgré tout conseillé de souscrire une assurance voyage, car la prise en charge des frais ne sera pas la même qu'en France.

Quel est le meilleur moyen de voir ses frais médicaux pris en charge ?

Dans les pays hors Europe, il est recommandé de souscrire à un contrat d'assistance avec un bon niveau de couverture des frais médicaux. Il est également important de choisir un acteur solide, qui dispose d'un important réseau international dans le domaine médical.

L'assurance voyage prévoit-elle le rapatriement ?

Le rapatriement n'est pas systématique. Il faut un réel intérêt médical. Si le patient peut être traité sur place, l'assisteur oriente vers un médecin ou une structure médicale adaptée localement. De même qu'en cas d'accident dans une zone désertique, le patient sera d'abord orienté vers l'hôpital le plus proche pour stabiliser la situation, avant d'envisager le rapatriement.

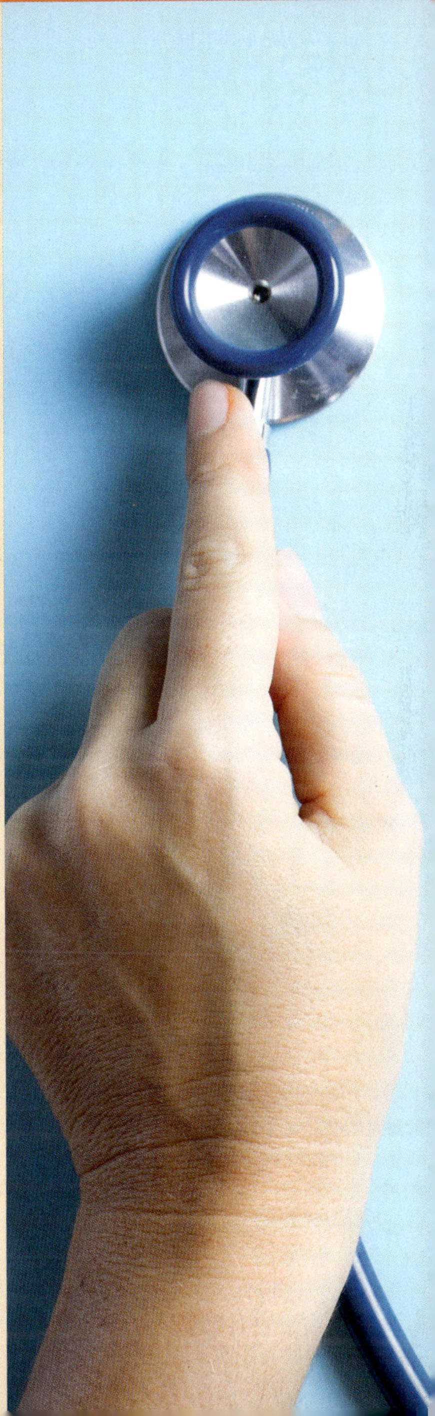

© NEIRFY

En résumé vous devez déclarer les marchandises que vous transportez et acquitter les taxes pour l'octroi de mer sur les marchandises que vous transportez. Pas de droits de douane à payer. Pas de taxes à acquitter sur les marchandises dont la valeur est inférieure ou égale à 1 000 €.

PERMIS DE CONDUIRE

Votre permis de conduire français fonctionnera à Mayotte comme en métropole. Comme tous vos documents, pensez à le photocopier pour en avoir un exemplaire de secours. Le permis de conduire international est exigé pour les ressortissants hors Union européenne.

SANTÉ

Les pharmacies sont partout, mais les médecins plus rares : avec moins de 200 médecins pour presque 400 000 habitants, c'est plus qu'un désert médical ! Pour info la carte vitale fonctionne depuis 2013 à Mayotte mais tous les praticiens n'ont pas activé le service de la Caisse de Sécurité Sociale de Mayotte (CSSM).

Les services. L'hôpital principal de l'île se trouve à Mamoudzou (CHM 0269 61 80 00), il comprend les services d'urgences, médecine (gastroentérologie, cardiologie), pédiatrie, chirurgie (générale et orthopédique), psychiatrie, des consultations en ORL et en ophtalmologie, une maternité et un service de radiologie/scanner. Sur Petite-Terre, le centre hospitalier de Dzaoudzi (CHD) comprend les services d'urgences, de médecine et de maternité et depuis la fin des travaux une unité de soins de suite et de réadaptation (SSR). Ailleurs, 20 dispensaires assurent une médecine de proximité et quelques structures intercommunales complètent le paysage hospitalier mahorais. Plusieurs cabinets dentaires, de masseurs-kinésithérapeutes, un laboratoire d'analyse, un laboratoire de radiographie ainsi que plusieurs pharmacies et plusieurs opticiens sont également présents sur l'île, principalement sur Mamoudzou.

Moustiques. Pensez à vous protéger des moustiques qui sont porteurs de maladies (dengue). Ils apprécient particulièrement la saison des pluies et les zones humides.

Soleil. Le soleil n'est pas sans danger comme vous le savez ; aussi, rappelons-nous que le capital soleil n'est pas inépuisable et qu'il s'agit de le préserver, en particulier chez les enfants. Ne pas oublier lunettes, chapeau, crèmes solaires, une double couche si vous partez en bateau sur le lagon. Même durant l'hiver, les températures de Mayotte sont élevées, aux alentours de 26 °C en journée. Aussi, il convient de se protéger très correctement quelle que soit la saison.

Alimentation. Vous pouvez boire l'eau du robinet à Mayotte, mais prévoyez néanmoins un budget « eau minérale » (en bouteille), car après les fortes pluies, il est déconseillé de la boire. Les fruits, légumes, viandes, poissons et fruits de mer peuvent êtres consommés sans problème, car les contrôles sanitaires sont présents.

Sexe. Attention aux maladies sexuellement transmissibles dont le Sida. Le préservatif est la seule garantie pour rentrer indemne !

VACCINS OBLIGATOIRES

Bien qu'il n'y ait pas de vaccin obligatoire pour se rendre à Mayotte, l'institut de médecine tropicale Pasteur recommande de mettre à jour vos vaccinations (DTP) et d'effectuer les suivantes : hépatites A et B, typhoïde et éventuellement rage.

SÉCURITÉ

Mayotte souffre depuis quelques années d'un regain de tensions qui portent atteinte à sa réputation. Le soir, il faut être prudent dans le centre-ville de Mamoudzou et la zone de Kawéni, où des jeunes peuvent parfois poser problème sous l'effet de groupe. Evitez de laisser en évidence vos affaires personnelles dans la voiture ou de partir avec tous vos papiers importants sur les plages (l'idéal étant de les laisser sur votre lieu de séjour). Il existe quelques endroits sur Mayotte où il est déconseillé de laisser son véhicule de location sans surveillance. En montagne, à Mayotte comme partout ailleurs, évitez de vous balader seul, ou prévenez un proche de votre itinéraire. En cas de problème, la couverture du réseau est bonne, aussi l'idéal est de toujours prévoir son GSM. En mer, même dans le lagon, la prudence s'impose et mieux vaut connaître la météo et partir accompagné avec un spécialiste avant de prendre le large. Au niveau de la conduite sur Mayotte, il faut toujours penser que les zébus, cabris ou enfants peuvent traverser la route sans crier gare… Aussi il convient de respecter les limitations de vitesse et les distances de sécurité. Soyez particulièrement vigilant au moment où il y a le moins de visibilité, dans des virages par exemple, car c'est souvent là qu'il y a un risque de collision avec une voiture qui tente de doubler.

DÉCALAGE HORAIRE

Mayotte est à un fuseau horaire à l'est de la métropole. Il faut donc ajouter une heure en hiver, deux heures en été à l'heure de Paris. Quand il est midi à Paris, il est 13h à Mamoudzou en été, et 14h en hiver. Madagascar est sur le même fuseau horaire que Mayotte. La Réunion, Maurice et les Seychelles affichent une heure de plus, été comme hiver.

LANGUES PARLÉES

Mayotte étant un DOM, la langue officielle y est donc le français. Ainsi, il est facile de se faire comprendre et entendre. Cependant, de par sa situation géographique et de par ses origines malgaches et africaines, la grande majorité des Mahorais discutent entre eux en shimaore de manière plus immédiate. Le shimaore a les mêmes racines que le swahili parlé en Afrique de l'Est. Pour certains d'entre eux, descendants des migrants malgaches, le shibushi est la langue du cœur. Ces deux langues sont diamétralement opposées et n'ont aucun lien de parenté. Les cours à l'école publique sont désormais dispensés en français, ainsi tous les jeunes Mahorais parlent plus aisément la langue de Molière que les plus anciennes générations qui, à part pour dire bonjour, ont encore du mal à tenir toute une conversation en français. Mais face à un M'zungu, qui en mahorais signifie métropolitain ou Blanc sans aucune connotation péjorative, le Mahorais parle en français. On entend parfois quelques formules musulmanes fort connues comme « Inch Allah » ainsi que « Salamalekum », pour qui souhaite dire bonjour de manière respectueuse ; on lui répondra « Alekum Salam » …

COMMUNIQUER

Mayotte avait par le passé le plus bas débit au monde, mais le câble sous-marin Lion II (Lower Indian Ocean Network) opérationnel sur l'île depuis 2012 est arrivé tel un souffle cybernétique salvateur ! Venant de Madagascar, son extension de 3 000 km jusqu'au Kenya permet de desservir l'île et d'offrir une qualité de service et de réception équivalente à l'Europe, pour le moment surtout concentré sur Mamoudzou et ses environs. Depuis 2019, le câble Lion III ouvre une nouvelle voie, en direction de Moroni, pour pallier les éventuels dysfonctionnements sur l'autre ligne. Vous pouvez vous connecter depuis la plupart des hôtels et des quelques restaurants qui offrent ce service gratuitement. Pour les résidents, les offres d'accès à Internet avec Orange sont opérationnelles depuis quelques années, par exemple le pack Livebox Classik à 52,40 €/mois comprend Internet, TV et téléphone par Internet. Les téléphones mobiles fonctionnent comme en métropole, sans surcoût pour les appels et SMS.

ELECTRICITÉ ET MESURES

Mayotte est branchée sur 220 V comme la métropole, pas besoin d'adaptateur. Et comme les métropolitains, les Mahorais utilisent le système international d'unités et utilisent donc les mètres, kilomètres, tonnes…

BAGAGES

L'avantage des destinations ensoleillées est qu'on peut voyager léger et garder de la place dans la valise pour les souvenirs. Une règle de base : se sentir à l'aise. Pantalons légers et larges, tee-shirts, shorts, paréos, maillots de bain, tennis, sandales sont les bienvenus… Pour le soleil, prévoyez une casquette, des produits solaires et crèmes anti-UV. Pour la randonnée, un pantalon, un bon sac à dos, de solides chaussures de marche, un produit anti-moustiques, un K-Way. Si vous aimez plonger, emportez masque et palmes. Un certificat médical pour autorisation et certificat de plongée sont demandés dans les centres de plongée pour les niveaux. De manière générale, il faut savoir que tout est plus cher ici. Aussi, emportez ce que vous pouvez en fonction de vos besoins et de la taille de votre valise : livres, shampooing, piles, produits de beauté, médicaments, produit à lentilles, crèmes solaires, lunettes de soleil… Enfin, pensez à photocopier vos papiers d'identité au cas où vous les perdriez. Il faut cependant penser quand vous préparez votre valise à respecter les consignes de sécurité depuis le renforcement de celles-ci dans les aéroports.

Crèmes solaires. A noter que la plupart des huiles et crèmes solaires sont nocives pour le corail : elles l'enduisent et l'étouffent à petit feu car, rappelons-le, il s'agit d'un organisme vivant. Certaines crèmes ont été conçues spécialement pour ce type de milieu marin alors pensez à adopter un comportement responsable et à acheter un produit adapté pour que vous et vos enfants puissiez profiter de cet environnement exceptionnel dans le futur. Vous trouverez ces crèmes en métropole mais difficilement une fois sur place.

S'Y RENDRE

Une seule solution pour se rendre à Mayotte : l'avion ! Le vol depuis Paris dure en moyenne 11 heures, avec une différence pouvant aller jusqu'à 30 minutes selon le sens du vol et la saison des vents. Les vols directs effectuent souvent une escale technique en Éthiopie dans le sens Mayotte-Paris pour recharger le carburant, la taille de la piste ne permettant pas aux gros appareils de décoller avec les réserves pleines. Nombreux vols proposent également une escale à la Réunion pour se recharger cette fois en passagers. La plupart des compagnies acceptent de dissocier les deux vols pour profiter de quelques jours de visite à la Réunion. Le marché se divise entre plusieurs compagnies, ce qui permet de comparer les prix et les heures de vol. A noter : les prix varient selon les vacances. Enfin, plusieurs compagnies régionales desservent les îles voisines (Comores, Madagascar, etc.) et certains pays d'Afrique (Éthiopie, Kenya, Mozambique).

AIR AUSTRAL

✆ 0 825 013 012

www.air-austral.com

Air Austral, la compagnie phare de l'océan Indien, propose 2 vols hebdomadaires Paris-Charles de Gaulle-Mayotte en vol direct tous les mercredis et samedis opérés en Boeing 787-8 ; et tous les mardis et vendredis dans le sens Mayotte-Paris. Vols de nuit, compter environ 11h. Correspondances au départ de la province (20 villes) desservies par le TGV AIR. Tous les autres jours de la semaine, des vols rejoignent Mayotte avec une correspondance à la Réunion. En haute saison, on compte jusqu'à 4 voire 5 vols par semaine. Compter entre 2 et 3h de vol.

AIR FRANCE

✆ 09 69 39 36 54

www.airfrance.fr

Réservations en ligne ou par téléphone, tous les jours de 8h à 20h.

La compagnie française, qui existe depuis 1933, est synonyme de qualité, de service et de confort. Sa flotte est majoritairement constituée d'Airbus âgés d'une dizaine d'années. Pour l'archipel de Mayotte, Air France propose plusieurs vols par semaine. Le vol n'est pas direct : une escale est prévue à Saint-Denis (Réunion). Comptez environ 15h de vol. Il est aussi possible de partir depuis d'autres villes de France (Bordeaux, Lyon, Marseille, Nice, Strasbourg, Toulouse, etc.). Une correspondance ou un trajet en train sont alors requis.

CORSAIR

✆ 39 17

www.flycorsair.com

Pensez à adhérer au programme de fidélité Le Club Corsair.

Au départ de Paris (Orly), Marseille et Lyon, Corsair dessert Mayotte plusieurs fois par semaine, avec une escale à la Réunion. Vous pouvez acheter des billets combinés au départ de 18 villes de province, comprenant le TGV (Train+ Air) et le billet Corsair. 3 classes de réservation : la classe Economy, Premium et Business. A noter l'arrivée en 2022 du tout nouveau A330neo, doté d'une cabine silencieuse, confortable et connectée. Le site Internet facilite la recherche de tarifs, offre la possibilité de choisir son siège et d'éditer sa carte d'embarquement.

KENYA AIRWAYS

www.kenya-airways.com

Fondée en 1977, la compagnie aérienne porte-drapeau du Kenya propose plusieurs vols par jour au départ de Paris pour Mayotte, avec escale à Nairobi (et sur certains vols, avec une autre escale à Amsterdam). Elle opère avec des Boeing 787, ainsi que des Embraer 190/195. La flotte est de tout dernier cri avec un réel confort et une nourriture à la hauteur des ambitions de la compagnie aérienne. Elle est membre de Skyteam. Parmi les compagnies aériennes du continent africain, Kenya Airways offre l'une des meilleures classes affaires.

OPTION WAY

✆ 04 22 46 05 23

www.optionway.com

Option Way est l'agence de voyages en ligne au service des voyageurs. L'objectif est de rendre la réservation de billets d'avion facile en vous faisant économiser. 3 bonnes raisons de choisir Option Way :

- la transparence comme mot d'ordre. Finies les mauvaises surprises, les prix sont tout compris, sans frais cachés ;

- des solutions exclusives qui vous permettent d'acheter vos vols au meilleur prix ;

- le service client, basé en France, joignable gratuitement, composé de véritables experts de l'aérien. Ils sont là pour vous, n'hésitez pas à les contacter.

EASY VOLS

✆ 08 99 19 98 79

www.easyvols.fr

Pour voyager malin, il faut faire ses recherches en toute efficacité, sans perdre trop de temps à jongler d'un site à un autre. Pour trouver le bon vol au bon prix, l'idéal est la plateforme comparatrice de vols. Easyvols permet de comparer en temps réel les prix des billets d'avion chez plus de 700 compagnies aériennes et pas seulement des compagnies low-cost. Vous pouvez économiser jusqu'à 70 % du prix si vous êtes prêts à saisir au vol les meilleures offres. Des avis avisés de clients sont aussi consultables sur le site Internet.

SKYSCANNER

www.skyscanner.fr

Ce moteur de recherche, qui a été mis en place dès l'année 2003, permet de comparer les vols bon marché, mais aussi les hôtels et locations de voiture dans le monde entier. Très populaire auprès des internautes, il dispose de sérieux atouts : une très grande rapidité, l'affichage en un clic de la durée du vol et des liaisons directes (ou non), la possibilité de comparer les prix sur un mois… Le site propose également de recevoir par mail une alerte en cas de changement de prix, et de trouver les vols qui émettent moins de CO_2. Utile et pratique !

MISTERFLY

✆ 08 92 23 24 25

www.misterfly.com

Ouvert du lundi au vendredi de 9h à 21h. Le samedi de 10h à 20h.

MisterFly.com est le nouveau-né de la toile pour la réservation de billets d'avion. Son concept innovant repose sur un credo : transparence tarifaire ! Cela se concrétise par un prix affiché dès la première page de la recherche, c'est-à-dire qu'aucun frais de dossier ou frais bancaire ne viendront alourdir la facture finale. Idem pour le prix des bagages ! L'accès à cette information se fait dès l'affichage des vols correspondant à la recherche. La possibilité d'ajouter des bagages en supplément à l'aller, au retour ou aux deux… tout est flexible !

TRANSFERT VERS LES AÉROPORTS DE PARIS

RoissyBus : 13,70 €. Bus : 2 €. OrlyBus : 9,50 €.

Roissy Charles-de-Gaulle (CDG) :

▶ **RoissyBus :** Liaison en bus entre Paris (Opéra) et l'aéroport CDG (Durée 60-75 min / Fréquence 15-20 min).

▶ **Bus 350 :** Liaison en bus Paris-Porte de la Chapelle / CDG.

▶ **Bus 351 :** Liaison en bus Paris-Place de la Nation / CDG.

▶ **OrlyBus :** Liaison en bus entre Paris-Place Denfert-Rochereau et Orly (Durée 25-30 min / Fréquence 8-15 min).

▶ **Bus 183 :** Liaison en bus entre Porte de Choisy et l'aéroport d'Orly (Durée 40 min / Fréquence 15-40 min).

SÉJOURS ET CIRCUITS

Plusieurs agences de voyage nationales proposent des séjours clé en main ou sur mesure à Mayotte pour découvrir les richesses de l'archipel en une semaine, dix jours ou encore deux semaines. Les séjours proposés allient généralement activités nautiques (plongée, palmes-masque-tuba, balade en bateau), hôtels confortables, visites patrimoine (récolte d'ylang-ylang, sucreries...) et rencontres avec les habitants. La plupart des agences proposent des combinés avec une ou deux autres îles de l'océan Indien : la Réunion, Madagascar, Maurice ou encore les Seychelles. Chacune présente des cultures et des paysages très différents et ne sont éloignées que d'une à deux heures de vol, l'idéal pour se dépayser. Enfin, quelques agences réceptives se proposent de vous accueillir sur place et de visiter l'archipel accompagné d'un guide local qui regorge de récits et d'anecdotes qui feront de votre voyage une réelle découverte humaine.

AQUAREV

2, rue du Cygne
PARIS (1er)
✆ 01 48 87 55 78
www.aquarev.fr
Ouvert du lundi au vendredi de 9h30 à 17h30, le samedi de 11h à 12h30 et de 14h à 17h.

Spécialiste de la plongée sous-marine, Aquarev propose voyages, croisières et plongées sous-marines dans le monde entier. À Mayotte, un circuit complet est organisé, dont les étapes hôtels et plongées sont réservées. Il est ainsi proposé de découvrir les plus beaux sites de l'île, abritant thazards, carangues, tortues vertes et imbriquées... Sans oublier le must : les baleines à bosse, de mi-juillet à octobre. La plupart des spots sont accessibles à tous types de plongeurs. Un centre de plongée à disposition, à Bandrélé, à l'est de l'île.

COMPTOIR DES VOYAGES

2-18, rue Saint-Victor - **PARIS** (5e)
✆ 01 53 10 30 15
www.comptoir.fr
Ouvert du lundi au samedi de 10h à 18h. Conseillers disponibles dès 10h par téléphone.

Comptoir des Voyages a comme concept de vendre une destination animée par de vrais spécialistes originaires ou ayant vécu dans le pays. Les Comptoirs ont chacun leur spécificité mais sont tous spécialisés sur le voyage en individuel à la carte. Trois séjours sont proposés à Mayotte. « L'île enchantée » vous permettra de connaître les secrets du cacao, observer makis et tortues... Également un séjour combiné Réunion-Mayotte intitulé « Les îles de France », ou encore une « Exploration mahoraise » à la découverte de la culture de l'île et de ses habitants.

NOMADE AVENTURE

40, rue de la Montagne-Sainte-Geneviève
PARIS
(5e) ✆ 01 46 33 71 71
www.nomade-aventure.com
Ouvert du lundi au samedi de 9h30 à 18h30. Circuits sur mesure. Activités.

Nomade Aventure, comme son nom l'indique doublement, est une agence qui vous change de vos habitudes sédentaires. Avec ses voyages placés sous le thème de la nature, de la culture et de la rencontre, elle vous propulse vers de nouvelles aventures. Loin des meutes de touristes, vous mettrez à profit les bonnes connaissances des agents sur la région en profitant à la fois de circuits originaux et de spots incontournables. Nomade Aventure fait de votre voyage de véritables vacances en vous permettant de vous détendre, ils prévoient tout !

SECRETS DU MONDE

99 bis, avenue du Général Leclerc
PARIS (14e)
✆ 01 45 42 64 44
www.secretsdumonde.com
Ouvert du lundi au samedi de 9h30 à 13h15 et de 14h15 à 19h.

Spécialiste et précurseur des voyages depuis près de 30 ans, Secrets du Monde propose des circuits et des séjours individuels et exclusifs à Mayotte. L'équipe met ses connaissances à votre disposition pour élaborer des voyages dans les hôtels de sa sélection. Préparez avec leurs spécialistes l'armature de votre voyage et profitez, en toute liberté et à votre rythme, des charmes de l'île. Secrets du Monde offre également la possibilité d'opter pour un voyage sur mesure. Ou encore d'effectuer une croisière privative à la découverte du lagon mahorais.

SUBOCÉA

7, port de la Pointe Rouge
MARSEILLE (8e)
✆ 04 28 70 89 00
www.subocea.com

Spécialistes de la plongée dans le monde. À Mayotte, le centre a choisi la plage de N'gouja qui vous permettra de découvrir les magnifiques fonds du lagon. Un séjour d'une semaine avec sorties en mer, au cours duquel on découvre de magnifiques tombants recouverts de coraux et de gorgones. Et bien sûr, les tortues marines qui ont élu domicile dans la zone ! Le club local, équipé de 2 bateaux semi-rigides, peut accueillir jusqu'à 20 plongeurs avec équipements complets. L'agence s'occupe de réserver votre billet d'avion, du transfert à l'aéroport à l'hôtel.

TERRE ET NATURE VOYAGES

23, rue d'Ouessant
PARIS (15e)
✆ 01 45 67 60 60
Ouvert du lundi au vendredi de 9h30 à 19h. Sur rendez-vous en dehors de ces horaires.

Terre et Nature Voyages vous propose des séjours à dominante sportive ou culturelle dans les plus beaux pays du monde. Un séjour de 7 jours est proposé au Jardin Maoré, sur la plage de N'gouja, qui s'adresse principalement aux passionnés des fonds marins. Avec au programme, un forfait de 10 plongées guidées sur différents récifs de Mayotte. L'occasion de découvrir de nombreuses espèces marines (tortues et dauphins), et même en saison, des baleines à bosse. De nombreuses activités sont aussi prévues pour ceux qui ne sont pas plongeurs.

TERRE VOYAGES

28, boulevard de la Bastille
PARIS (12e)
✆ 01 44 32 12 85
www.terre-voyages.com
Ouvert du lundi au samedi.

Un tour-opérateur qui cherche à sortir des sentiers battus. Ce voyagiste permet de découvrir dans le respect constant de l'environnement des peuples et des cultures du monde entier. Deux circuits à Mayotte : « Rencontres mahoraises », qui permet de découvrir les traditions de Petite et Grande-Terre ; et « Plongeon dans le lagon majorais », une croisière d'exception à bord du catamaran Alamanda'Boats. Un séjour de 10 jours est aussi proposé à l'O'Lolo. Le sur-mesure et l'expertise des spécialistes sont les deux marques de fabrique de ce voyagiste.

TERRES DE CHARME

3, rue Villebois-Mareuil
PARIS (17e)
✆ 01 55 42 74 10
www.terresdecharme.com

Terres de Charme et Iles du Monde ont fusionné : le premier apporte à cette nouvelle entité son exigence de charme et de rareté, des adresses exceptionnelles et des voyages très étudiés dans leur rythme et leurs enchaînements, le second, lui, apporte une grande connaissance des îles, de la mer, des meilleurs spots de plongée et de pêche et des plus belles plages. Pour Mayotte, est programmé le voyage « Les îles de la lune et des parfums ». Découvrez en 10 jours des plages paradisiaques, une nature riche et un art de vivre en toute simplicité.

ULTRAMARINA

✆ 08 25 02 98 02
www.ultramarina.com
Centre d'appel accessible du lundi au samedi.

Ultramarina est un spécialiste de la plongée sous-marine et des séjours sur des îles tropicales peu fréquentées. Vingt années d'expérience lui ont permis d'acquérir une excellente connaissance des destinations proposées. Le personnel saura vous conseiller au mieux pour faire de votre voyage un moment inoubliable. À Mayotte, plusieurs hôtels et centres de plongée sont proposés, pour découvrir le superbe lagon de l'île Hippocampe : passe en S, passe Bandrélé, N'Gouja… requins, raies manta et barracudas évoluent ici au milieu des tortues et des dauphins.

AGENCE ISSOUFALI

Place du Marché, - **MAMOUDZOU**
✆ 0269 61 36 36
www.agences-issoufali.com
Agence ouverte du lundi au vendredi de 8h à 16h30 et le samedi matin de 8h30 à 11h30.

Cette agence historique à Mayotte permet de vous envoler vers les îles de l'Océan Indien et bien plus encore. Pour répondre à une demande croissante au niveau de l'aérien, le groupe Issoufali a fondé en partenariat avec Air Austral la compagnie régulière mahoraise « EWA ». Au départ de Dzaoudzi, c'est l'occasion rêvée de partir à la découverte des îles de l'Archipel des Comores, de Madagascar, mais également des destinations proches du Canal du Mozambique. Un aller pour Dar es Salaam, et en route vers les parcs nationaux de Manyara, de Mikumi et d'Arusha.

MAORE AVENTURE - SIRI ZA MAORE

MAMOUDZOU
✆ 0269 62 30 87
Excursions et randonnées au départ de toute l'île à partir de 65 € l'excursion avec repas local et 55 € la randonnée.

Pour rencontrer et découvrir Mayotte, partez avec Attoumani, l'un des seuls guides mahorais qui saura vous initier aux plus belles traditions de l'île. Il est associé à l'agence réceptive Baobab Tour et occupe un poste de direction au Comité du tourisme. Mayotte n'a plus de secrets pour lui, il ne vous reste plus qu'à les découvrir avec lui : bivouac, randonnée pédestre, piste des senteurs, observation des tortues. Pensez à bien réserver à l'avance.

QUOTATRIP

www.quotatrip.com
Voyages sur mesure.

QuotaTrip est une nouvelle plateforme de réservation de voyage en ligne qui met en relation des voyageurs à la recherche d'expériences authentiques et uniques et des agences de voyages locales sélectionnées pour leurs compétences et leur sérieux. Le réseau de QuotaTrip couvre près de 200 destinations dans le monde entier. Le but de ce rapprochement est simple : proposer un séjour entièrement personnalisé aux utilisateurs. QuotaTrip promet ainsi l'assurance d'un voyage serein, sur mesure, sans intermédiaires et sans frais supplémentaires.

BAOBAB TOUR

15 Coconi II
COCONI
✆ 0269 62 22 65
A partir de 50 €/pers la demi-journée en excursion. Chèques vacances acceptés. Immatriculation Atout France 976110001.

Avec Attoumani, le spécialiste des excursions terrestres et des bivouacs depuis de nombreuses années, l'équipe concocte vos vacances et assure la réservation de vos activités (randonnées, immersion culturelle, survols en ULM, plongées...). Également spécialiste de l'accueil des croisiéristes et de l'organisation de croisières, Baobab Tour travaille avec le voyagiste Evaneos, propose des randonnées de toute beauté : « La Piste des senteurs », « Les Traditions mahoraises », « Rando au mont Combani » ou bien bivouac à Sazilé constituent ses coups de cœur. Recommandée !

© LAURENT BOSCHERO

© LAURENT BOSCHERO

INTERVIEW

LE VOYAGE-SUR-MESURE

AVEC STEVEN LE CHEVALIER ET MATHIEU VALLY DE QUOTATRIP

Quel est le concept de l'agence QuotaTrip ?

Quotatrip est la première plateforme de mise en relation entre voyageurs et agences locales. Grâce à elle, les voyageurs peuvent enfin échanger en direct avec des agences qui sont sur place et concevoir un voyage unique, au meilleur prix et 100% personnalisé.

Pourquoi voyager avec des agences locales ?

À l'inverse des agences traditionnelles, les agences locales sont des expertes de la destination choisie. Ce sont aussi les mieux placées pour concevoir des séjours qui sortent des sentiers battus. Elles sont ainsi en mesure de répondre à l'ensemble des envies, le voyageur rentre dans l'univers de l'equi-tourisme = le tourisme sans intermédiaire.

Quels sont les autres avantages pour les voyageurs ?

Il y a une multitude d'avantages. Cela permet notamment de ne pas voyager comme tout le monde, d'organiser de manière simple et rapide un séjour sur mesure et au meilleur prix. Fini les mauvaises surprises, les voyageurs posent toutes les questions qu'ils souhaitent et bénéficient d'un accompagnement sur mesure, de la conception du projet jusqu'à sa réalisation en toute sécurité car les agences référencées sont sélectionnées et recommandées par les journalistes des guides du Petitfute en toute impartialité.

Les démarches sont-elle simples à effectuer ?

Les sites de voyage en ligne font perdre beaucoup de temps aux internautes sans pour autant répondre entièrement à leurs désirs. QuotaTrip propose un formulaire simple et rapide qui permet de décrire les souhaits, les envies et les besoins. L'internaute reçoit aussitôt gratuitement et sans engagement les offres de trois ou quatre agences locales avec qui il peut ensuite échanger afin de personnaliser son projet grâce à la messagerie mise en place.

Quelles sont les destinations proposées ?

Notre plateforme propose plus de 21 000 projets de voyage sur plus de 100 destinations à travers le monde. De l'Amérique latine en passant par l'Asie et l'Afrique, nos mille agences partenaires sont là pour répondre à vos projets de voyage.

Décrivez votre projet de voyage. Échangez en direct avec les agences locales et partez au meilleur prix.

***Plus d'informations** : quotatrip.com*

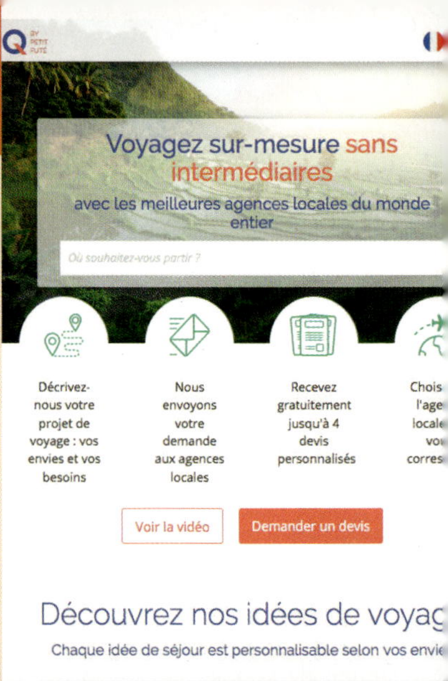

© D.R

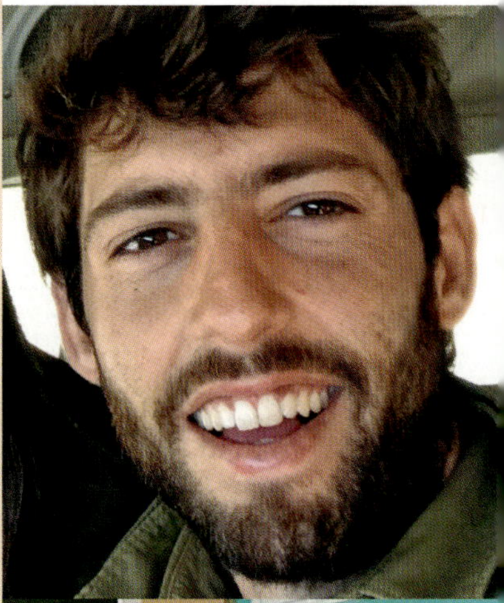

© D.R

© D.R

SE LOGER

Le parc hôtelier de Mayotte n'est pas grand mais il est extrêmement diversifié, vous aurez le choix entre la chambre simple chez l'habitant aux conditions parfois très sommaires mais offrant une réelle rencontre avec les Mahorais, des bungalows et gîtes très élégants et intimistes, et de beaux hôtels confortables avec piscine et vue imprenable sur la mer. Devant l'augmentation des petites structures de type « gîtes, chambres d'hôtes et meublés du tourisme », le comité du tourisme (CDT) classe désormais les établissements en cinq catégories par l'attribution d'un label. Les étoiles mahoraises sont représentées par des Ylangs, de 1 à 5 en fonction de la qualité de la prestation, du type d'hébergement et de l'accueil. Pour 1 Ylang vous obtiendrez un logement simple et convenable, 2 Ylangs de bon confort, 3 Ylangs de très bon confort, 4 Ylangs haut de gamme et enfin 5 Ylangs de très haut de gamme.

COUCHSURFING €€

www.couchsurfing.com

Plateforme internet pour séjourner chez l'habitant. Tarif d'adhésion : 15€ environ.

Couchsurfing est le service d'hébergement gratuit en ligne regroupant le plus d'adhérents. Il suffit de s'inscrire pour accéder aux profils des locaux ou faire sa demande d'hébergement pour quelques jours, voire quelques semaines. En échange, vous pouvez par exemple inviter votre hôte à manger, lui offrir un cadeau ou bien l'accueillir chez vous. Le site Internet met en place des systèmes de contrôle : notation des membres, numéro de passeport exigé à l'inscription, etc. Les participants ont accès à des hébergements volontaires dans plus de 200 pays.

HOSTEL WORLD €

www.hostelbookers.com

Depuis 2005, cette centrale de réservation en ligne permet de planifier son séjour à prix corrects dans le monde entier. Afrique, Asie, Europe, Amérique… Hostel World est spécialisé dans les logements peu onéreux (auberges de jeunesse ou *hostels*…) mais proposant des services et un cadre plutôt soignés. Pour chaque grande ville, le site propose une sélection pointue d'enseignes partenaires et vous n'aurez plus qu'à choisir l'adresse la plus pratique, la mieux située, ou tout simplement la moins chère. Une plate-forme bien pratique pour les baroudeurs.

HELPX €€

www.helpx.net

Plateforme Internet pour séjourner chez l'habitant.

Des fermes biologiques, des B&B, des hôtels où l'étranger aide tout en bénéficiant, selon les hôtes, d'un hébergement, de repas ou de cours de langues selon le travail fourni. Un panel de lieux, partout dans le monde, où vivre durant une année ou moins, afin d'améliorer une langue ou vivre une expérience hors du commun pendant une année de césure. Lors de notre dernière visite sur le site, des propriétaires de *guesthouse* proposaient lit + déjeuner en échange de quelques heures de travail. Peut être une bonne affaire pour les plus jeunes.

WORKAWAY €€

www.workaway.info

Ici, le système est simple : être nourri et logé en échange d'un travail. Des fermes, des maisons à retaper, ou plus simplement des vendanges ou cueillettes… Une expérience unique en son genre où l'on ne paye pas son hébergement avec de l'argent mais en rendant des services. Ce mode de logement alternatif, s'il n'est pas de tout repos, est de plus en plus populaire. Lors de notre dernière visite, des hôtes proposaient le gîte et parfois le couvert, majoritairement en échange de la pratique de l'anglais avec eux… Un bon deal !

SE DÉPLACER

La location de voiture est la meilleure solution et la plus adaptée pour découvrir Mayotte à votre guise et à votre aise. De grandes enseignes de loueurs de voitures de renommée internationale sont présentes sur Mayotte, il existe aussi des sociétés de location essentiellement basées sur Petite-Terre et Mamoudzou, et plus précisément au niveau de sa zone industrielle de Kawéni. Certains loueurs peuvent vous attendre à la descente de l'avion ou au niveau de la barge de Mamoudzou (à voir et demander au loueur), ou vous livrer à votre hôtel. Les routes sont de bonne qualité, comparables aux départementales françaises. Attention cependant aux nids de poule, ou d'autruche comme on se plaît à dire à Mayotte. Les routes principales font le tour de l'île et la traversent en passant par les montagnes en quatre endroits. L'autre option reste le taxi souvent collectif et rocambolesque sur les longs trajets, ou le stop. Pas de réseau de bus.

AIR AUSTRAL

Aéroport de Dzaoudzi-Pamandzi
PAMANDZI-LABATTOIR ✆ 0269 60 10 52
www.air-austral.com

Le tarif aller-retour au départ de Paris vers Dzaoudzi varie entre 700 et 1 400 € TTC selon les saisons.

Air Austral, compagnie française, phare de l'océan Indien, propose jusqu'à un vol direct quotidien entre Paris et Mayotte, opéré en Boeing 787-8, Dreamliner équipé bi-classe. Comptez 9h45 de vol pour se rendre à Mayotte depuis Paris en vol de nuit. Grâce à son partenariat avec TGVAir, Air Austral propose des correspondances au départ de 20 villes de province. Il est également possible de vous rendre à Mayotte depuis Paris via La Réunion, desservie chaque jour de la semaine. Il faut compter environ 2h de vol opéré en Airbus A220 entre La Réunion et Mayotte.

AVIS

MAMOUDZOU ✆ 0269 63 89 59
www.avis.fr

Ouvert du lundi au vendredi de 8h à 16h30 avec possibilité de livraison et retour. Egalement le samedi, de 8h à 12h30.

La réputation d'Avis n'est plus a faire avec un réseau mondial de location de voitures, présent dans 160 pays, Large choix de véhicules récents et climatisés (de la petite citadine économique au véhicule tout terrain et utilitaires), kilométrage illimité, assurance tous risques, assistance et dépannage 24h/24 en cas d'accident. Avis Mayotte propose aussi un service de location longue durée pour les sociétés, et des réservations à La Réunion, en Métropole, et dans le monde. Forfait week-end, location journalière ou à la semaine, consulter l'agence pour un devis.

EWA AIR

Aéroport de Dzaoudzi-Pamandzi
PAMANDZI-LABATTOIR
✆ 02 69 61 10 52
www.ewa-air.com

Ewa est une filiale du groupe Air Austral, cette jeune compagnie opère des vols en ATR 72-600.

7 liaisons directes au départ de Dzaoudzi, entre 3 et 5 vols par semaine selon les saisons à destination de Nosy Be et Diego Suarez, 4 à 7 vols pour Majunga, 4 à 6 vols pour Moroni et 2 à 3 vols par semaine vers Anjouan. La ligne Mayotte-Antananarivo est également assurée 2 à 3 fois par semaine en partage de codes avec Air Madagascar. Ewa Air assure aussi une liaison avec Dar es Salaam en Tanzanie à raison d'un vol semaine. Enfin, la plupart des vols sont en correspondance avec les vols d'Air Austral Paris-Mayotte, idéal pour combiner plusieurs visites.

EUROPCAR

Aéroport de Dzaoudzi-Pamandzi
PAMANDZI-LABATTOIR
✆ 06 39 09 00 00
www.europcar-mayotte.com

Permanence de 7h à 17h. A partir de 38 € par jour, forfaits longue durée.

L'enseigne Europcar est présente dès la descente de l'avion, l'agence principale est située à Mamoudzou dans la zone industrielle de Kawéni. Des accords sont possibles avec les Hôtel Caribou (Mamoudzou), Hôtel Sakouli (Bandrélé) et Hôtel Trévani (Koungou) pour vous y faire livrer votre voiture. Toute la gamme Renault est proposée, de la Twingo jusqu'aux utilitaires. Un prestataire de confiance qui a fait ses preuves à l'international. Réduction sur les réservations en ligne, veillez à vous renseigner sur les horaires d'ouverture de l'agence.

EUROPCAR LAGON LOCATION

Route Nationale - **MAMOUDZOU**
✆ 0269 61 72 72
www.europcar-mayotte.com
Ouvert du mardi au samedi 7h-17h30. Dimanche 8h-12h. Compter à partir de 38 € par jour pour un véhicule type Twingo.

Toute la gamme Renault est disponible. Une équipe très professionnelle et expérimentée qui dispose d'une flotte de véhicules récents et de son propre atelier de mécanique Renault derrière le siège de la société à Kawéni, bien pratique. Réservation et livraison possible dans les hôtels Trévani (Koungou), Sakouli (Bandrélé) et Caribou (Mamoudzou). Possibilité également de livraison et de restitution à l'aéroport et livraison gratuite à la barge. Assistance technique 24h/24 sur toute l'île. Enfin, gardiennage proposé à l'aéroport sur demande.

GARCIA LOCATION

Aéroport de Dzaoudzi-Pamandzi
PAMANDZI-LABATTOIR
✆ 02 69 62 76 27
www.garcialocation.yt
Ouvert du lundi au vendredi de 8h à 16h et jusqu'à midi le samedi. Compter à partir de 16 €/jour.

Loueur sérieux et historique sur l'île depuis 1996, l'agence dispose de locaux neufs et vous accueille avec gentillesse et sourire. Garcia Location vous propose des véhicules 3 et 5 portes, tous sont climatisés. Peugeot 107 et 108 (A), Fiat Panda (B), Peugeot 208 et Nissan Micra (C), Peugeot 308 ou Panda 4x4 (D), Berline, SUV et des utilitaires Partner, Expert ou Boxer. Kilométrage illimité, livraison avec le plein. Location de siège-bébé et rehausseur. Départ et retour à l'agence de l'aéroport. L'agence est également présente sur Grande-Terre à Mamoudzou.

HAMAHA RENT

Route Nationale 1. Locaux Concession FORD MMC
AMOUDZOU ✆ 0269 61 90 10
www.hamaharent.com
Ouvert du lundi au vendredi de 8h à 12h et de 13h à 16h30, et le samedi 8h-11h. A partir de 30 €/ jour (C1 et Ford Ka).

Daniel, Abdou et l'équipe sont très professionnels, ils savent répondre sur mesure et sans mauvaises surprises à votre demande. L'agence partage les locaux de la concession MMC Distribution dans la zone industrielle de Kawéni. Tarifs dégressifs à la semaine, au mois et forfait week-end adapté du vendredi après-midi au lundi matin. Le tarif de la location comprend le kilométrage illimité, l'entretien du véhicule, l'assurance définie dans le contrat. Pour l'option rachat de franchise, le siège bébé ou le réhausseur, les contacter.

MULTI AUTO

Route Nationale
MAMOUDZOU
✆ 0269 61 41 65
www.multiauto.yt
Ouvert du lundi au samedi de 7h30 à 18h. Véhicule à partir de 20 € par jour.

Situé sur la route de Kawéni, juste à côté de Groupama, ce loueur établi de longue date propose des véhicules climatisés publicitaires, en nombre limité, ou d'autres véhicules récents et bien entretenus, climatisés ou non, en kilométrage illimité. Tarifs réduits sur la base d'un mois. Également des utilitaires et des 4x4. Assistance 24h/24 et assurance tous risques sur tous les véhicules, conducteur additionnel gratuit. Caution à prévoir, 23 ans minimum et 2 ans de permis. Une deuxième agence est présente à l'aéroport de Petite-Terre.

TROPIK LOCATION

168 route nationale - **MAMOUDZOU**
✆ 06 39 69 01 04
www.tropik-location.fr
Agence ouverte de 7h30 à 17h. Le samedi de 8h à midi et de 14h à 16h. Dimanche de 9h à 11h. Location à partir de 17 €.

Rachetée par Garcia Location, l'agence Tropik Location s'est dotée d'une nouvelle équipe spécialisée dans la location et d'une belle flotte de Hyundai (i10, i20, Kona) et Ford Fiesta, mode manuel ou automatique disponible. Également des Citroën C3. Assurance tout risques comprise et kilométrage illimité. Pensez à réserver à l'avance, les demandes sont fortes sur l'île. Possibilité de récupérer ou déposer la voiture à la barge, idéal pour ne pas avoir à la transporter sur Petite-Terre. Une agence dynamique, qui dispose d'un numéro d'urgence 24h/24 et 7j/7.

MAORE LOCATION

Lot 10 Z.I. Nel - **MAMOUDZOU**
✆ 0269 62 22 73
https://maore-location.business.site
Ouvert du lundi au vendredi de 9h à 12h30 et de 14h à 16h30. Le samedi de 8h à 13h. Location à partir de 9 € par jour.

Créée en 2019, Maore Location est spécialisée dans la location de deux-roues. Le plus petit modèle est la ZIP 50 en 50 chevaux, puis, en 125 chevaux, la Medley 125 ABS et la Over B3, plus citadines. Idéale si vous voyagez avec du matériel : la Liberty double rack. Enfin, plus sportives, la Aprilia RX 125 et la Archive Scrambrer. Les deux-roues restent le remède idéal contre les bouchons matinaux. Maore Location propose également des vélos électriques à des prix très attractifs pour ceux qui préfèrent mettre le pied à l'étrier.

S'INFORMER

Mayotte dispose de nombreux sites d'information en ligne et journaux de presse télévisée et radio. Pour de l'information sur l'actualité de l'île, cap sur Kwezi, Mayotte la Première ou encore France Mayotte Matin et Mayotte Hebdo. Pour des information plus touristiques, de nombreux guides et journaux sont édités avec les adresses utiles et des idées séjour, le tout encadré de très belles images : *Le Guide de Mayotte, Cartes et Plans de Mayotte, Guide touristique de Mayotte* (par le Comité Départemental du tourisme). Pour les trouver direction les offices de tourismes ou l'aéroport. Ils vous seront très utiles, notamment grâce aux plans de l'île, mais aussi pour rapporter de très belles images en souvenir dans vos valises. Enfin plusieurs pages Facebook permettent de s'informer sur la situation routière, notamment en cas de barrages et de grèves, il est recommandé de les suivre quotidiennement.

LA BOUQUINERIE DE PASSAMAINTY

15 Route de Vahibé
PASSAMAINTY
✆ 02 69 61 11 78
Ouvert du lundi au samedi de 9h à 17h30. Fermeture entre 12h30 et 15h.

Isabelle et son équipe vous accueillent avec passion dans cette petite librairie au début de la route de Passamainty en quittant la route du bord de mer. Soutenant la création locale, la librairie propose toute une sélection d'ouvrages écrits par des auteurs mahorais : roman, bande dessinée, essai ou encore poésie, vous aurez l'embarras du choix. L'équipe organise régulièrement des rencontres, conférences et dédicaces avec les auteurs, scénaristes ou illustrateurs.

AU FIL DU KALAME

Rue du commerce
CHIRONGUI
✆ 0269 61 57 07
Ouvert du lundi au vendredi de 8h30 à 12h30 et de 13h30 à 17h. Le samedi de 8h30 à 12h30.

Fatima et sa fille tiennent une petite librairie sur la rue principale de Chirongui, à quelques mètres du nouveau Pôle culturel. Vous y trouverez les ouvrages classiques (à noter malheureusement un surcoût du prix du livre dans les outremers) mais aussi des éditions régionales avec de très beaux romans, recueils de poésies ou albums photographiques sur Mayotte et l'archipel des Comores. Egalement sur place du matériel de papeterie et d'arts créatifs. Enfin, Fatima organise régulièrement des rencontres et séances de dédicace avec les auteurs de l'île.

PRÉFECTURE

Sur les hauteurs de Mamoudzou, vers l'hôpital
MAMOUDZOU
✆ 0269 63 50 00
www.mayotte.pref.gouv.fr

La Préfecture occupe une place majeure dans les DOM-TOM. Carte nationale d'identité, passeport, séjour des étrangers, recensement militaire, carte grise, permis de conduire, listes électorales, associations, débits de boissons. Afin de faciliter vos demandes et pour vous renseigner de manière très précise, vous pouvez consulter les liens suivants : www.interieur.gouv.fr – www.service-public.gouv.fr. C'est la Préfecture qui donne les alertes météo (vigilance orange, crue, cyclone, tsunami...) et les informations en matière de sécurité (blocage, grève, tensions).

WHAT'S UP MAYOTTE

Que faire à Mayotte ? Le touriste non informé pourrait penser que Mayotte est bien silencieuse le soir venu, mais il aurait tort : de nombreuses activités et soirées sont organisées par les bars, hôtels, restaurants et clubs tout au long de l'année. Reste à savoir comment trouver l'information. Fort heureusement, la page Facebook What's up Mayotte se charge de répertorier les différents événements se déroulant sur l'île, de la sortie nature aux soirées clubbing en passant par les conférences thématiques ou des stages de danse ou théâtre.

COMITÉ DU TOURISME DE MAYOTTE

Front de mer
MAMOUDZOU
✆ 0269 61 09 09
www.mayotte-tourisme.com
Ouvert du lundi au samedi de 8h à 17h.

Le CDTM, pour les intimes, vous accueille du lundi au samedi dans ses locaux situés aux abords de la barge à Mamoudzou en Grande-Terre. Vous y trouverez des informations sur les hébergements, les locations de véhicules, la restauration, les activités pour découvrir l'île et les lieux à ne surtout pas manquer lors de votre séjour. Une petite boutique sur place vous permettra de trouver des produits locaux de qualité et de faire vos derniers achats avant le départ.

OFFICE DE TOURISME

COMBANI
✆ 0269 61 59 72
Ouvert du lundi au vendredi de 8h à 16h.

L'interco 3CO comprend les communes de Tsingoni (dont Combani fait partie), Sada, Chiconi, Ouangani et Mtsangamouji et est à ce stade la plus avancée dans sa structuration. Installé dans les beaux bâtiments de la Maison des Services Publics de Combani, l'office de tourisme accueille le public pour des conseils, renseignements et expositions d'artisanat dans ses locaux. Des journées de sensibilisation sont déjà organisées avec VTT, courses de pirogue ou encore randonnées pour amener la population locale à prendre conscience de la richesse de son patrimoine.

BOUTIK'AIR

Hall principal
PAMANDZI-LABATTOIR
✆ 0269 80 75 99
Ouverture en fonction des arrivées et des départs, 2h avant le premier décollage et jusqu'au dernier de la journée.

La librairie de Petite-Terre se trouve ici dans le flambant aéroport, elle a vu sa surface quadrupler avec la nouvelle aérogare. Spacieuse, moderne et bien achalandée, la boutique propose la presse locale et internationale, des romans, cartes postales, livres de coloriages pour enfants, sucreries, tabac, des idées cadeaux, des souvenirs, des tongs et du prêt-à-porter. On y trouve également toutes les éditions Country Petit Futé de l'océan Indien... très pratique si vous poursuivez votre route vers d'autres destinations exotiques !

BUREAU VALLÉE

Rue Martin Luther King
MAMOUDZOU
✆ 0269 62 52 92
www.bureau-vallee.fr
Magasin franchisé ouvert de 8h à 17h du lundi au vendredi et le samedi de 8h30 à 16h.

Papeterie générale pour se fournir en matériel de bureautique et informatique, mobilier de bureau. La gamme de services est encore plus large que chez Office Dépôt : rachat de cartouches, photocopie NB et couleur, impression grands formats, reliures de documents, plastification et massicot, machines à tampon. Jeux vidéo, consoles et téléphonie. Egalement du matériel d'art créatif (peinture, feutres, crayons, toiles et papiers) pour des vacances artistiques. Autre adresse sur Petite-Terre, 6 rue de l'Hôtel de Ville - ✆ 0269 66 35 18.

LA MAISON DES LIVRES

Place Mariage
MAMOUDZOU
✆ 0269 61 14 97
Ouvert du lundi au vendredi de 8h à 17h30 et le samedi matin de 8h30 à 14h.

Sans aucun doute le plus important rayon de livres et de guides de voyage, dont beaucoup sur Mayotte, sans oublier les collections du *Petit Futé*. Sur leur page Facebook, on peut connaître les dernières parutions intéressantes, et les dates des événements qui sont organisés à la librairie : vernissages, rencontres avec un auteur, expositions de photographies, etc. La bonne adresse pour la presse, les fournitures, les livres scolaires, la littérature en général, complétés par un grand choix de jeux et de jouets pour enfants, de musique locale et de maroquinerie.

CARNETS DE VOYAGE

36, Boulevard de la Bastille
PARIS (12e)
phoenix-publications.com
Trimestriel consacré à des destinations de voyage avec des focus dédiés à la découverte des régions.

Trimestriel consacré à des destinations de voyage avec des focus dédiés à la découverte des régions, *Carnets de Voyage*, le magazine des voyages réussis. Tous les 3 mois, la revue vous invite à découvrir à travers ses reportages le meilleur des destinations. Grande ou petite escapade à la découverte d'une ville, d'une région, en France, en Europe ou dans le monde à travers des reportages photo uniques complétés de conseils pratiques et de bonnes adresses pour nous faciliter le voyage avec enfin, un agenda des rendez-vous à ne pas manquer.

LE GUIDE DE MAYOTTE

MAMOUDZOU
✆ 0269 61 24 60
www.guidemayotte.com
Bimestriel gratuit.

Régie Océan publie tous les deux mois le *Guide de Mayotte*, bimestriel gratuit recueillant les bonnes adresses et actualités du département. Très utile pour se renseigner sur les heures des marées et avoir les numéros utiles, notamment l'annuaire médical avec les pharmacies de garde et les différents professionnels de santé. Les publicités permettent de connaître les magasins utiles de l'île : location de voiture, scooter, électronique, grandes surfaces... Et bien sûr l'horoscope ! On le trouve à l'aéroport et dans les offices de tourisme.

MAYOTTE ANNUPRO

www.mayotte-annupro.com

Le site de l'annuaire professionnel de Mayotte recense pratiquement tous les professionnels de l'île. Vous y trouverez aussi hôtels et restaurants ainsi que « Cocktail d'îles », des informations touristiques pour toutes les destinations de l'océan Indien. Cela peut être utile si vous décidez de vous installer sur l'île ou souhaitez lancer une entreprise en partenariat avec les entreprises locales. Le site offre également des informations sur la réglementation et le contexte économique et professionnel de l'île, utile pour une étude de marché.

LE JOURNAL DE MAYOTTE

✆ 06 39 09 04 85
www.lejournaldemayotte.yt

Le premier journal en ligne à Mayotte en version réactive. Depuis 2013, Anne Perzo publie tous les jours des articles sur des thèmes très variés (société, politique, économie, éducation, faits divers, environnement, santé, sports). Une belle audience pour ce site qui enregistre autour de 100 000 pages vues par mois. Parcourir les articles avant votre voyage vous permettra de vous sensibiliser à l'île et à ses problématiques très spécifiques, parfois bien méconnues en France métropolitaine, à notre grand regret, distance oblige.

MAYOTTE HEBDO

www.mayottehebdo.com

Journal d'information générale en ligne. Mayotte Hebdo a également sorti en 2021 un petit guide gratuit intitulé « Cartes et plans de Mayotte » très utile, qui regroupe des informations sur les numéros utiles, les dates clés de l'année, les idées balades, un glossaire pour apprendre les rudiments du shimaoré, une liste très détaillée de la faune et de la flore de l'archipel avec photos pour essayer de les trouver. Enfin, plusieurs plans de villes sont proposés, l'idéal pour se repérer. Le guide est disponible à l'aéroport et dans les offices de tourisme.

KWEZI FM & KWEZI TV

Villa Batrolo
MAMOUDZOU
✆ 0269 60 03 85
www.linfokwezi.fr/videos

Kwezi TV est une chaîne TV d'informations générales de Mayotte proposant avant tout des programmes d'actualité locale : économie, politique, culture, actualité sociale, etc. Diffusion via la TNT Mayotte chaîne 9 et le bouquet satellite Parabole Océan Indien, chaîne 44. Son pendant radiophonique est Kwezi FM, une radio d'informations générales de Mayotte traitant à la fois de l'information de proximité mais aussi du national et de l'international sur la fréquence 106.9. Cela peut être intéressant pour suivre l'évolution des mouvements sociaux pendant votre voyage.

MAYOTTE PREMIÈRE

1 Rue du Jardin
PAMANDZI-LABATTOIR
✆ 0269 60 10 17
la1ère.francetvinfo.fr
Groupe France Télévisions. 1ère sur l'audience radio et Tv.

Radio télé internet, Mayotte la Première est un incontournable sur l'île. Rien de mieux pour connaître l'actualité dans les DOM-TOM et *a fortiori* à Mayotte. Journal télé à 13h et 19h. Journaux radio 7h, midi et 17h. La version télévisée a l'originalité de présenter le journal en français puis une rediffusion en shimaoré, utile pour s'imprégner de la langue locale. Suivre Mayotte la Première c'est aussi prendre le pouls de l'archipel, avant ou pendant son voyage, pour comprendre les enjeux de ce territoire si particulier et attachant.

RESTER

Destination d'expatriation par excellence, Mayotte vit au rythme des missions des fonctionnaires d'État. Enseignants, policiers, magistrats, surveillants pénitentiaires, professionnels de la santé et du corps médical, éducateurs, etc. : ils sont nombreux chaque année à s'installer quand d'autres repartent. Au niveau du logement, la demande est accrue et les offres limitées, d'ailleurs les prix des loyers sont élevés mais varient en fonction des zones d'habitation. Compter autour de 1 000 euros un deux-pièces en centre-ville et 1 500 euros un 80 m² aux 3 Vallées, sans garage. Plus on s'éloigne de Mamoudzou, plus les prix sont doux. La plupart des expatriés investissent dans des voitures d'occasion ou scooters pour se déplacer sur place. Enfin, une installation au plus long terme ne demande pas de démarches administratives particulières, hormis ses changements d'adresse auprès des organismes sociaux (Sécurité Sociale, Pôle emploi...).

ACTION CONTRE LA FAIM

14, boulevard de Douaumont
PARIS (17ᵉ)
✆ 01 70 84 70 70
www.actioncontrelafaim.org/
Par téléphone de 9h à 13h et de 14h à 18h.

ONG internationale spécialisée dans la lutte contre la faim dans le monde, active dans les domaines de la nutrition, santé, sécurité alimentaire, de l'eau, de l'assainissement. L'association intervient dans des situations de crise. Le but étant de rendre les populations autonomes d'un point de vue de la nutrition, en apportant une aide concrète et en formant les intervenants locaux qui prendront le relais. Ses missions de volontariat durent de trois mois à un an en Afrique, Asie, Amérique, Europe centrale, dans le Caucase, au Moyen-Orient et dans les Caraïbes.

AGENCE POUR L'ENSEIGNEMENT FRANÇAIS À L'ÉTRANGER

23, place de Catalogne
PARIS (14ᵉ)
✆ 01 53 69 30 90
www.aefe.fr

Cette agence, sous tutelle du ministère des Affaires étrangères, anime et gère un réseau de près de 500 établissements d'enseignement français à l'étranger, dans près de 140 pays. 370 000 élèves, dont 40 % de Français, fréquentent ces établissements. Offres d'emploi à l'international pour les titulaires de la fonction publique (Education nationale principalement) et informations sur la politique pédagogique, la scolarité et l'orientation émaillent le site Internet de cet organisme.

CIDJ

www.cidj.com

Le Centre d'Information et de Documentation Jeunesse a été créé en 1969, sous la tutelle du ministère de la Jeunesse et des Sports. Le site Internet est bien fait et très complet. La rubrique « Partir à l'étranger » fournit des informations pratiques aux jeunes qui ont pour projet d'aller vivre à l'étranger. Il y a une rubrique spécifique dédiée à chacun des thèmes suivants : travail, étude, stage, volontariat international et séjours linguistiques. Pour vous aider dans vos démarches, vous pouvez avoir un entretien gratuit avec un conseiller du CIDJ.

ÉDUCATION NATIONALE

www.education.gouv.fr
Modalités sur www.france.diplomatie.fr/mfi.

Vous êtes enseignant ou fonctionnaire d'État, vous souhaitez travailler à l'étranger ? Consultez le site du ministère de l'Éducation nationale, il informe sur les conditions de mobilité dans le monde. Cette initiative peut s'inscrire dans un parcours professionnel. Elle permet d'exercer son métier dans des conditions spécifiques, ou un autre métier et diversifier ainsi son expérience en enrichissant ses compétences. Les personnels d'encadrement peuvent aussi postuler dans des organismes internationaux ou de l'Union européenne.

MINISTÈRE DE L'EUROPE ET DES AFFAIRES ÉTRANGÈRES

www.diplomatie.gouv.fr

Site Internet officiel pour connaître les formalités d'entrée et séjour dans le pays. Dans la rubrique « Services aux Français », vous trouverez un guide de l'expatriation, les modalités de demandes de documents officiels. Sur la page d'accueil en sélectionnant le pays, vous obtenez les contacts des ambassades. Dans l'espace politique, économie et socio-culturel, quantité d'informations et de communications utiles pour qui s'intéresse aux réalités du pays.

CAPCAMPUS

www.capcampus.com

CapCampus fut l'un des premiers portails étudiants français en ligne. Dans la rubrique dédiée aux stages et aux premiers emplois, vous trouverez aussi des offres pour l'étranger, classées par pays. Celles pour les Etats-Unis ne sont pas très nombreuses, le mieux est de consulter le site régulièrement pour ne pas passer à côtés des offres intéressantes. Le site est également utile pour se familiariser avec la vie aux Etats-Unis, car il propose également toutes les informations pratiques pour bien préparer son départ et son séjour à l'étranger.

WEP FRANCE

95, avenue Ledru Rollin
PARIS (12e)
✆ 01 48 06 26 26
www.wep.fr

WEP propose plus de 50 projets éducatifs et séjours linguistiques dans une trentaine de pays pour une durée allant de une semaine à 18 mois. Quel que soit votre projet d'études ou de volontariat à l'étranger, vous trouverez sur le site de WEP une rubrique qui y sera consacrée : étudier au lycée, dans une université, partir en séjour linguistique, faire une expérience professionnelle dans le cadre d'un stage ou vivre en immersion dans une famille. Possibilité également de planifier des programmes combinés (études et projet humanitaire par exemple).

CLUB TELI

Les Clarets
SAINT-PIERRE-D'ENTREMONT
✆ 04 79 85 24 63
www.teli.asso.fr

Le Club Teli est une association d'aide à la mobilité internationale créée voici bientôt 30 ans, forte de 4 000 adhérents en France et dans 65 pays. Si vous souhaitez séjourner à l'étranger, quel que soit votre projet, vous trouverez par le biais de ce club des infos et des offres de stages, de jobs d'été et de travail pour francophones. Si vous avez besoin d'aide pour envoyer des candidatures, le Club peut vous aider à mettre votre CV aux normes du pays où vous souhaitez partir. Pour bénéficier de ces aides et informations, il faut adhérer.

BUSINESS FRANCE

77, Boulevard Saint-Jacques
PARIS (14e)
✆ 01 40 73 30 00
Ouvert en semaine de 8h30 à 18h30.

L'Agence pour le développement international des entreprises françaises travaille en étroite collaboration avec les missions économiques. Le site Internet recense toutes les actions menées, les ouvrages publiés, les événements programmés et renvoie sur la page du Volontariat International en Entreprise (VIE). Fondée en 2015, cette structure est née de la fusion entre Ubifrance et l'Agence française pour les investissements internationaux. Elle est affiliée au Ministère de l'Europe et des Affaires étrangères et au Ministère de l'Économie et des Finances.

VIE - VOLONTARIAT INTERNATIONAL EN ENTREPRISE

✆ 04 96 17 26 50
https://mon-vie-via.businessfrance.fr/

Le VIE est destiné aux jeunes de 18 à 28 ans. Il s'effectue en entreprise, dans une ONG, dans une collectivité locale ou dans un service de l'État – allant de l'ambassade à l'établissement culturel en passant par le consulat. Par ailleurs, il peut durer de 6 à 24 mois et être renouvelé une fois, de deux ans au plus. Enfin, sa rémunération mensuelle est constituée d'un salaire fixe de 723,99 € et d'une indemnité supplémentaire dont le montant varie selon la mission.

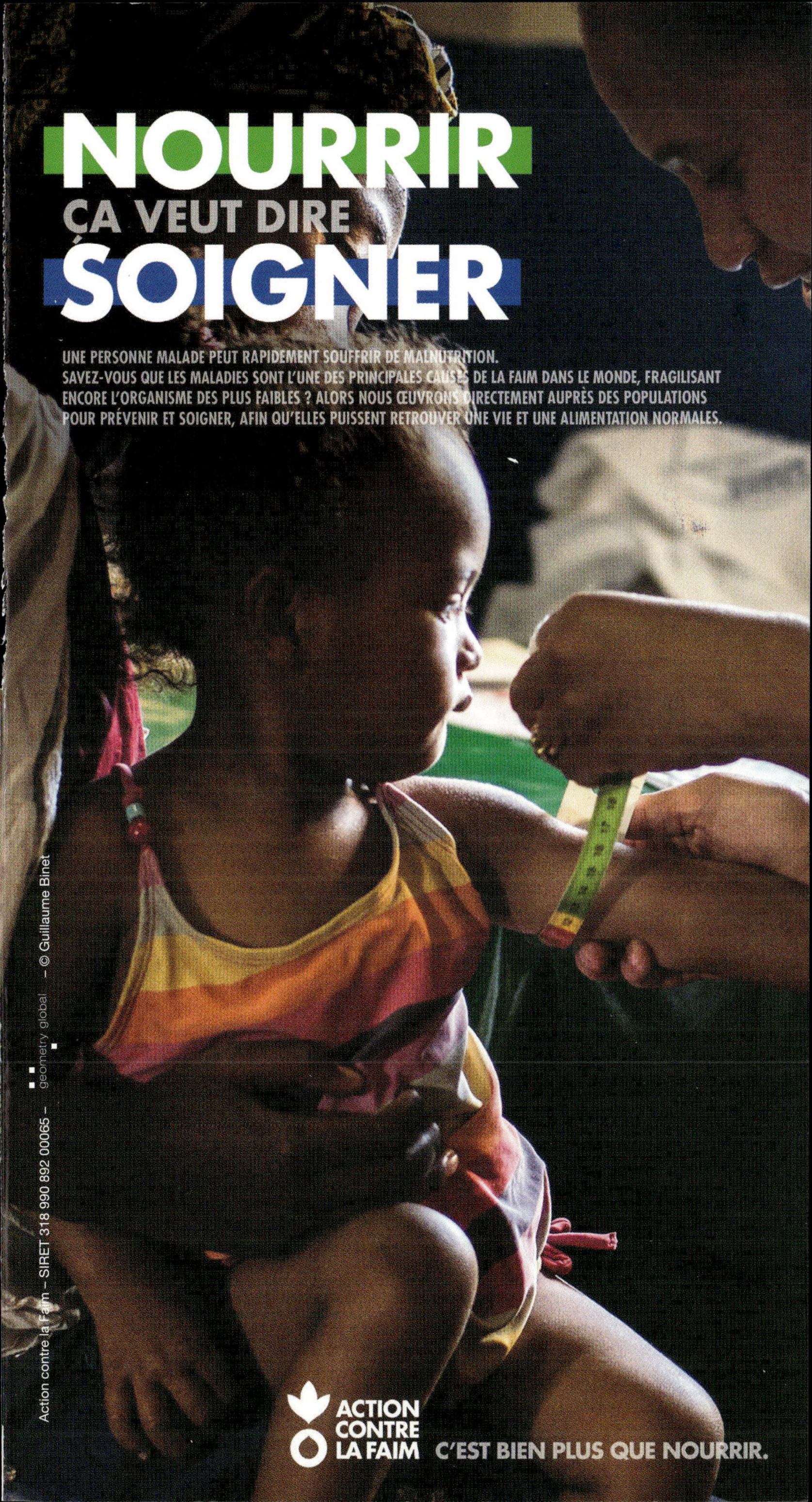
NOURRIR
ÇA VEUT DIRE
SOIGNER
UNE PERSONNE MALADE PEUT RAPIDEMENT SOUFFRIR DE MALNUTRITION.
SAVEZ-VOUS QUE LES MALADIES SONT L'UNE DES PRINCIPALES CAUSES DE LA FAIM DANS LE MONDE, FRAGILISANT ENCORE L'ORGANISME DES PLUS FAIBLES ? ALORS NOUS ŒUVRONS DIRECTEMENT AUPRÈS DES POPULATIONS POUR PRÉVENIR ET SOIGNER, AFIN QU'ELLES PUISSENT RETROUVER UNE VIE ET UNE ALIMENTATION NORMALES.
ACTION CONTRE LA FAIM
C'EST BIEN PLUS QUE NOURRIR.
Action contre la Faim – SIRET 318 990 892 00065 – geometry global – © Guillaume Binet

INDEX

I

J

K

L

M

N

O

P

© BERTRAND FANONNEL_ EIGHT STUDIO - ISTOCKPHOTO.COM

Baie de Chirongui.

EDITION

Directeurs de collection et auteurs : Dominique AUZIAS et Jean-Paul LABOURDETTE

Auteurs : Maïlys ALBERTO, Mathias DESHOURS, Amandine GLEVAREC, Corentin LAPLANCHE-TSUTSUI, Romain RISSO, Baptiste THARREAU, Juliette COURTOIS, Priscilla PARARD, Sylvie DEL COTTO, Laurent BOSCHERO, Camille LANCRY, Attoumani BEN HAROUNA, Benjamin PICQ, Jean-Paul LABOURDETTE, Dominique AUZIAS et alter

Directeur Editorial : Stéphan SZEREMETA

Rédaction Monde : Laure CHATAIGNON, Morgane VESLIN, Pierre-Yves SOUCHET, Natalia COLLIER

Rédaction France : Briséis CREAC'H-MENUT, Mélanie COTTARD, Audrey VEDOVOTTO, Nicolas WODARCZAK

FABRICATION

Maquette et Montage : Romain AUDREN, Julie BORDES, Delphine PAGANO

Iconographie et Cartographie : Anne DIOT, Julien DOUCET

WEB ET NUMERIQUE

Directeur Web : Louis GENEAU de LAMARLIERE

Développeurs : Guillaume BARBET, Adeline CAUX et Roland SPOUTIL

Intégrateur Web : Mickael LATTES, Antoine DION

Webdesigner : Caroline LAFFAITEUR

Community Traffic Manager : Alice BARBIER, Mariana BURLAMAQUI et Noémie LE SAUX

DIRECTION COMMERCIALE

Directeur commercial : Guillaume VORBURGER

Coordinatrice des Régies commerciales : Manon GUERIN assistée de Jonas HESOL

Account Manager Marketplace : Leila ROUGEOT assistée de Lola FAVRE-MOT

Responsable Régies locales : Michel GRANSEIGNE

Responsables Développement régie inter : Jean-Marc FARAGUET, Guillaume LABOUREUR et Camille ESMIEU

Chefs de Publicité Régie nationale : Caroline AUBRY, François BRIANCON-MARJOLLET, Perrine DE CARNE MARCEIN, Jonathan TOUTOUX, Amélie NOEL,

Régie MAYOTTE : Laurent BOSCHERO

DIFFUSION ET PROMOTION

Directrice des Ventes : Bénédicte MOULET assistée d'Aissatou DIOP

Responsable des ventes : Jean-Pierre GHEZ assisté de Nelly BRION

Relations Presse-Partenariats : Jean-Mary MARCHAL

ADMINISTRATION

Président : Jean-Paul LABOURDETTE

Directrice des Ressources Humaines : Dina BOURDEAU assistée de Sandra DOS REIS et Eva BAELEN

Directrice Administrative et Financière : Valérie DECOTTIGNIES

Comptabilité : Guillaume PETIT, Aminata BAGAYOKO, Jeannine DEMIRDJIAN

Recouvrement : Fabien BONNAN assisté de Sandra BRIJLALL

Responsable informatique : Elie NZUZI-LEBA

PETIT FUTÉ MAYOTTE

LES NOUVELLES EDITIONS DE L'UNIVERSITE
18, rue des Volontaires - 75015 Paris.
✆ 01 53 69 70 00 - Fax 01 42 73 15 24
Internet : www.petitfute.com
SAS au capital de 1 000 000 € - RC PARIS B 309 769 966
Couverture : Maki de Mayotte
© Serge Melesan - iStockPhoto.com
Impression : CORLET IMPRIMEUR - 14110 Condé-en-Normandie
Achevé d'imprimer : mars 2022
Dépôt légal : 10/04/2022
ISBN : 9782305069890

Pour nous contacter par email, indiquez le nom de famille en minuscule suivi de @petitfute.com
Pour le courrier des lecteurs : info@petitfute.com

IMPRIMÉ EN FRANCE

COLLABOREZ
À LA PROCHAINE ÉDITION